Sabine Stamer
Cohn-Bendit

EUROPA
VERLAG

SABINE STAMER
COHN - BENDIT
DIE BIOGRAFIE

Europa Verlag
Hamburg · Wien

Die Deutsche Bibliothek – CIP-Einheitsaufnahme

Ein Titelsatz für diese Publikation ist bei
Der Deutschen Bibliothek erhältlich.

Erstausgabe
© Europa Verlag GmbH Hamburg/Wien, September 2001
Lektorat: Aenne Glienke
Umschlaggestaltung: Kathrin Steigerwald, Hamburg
Vorderseitiges Foto: Claudia Esch-Kenkel, Ullstein Bilderdienst, Berlin
Rückseitiges Foto: dpa Frankfurt/Main
Satz: H & G Herstellung, Hamburg
Druck und Bindung: Wiener Verlag, Himberg bei Wien
ISBN 3-203-82075-7

Informationen über unser Programm erhalten Sie beim
Europa Verlag, Neuer Wall 10, 20354 Hamburg
oder unter www.europaverlag.de

Inhalt

»Hallo, ciao, Dany ...« – Erste Begegnungen

Beim ersten Mal treffen wir uns im Café de Flore auf dem Boulevard Saint-Germain, nicht weit entfernt von der Sorbonne, jener legendären Universität, aus der 1968 die Meldung in die Welt ging, ein kleiner rothaariger Student versuche, den mächtigen Charles de Gaulle aus dem Präsidentenamt zu jagen. Saint-Germain-des-Prés ist heute wesentlich teurer, gestylter und steriler als vor 30 Jahren. Zwar gibt es immer noch über 50 Kinos, doch astronomische Mieten treiben die experimentellen und Programmkinos in den Ruin. Die Armanis und Cartiers verdrängen nach und nach die vielen kleinen Buchläden, die sich hier seit Jahrzehnten in unvergleichlicher Dichte angesiedelt haben. Doch noch immer ist es ein sehr lebendiges Viertel.

Wenn Daniel Cohn-Bendit nach Paris kommt, um Vorträge und Wahlkampfreden zu halten, dann steigt er in dieser Gegend ab, in einem netten kleinen Mittelklasse-Hotel, dessen enger Empfangsflur mit rotem Plüsch tapeziert ist und dessen Fax-Gerät gerade dann nicht funktioniert, wenn man auf eine Nachricht wartet.

Im Café de Flore, einst Treffpunkt der französischen Existentialisten, nippten Jean-Paul Sartre und Simone de Beauvoir ihren Kaffee, während sie hofhielten und philosophierten. Das

30er-Jahre-Dekor hat sich seither kaum verändert, wohl aber die Preise. Noch immer ist es ein Treffpunkt für Literaten und Intellektuelle und solche, die es gerne wären. Die Terrasse ist schön, doch wissen Insider, daß drinnen die wirklich interessanten Leute sitzen.

Wir treffen uns drinnen, selbstverständlich, oben im ersten Stock. Ein würdiges Stammlokal für einen, der selbst mit Sartre diskutiert hat und der nach dem denkwürdigen Pariser Mai jeden namhaften Philosophen, Schriftsteller und Intellektuellen dieser Welt anrufen kann, ohne von dessen persönlichem Sekretär abgewimmelt zu werden. In Deutschland ist er bekannt, in Frankreich ist er berühmt. In Paris, da kann es passieren, daß Leute mitten auf der Straße auf ihn zustürmen, ihn umarmen oder küssen. Die Deutschen sind zurückhaltender, sie lächeln, grüßen, gehen weiter. Wenn ihm in Deutschland einer spontan und ungezwungen auf die Schulter klopft, dann ist es bestimmt ein Immigrant.

Er kommt zu spät, bittet freundlich und ohne schlechtes Gewissen um Entschuldigung. Er ist nett wie der Junge von nebenan, unprätentiös, normal geblieben, sein Handy klingelt nicht allzu oft. Er weiß nicht so recht, was er von meinem Anliegen, eine Biografie über ihn zu schreiben, halten soll. Er hat eigentlich keine Zeit für zusätzliche Termine. Er ist Europa-Parlamentarier, Fernsehmoderator, ein äußerst gefragter und begehrter Redner, außerdem und nicht zuletzt Familienvater. In Straßburg und Brüssel jagt ein Termin den anderen. Und könnte ich ihn in Frankfurt besuchen? Hmmm. Das muß er mit Ingrid, seiner Frau, besprechen. Hier in Paris ist er jedenfalls selten, und meistens auch nur für kurze Zeit.

Doch wenn er nach Paris kommt, dann ist er der Star. Kündigen die französischen Grünen Daniel Cohn-Bendit als Redner an, ist der Saal voll, unabhängig vom Thema. Hat er nicht zu allem etwas zu sagen? Zwar ist er immer für Überraschungen gut, doch eins ist so sicher wie das Amen in der Kirche: Er wird auf jeden Fall zu spät kommen. Für 19 Uhr haben die Grünen des 14. Arrondissements in Paris eingeladen. Das ehemalige Kino ist dicht besetzt, ein Pulk von Neugierigen und Wichtigen wartet am Eingang, als um 19.45 Uhr endlich das Taxi vorfährt. Blitzlichter, Scheinwerfer, Lächeln, dieses typische Lausbub-kann-auch-lieb-sein-Lächeln, Händeschütteln. Schnurstracks marschiert er durch den mit Wartenden bepackten dunklen Saal, hinaus in den frühlingshaft warmen Garten, einen Rattenschwanz von Neugierigen, Journalisten und Wichtigtuern hinter sich herziehend.

Die grünen Häuptlinge lassen sich zur Lagebesprechung unter einem Baum nieder, plauschen angeregt, als säßen sie im eigenen Garten, während zwei Dutzend Journalisten ringsum auf wackelige Gartenstühle steigen, um ihre Kameras und Tonangeln in Position zu bringen und vielleicht zwei, drei Sätze zu erhaschen. Braungebrannt, mit nicht zueinander passendem grauen Jackett und grauer Hose lümmelt sich Dany neben seinen konservativ-wohlgekleideten Parteifreunden. Um viertel nach acht wird es im Saal langsam unruhig. »Commençez!«, »Anfangen!« skandiert die Basis. Da ist gerade noch Zeit für ein, zwei knappe Interviews, und dann endlich darf das Fußvolk den Einzug der Matadoren beklatschen.

Es geht um Ausländer-Politik an diesem Abend; die Grünen fordern kommunales Wahlrecht für ausländische Mitbürger. Es sei doch absurd, argumentiert einer der Redner, daß Cohn-Bendit das Recht habe, Millionen von französischen grünen Wählern im Europäischen Parlament zu repräsentieren, aber nicht Bürgermeister einer kleinen französischen Stadt werden dürfe. »Ich wäre lieber Bürgermeister einer *großen* französischen Stadt«, wirft Dany ein und bringt den Saal zum Lachen. Das kann er, mit Zwischenbemerkungen – seien sie lustig, ironisch, dreist oder frech – Leben in die Bude bringen. Das heitert auf oder provoziert, je nachdem, auf jeden Fall ist es nie langweilig. Auch deswegen kommen die Leute.

Einige Wochen später besuche ich ihn in seiner Heimatstadt Frankfurt, spreche mit Freunden, Bewunderern und Skeptikern. Vom ehemaligen Polizeipräsidenten bis zur Ex-Freundin, die meisten mögen, schätzen, ja, lieben ihn. Wenn er wüßte, mit welchem Lob er bedacht wird, würde er rot werden, sage ich ihm zur Begrüßung. »Ich würde nicht mal rot werden«, erwidert er mit breitestem Lächeln, »ich würde das einfach als richtig erachten.« Und er weiß, daß er wieder eine wirksame Pointe gesetzt hat.

Es ist warm und sonnig, wir setzen uns auf den Balkon seiner Mietwohnung im Frankfurter Westend, zwischen Oleander, Zitronenbäumchen und Begonien. Die Kaffeekanne wirbt für Solidarität mit dem polnischen Gewerkschafter Lech Walesa. Kaum habe ich die ersten Fragen gestellt, da springt Cohn-Bendit schon auf und wühlt wie wild in diversen Ringbüchern nach Telefonnummern. Mit dem und dem müssen Sie unbedingt sprechen, und mit der und der auch! Die Inge, die hat auf ihn aufgepaßt, als er noch ein Baby war. Er greift gleich zum Hörer, doch die alte Nummer stimmt nicht mehr. Aber Gisela, die ist gleich dran, die frühere Freundin seines Vaters. Anscheinend ist sie etwas unsicher, über welche Familienintimitäten sie denn sprechen darf. »Ich bin keine Zensurbehörde«, beschwichtigt Cohn-Bendit, »du kannst auch alle bösen Sachen über mich sagen, jaja, auch das mit dem Alkohol und der Beerdigung.«

Nachdem ich neben einer langen Liste von Rufnummern auch noch eine ganze Reihe von Antworten erhalten habe, läßt er mich wissen, daß er jetzt kurz einkaufen geht, und verschwindet. Er will nämlich heute abend kochen. Ich bleibe zurück in seinem Zimmer, das – anders als erwartet – nur mäßig unordentlich ist und – den Erwartungen entsprechend – Regale hat, die bis zur Decke mit Büchern vollgepackt sind. Auf seinem kleinen Schreibtisch stehen eine Menora, ein siebenarmiger Leuchter, und ein Bild von Herta, seiner Mutter, in jungen Jahren. So muß sie ausgesehen haben, als sie seinen Vater Erich kennenlernte, strahlende Augen und leuchtendblonde, gewellte Haare. In einem großen eingestaubten Pappkarton, den ich durchstöbern darf, finden sich noch mehr Schätze dieser Art.

Baby Dany in Paris auf Mamas Arm, winzige unscharfe Bildchen mit gezacktem weißem Rand vom Vater und Gabriel, genannt Gaby, Danys Bruder. Erichs Carte d'Identité in abgewetzter Plastikhülle. Ein *Nouvel Observateur* vom 15. Mai 1968, auf der Titelseite ein Schüler mit blutüberströmtem Gesicht, im Innenteil Dany mit akkuratem ohrenfreien Haarschnitt auf einer Demonstration. Und dann in den 70ern Dany mit dichten langen Locken, ganz schön Speck angesetzt, karierte Hemden hängen schlampig aus ausgebeulten Hosen. Dany, irgendwo im Urlaub, in angeberischer Pose, mit besticktem Hippie-Hemd, präsentiert mit triumphalem Lächeln einen Riesenfisch. Später dann, er hat inzwischen ein bißchen abgenommen und auch die Haare gestutzt, Podiumsdiskussion mit dem Dichter Erich Fried und dem Anwalt Sebastian Cobler, beide inzwischen verstorben. Anfang der 90er als Dezernent für Multikulturelles in seinem Büro mit russischer Offiziersmütze; als Kundgebungsredner, ganz durchgeregnet, auf dem Römerberg; mit Béla, seinem Sohn, einen Turm aus bunten Bauklötzen bauend. Ende der 90er in der Talk-Show von Sabine Christiansen, Brille, dunkler Rolli, helles Jackett. Ungefähr zur gleichen Zeit in Helmstedt, meinem Geburtsort, ein Heftchen mit einer Europa-Rede, die er dort halten wollte, aber so natürlich nicht gehalten hat, weil er nie von Manuskripten abliest.

Ja, ich könne mitnehmen, was ich brauche, erlaubt er ohne Umschweife und drückt mir freimütig eine ganze Reihe von Videokassetten und Büchern (mit ihm, von ihm, über ihn) in die Hand, ohne zu mahnen, daß er die aber gerne wiedersehen würde.

Er koche nicht nur ausnahmsweise, versichert Ingrid, während sie bei den Vorbereitungen fürs Essen hilft. Es gibt Salat, Spaghetti und Elsässer Wein. Béla ruft seinen Papa »Dany« wie alle anderen auch, und es fällt in der Tat schwer, ihn anders zu nennen, denn selbst mit über 50 hat er doch noch immer etwas Jungenhaftes und Spitzbübisches. »Hallo, ciao, Dany«, meldet er sich selbst auf seinem Anrufbeantworter mit rauh dahingehauchter Stimme, »ich bin nicht da, je ne suis pas là, I'm not at home, Nachrichten, messages, messaggio, message, bye.«

Béla jedenfalls ißt heute mit Hummeln im Hintern, steht zwischendurch auf, rennt herum, zeigt stolz sein viel zu großes (aber so trägt man das gerade) T-Shirt mit Autogrammen von den Toten Hosen, die von Dany organisiert wurden. Man spürt und sieht, der Junge ist Papas ganzer Stolz und außerdem genauso ein Fußball-Narr wie dieser. »Ich würde nie zu Bayern München gehn ...« ist einer von Bélas Lieblingssongs und Real Madrid zur Zeit sein Favorit. Nach dem Essen will er gern noch Fußball im Fernsehen gucken. Ingrid findet, er solle pünktlich ins Bett gehen, während Dany meint, das sei doch okay. Aber eigentlich wollen sie das hier jetzt nicht austragen.

Bei diesem ersten ausführlichen Gespräch komme ich nicht sehr weit mit meinem ellenlangen Fragenkatalog, gewinne aber einen persönlichen Eindruck von diesem Mann, den ich bisher nur aus Fernsehen und Zeitung kenne. Wir treffen uns noch einmal in Brüssel, bei seinem Klassentreffen im Odenwald und zweimal in Paris. Daniel Cohn-Bendit ist kooperationsbereit, unkompliziert und offen, ein bißchen mißtrauisch vielleicht. Schließlich hat er keine Ahnung, wie er am Ende erscheinen wird in dieser Biografie. Er fragt kein einziges Mal, ob er das Manuskript vor der Veröffentlichung lesen könne. Das wäre wohl unter seiner Würde, er hat nichts zu verheimlichen, und außerdem ist er ein Medienprofi, an Glorifizierungen, Kritik und Verzerrungen gleichermaßen gewöhnt.

Sabine Stamer

»Ich liebe es, wenn man mich liebt ...« – Mit Prometheus und Till Eulenspiegel ans Ziel

Frankfurt Anfang der 90er Jahre. Das Amt für multikulturelle Angelegenheiten braucht Geld für ein Projekt. Woher nehmen? Es geht um die Wohnsituation von Ausländern. »Laden wir doch einfach mal die fünf größten Bauunternehmer der Stadt ein!« schlägt der Dezernent vor. Seine Mitarbeiterinnen sind skeptisch. Warum sollten sich die Baulöwen Frankfurts hierher bemühen, in diese schnöden Amtsräume? Lächerlich! »Doch, macht mal!« entscheidet der Dezernent. »Ich unterschreibe die Einladung.«

Oh Schreck. Sie kommen alle fünf und setzen sich geduldig auf die harten Holzstühle. Cohn-Bendit ist gerade schwer beschäftigt mit irgendeiner anderen wichtigen Angelegenheit. Er ist in Eile, setzt sich nicht mal hin und kommt ohne Höflichkeitsgeplänkel zur Sache, ungefähr so: »Wißt ihr, warum wir euch eingeladen haben?« fragt er kumpelhaft und ohne falsche Scham. »Wir brauchen Geld!« Er selbst habe leider gerade keine Zeit, aber seine Mitarbeiterin werde das Projekt erläutern. Sagt es und verläßt den Raum.

So erklärt die Amtsleiterin den verdutzten Unternehmern Sinn und Zweck des Untersuchungsprojektes über Wohngettos für Ausländer. Diese Pflicht erledigt, kehrt auch der Dezernent persönlich zurück, um in Erfahrung zu bringen, wieviel Geld denn nun zusammengekommen sei. »Nur 40 000? Oh! Wir brauchen aber 80 000!« Er ist enttäuscht, aber guten Mutes. »Wenn jeder von euch noch 10 000 dazugibt, dann könnten wir das doch machen.« Nun geht es zu wie auf einem Basar.

»Aber, Herr Cohn-Bendit, Sie sind gut, wir können doch nicht einfach 10 000 Mark auf den Tisch legen«, wehrt sich einer der Eingeladenen.

»Ach, hören Sie doch auf«, antwortet der Dezernent ungerührt, »das ist doch nichts für Sie, 10 000 Mark.«

Diesem Argument können sich die wohlhabenden Herren nicht verschließen.

»Nun ja«, wirft einer, noch etwas zögernd, in die Runde, »ich könnte mir schon vorstellen, vielleicht 5000 ...«

»Wunderbar, das ist ein Anfang«, freut sich Cohn-Bendit und wendet sich an die anderen: »Sie werden sich doch von der Konkurrenz nicht lumpen lassen.«

Es dauert nicht viel länger als zehn Minuten, bis die volle benötigte Summe versprochen ist.

Leider muß der Dezernent nun wieder zurück in sein Büro und hat keine Zeit, die spendablen Herren zum gemeinsamen Mittagessen zu begleiten.

Dort möchte einer vom anderen wissen, warum man denn zu diesem Termin erschienen sei.

»Och, ich wollte den Cohn-Bendit mal sehen«, gesteht der erste.

Ja, genau deswegen sind sie eigentlich alle gekommen.

Schon im Mai 1968 wollte der französische Staatspräsident Charles de Gaulle von seinem Erziehungsminister Alain Peyrefitte wissen, was dieser Cohn-Bendit denn an sich habe und wie er es schaffe, so viele junge Leute hinter sich zu bringen. Er habe großes Talent, antwortete Peyrefitte damals. Er sei spaßig und ungezwungen, ein zerstörerischer Engel, der die Bourgeoisie ausrotten wolle. Er wolle alles umstürzen und mache das so fröhlich, daß die Medien ihn anhimmelten und ihm nach dem Mund redeten. Auch seine Erzfeinde können sich seiner Wirkung offensichtlich kaum entziehen. Er wickelt nahezu alle um den Finger: Polizisten und Rocker; Professoren und indische Sikhs; Mitbewohner, Mitarbeiterinnen und Journalisten; alte Genossen, Ex-Freundinnen und politische Gegner jeglicher Couleur; Richter, die ihn verurteilen sollen, und Babysitter, die er als Kind zum Wahnsinn getrieben hat. Die bescheinigen ihm, daß er bereits als Kleinkind »verführerisch« gewesen sei, und die, die eigentlich gar nicht seiner Meinung sind, können ihm dennoch einen gewissen Charme nicht absprechen (selbst wenn sie es gerne täten). Wohlgemerkt, hier ist nicht von Leuten die Rede, die das Pech haben, ihn nur aus den Medien zu kennen, sondern von solchen, die ihm persönlich begegnet sind.

Natürlich gibt es einige wenige, die es geschafft haben, sich seinem Charisma gänzlich zu entziehen. Jutta Ditfurth etwa und andere grüne Frankfurter Fundamentalisten, die der Spontifex Maximus auf äußerst uncharmante Weise aus der von ihnen gegründeten grünen Partei vertrieben hat. Und dann gibt es da noch welche am äußeren Rand der linken Szene, für die immer noch richtig ist, was schon vor 20–30 Jahren für die beste aller Wahrheiten gehalten wurde. Die hassen ihn, weil sie ihn für einen »Verräter« halten. Auf der rechten Seite des politischen Spektrums bleiben solche von seinen Verführungskünsten unberührt, die das Rad der Geschichte am liebsten zurückdrehen würden, zurück in die 50er Jahre. Die würden ihm gerne eins auswischen, weil sie endlich mal wieder recht und das letzte Wort haben wollen.

Im allgemeinen ist Daniel Cohn-Bendit beliebt, heute, damals, als Kind schon, in Deutschland, in Frankreich, Italien und bestimmt auch in vielen anderen Ländern, die er bereist. Wie schafft er das? Ganz einfach: Weil er es will, weil er es schon immer wollte, weil er beharrlich dafür lebt und arbeitet und obendrein genügend Selbstbewußtsein, Energie und Grips im Kopf hat, um seinem Ziel sehr nahe zu kommen. Alle sollen ihn mögen, so wie er sich selbst auch mag. »Die Kamera zieht mich an. Ich bin radikal narzißtisch, und ich gebe das zu. Wenn ich das nicht wäre, würde ich keine Politik machen, sonst würde ich zu Hause bleiben. Ja, ich bin narzißtisch, das ist doch nicht schlimm.« Denn wer wolle schließlich nicht geliebt werden? »J'aime qu'on m'aime, comme tout le monde.« Ich liebe es, wenn man mich liebt, das geht doch jedem so.

Egozentrisch ist er, alles dreht sich um ihn. Was für ihn wichtig ist, ist wichtig für die Welt. »Ich brauch das«, gesteht er einem Journalisten von der *Zeit* über den Medienrummel, »das ist eine Mischung aus politischem Sendungsbewußtsein und Narzißmus. 30 Fotografen, das ist wie ein Trip.« Doch wer nun glaube, er habe sein Lebenswerk nur für sich selbst vollbracht, aus persönlichen Karrieregründen etwa, der – so belehrt er mit erhobenem Zeigefinger – unterschätze seine politische Leidenschaft. In Paris auf den Barrikaden gestanden, in Frankfurt den *Pflasterstrand* fabriziert und Multikultur betrieben, im Brüsseler Parlament herumgesessen – alles nur, um sich den Bauch pinseln zu lassen? Nein, das wäre zu simpel. Denn ein gescheiter Narzißt weiß natürlich, daß er nur geliebt wird und sich selbst nur lieben kann, wenn er ernsthaft Gutes leistet.

Früh findet Cohn-Bendit auch heraus, daß man gar nicht unbedingt immer brav sein muß, um anerkannt und gemocht zu werden. Viele Menschen lieben gerade seine Chuzpe, daß er überall rundheraus sagt, was er denkt. Das ist eine wichtige Erkenntnis für einen, der eine impulsive, unbeherrschte Seite hat, so daß nicht selten die Gäule mit ihm durchgehen. Ja, er ist ein Provokateur, das ist sein Erkennungsmerkmal, aber er ist kein Destrukteur. Ein Till Eulenspiegel, ein Schelm ist er, der seine Unverschämtheiten und Herausforderungen mit einem schalkhaften Lächeln begleitet.

　　　　　　　　　　　　　　　　　　　Sabine Stamer

Er ist das Enfant terrible, das erschreckt, empört, verärgert und nervt, aber ein Kind eben, dessen Stimmungen schneller wechseln als das Wetter, ein Kind, das sich in einem Moment in Rage schreit und sich zwei Minuten später schon wieder beruhigt. So kann er in einem Streit sehr ausfallend und grob werden, um kurz darauf noch einmal sachlich von vorne anzufangen, sich zu versöhnen oder gar zu entschuldigen. »Er spricht wie ein Kind«, meint Alain Lipietz, sein grüner Kollege im Europaparlament, »er denkt, er habe alles im Kopf, ohne darüber nachzudenken. Er macht Fehler, man schnauzt ihn deswegen an. Dann denkt er darüber nach, und anschließend erklärt er meine Position besser als ich selber.«

Er sei im Grunde seines Herzens ein junger Mensch geblieben, bescheinigen ihm Freunde, auch mit über 50 Jahren noch. Wie wahr! Daniel Cohn-Bendit flegelt sich ungezogen auf dem Talkshow-Sessel wie früher in der Kinderkarre. Ungeniert duzt er den ihm wohlbekannten Moderator Michel Friedmann – »Moment mal, jetzt mußt du auch mal zuhören!« –, während der sich verzweifelt um professionelle Distanz bemüht und versucht, den ständig dazwischenplappernden Gast etwas zu zähmen: »A kommt vor Cohn-Bendit.« Nein, Dany kommt immer zuerst, das Kind in ihm will einfach nicht erwachsen werden. Mit gutem Grund, denn dem kleinen Schlingel mit dem spitzbübischen Lächeln auf den Lippen kann doch keiner ernstlich böse sein. Ein Kind darf ruhig mal über die Stränge schlagen. Aber es muß sich auch entschuldigen, wenn es zu weit gegangen ist. Und so gibt es wohl keinen Politiker, der so häufig und ungeniert um Verzeihung bittet wie Daniel Cohn-Bendit.

Einen »Handlanger des Mobs« nennt er Rudolf Seiters, weil dieser als Bundesinnenminister mit der rumänischen Regierung die »Rückführung« von Roma aushandelt und außerdem den Abschiebestopp für Kurden aus der Türkei nicht mehr verlängern will. Der allgemeinen öffentlichen Empörung folgt umgehend Cohn-Bendits Entschuldigungsbrief: »... sind mir im Eifer des Gefechts einige Angriffe gegen Sie unterlaufen, die in Wortwahl und Tonfall leider unangemessen und für Sie beleidigend waren.« Er habe mit seinen Formulierungen »zur Verrohung der politischen Sprache beigetragen«. Asche auf sein Haupt.

Ebenso schnell, wie er eine Protestnote gegen die islamische Religionswissenschaftlerin Annemarie Schimmel unterschreibt, weil sie den Friedenspreis des deutschen Buchhandels erhalten soll, zieht er seine Unterschrift wieder zurück. Die Gelehrte eigne sich nicht zur Personifizierung der bösen Fundamentalisten, ist ihm aufgefallen, er habe den Protest »ein bißchen schnell unterzeichnet«.

»Jaja«, schnauzt er ungeduldig in der Fernseh-Talkshow *Grüner Salon,* »die Kritik ist in Ordnung, das ist egal, das ist nicht mein Problem ...« Einer seiner Lieblingssätze. Da kandidiert er für die Grünen, ganz am Anfang, 1978, und tritt gleich wieder zurück: »Mein Rücktritt ist auch eine Selbstkritik«, verkündet er, ohne die geringste Angst, das könne ihm nun einen Zacken aus der Krone brechen. Und auch als zwei Jahre später der Versuch einer gemeinsamen Liste von linken und ökologischen Gruppen scheitert, spart er nicht mit Selbstbezichtigung: »... wobei mir ein erheblicher Anteil an dieser katastrophalen Situation zuzuschreiben ist ...«

Natürlich entschuldigt er sich nicht jedes Mal, wenn er sich wie ein Elefant im Porzellanladen benommen hat. So wie es Leute gibt, die ihn trotz allem einfach nicht lieben wollen, gibt es natürlich welche, von denen er partout nicht geliebt werden will. Dazu gehören zum Beispiel Jörg Schönbohm von der CDU und jener Pfarrer aus Duisburg, der beim *Talk im Turm* die Angst des Deutschen vor dem Ausländer beschwört. Die können ewig und vergeblich auf ein Pardon vom unartigen Dany warten. Der findet es vor laufender Kamera einfach »hinterfotzig«, daß da »der Pope« meint, er würde ja nur vorhandene Ängste beschreiben. Immer seien die Ausländer schuld! Da kriegt er so einen Hals (wirklich, einen ganz roten Hals) und flippt aus: »Was haben Sie heute abend gegessen? Sie haben wohl die falsche Bibel gelesen?«

Dabei nehmen sich seine Pöbeleien neueren Datums im Vergleich zu früher recht harmlos aus. »So ein reaktionäres Schwein wie Sie habe ich noch nie erlebt – man sollte Sie kastrieren«, beschimpfte er 1969 den Frankfurter Professor Ludwig von Friedeburg, ohne eine Entschuldigung hinterherzuschicken.

Es braucht weder einen Professor noch einen Politiker, um ihn zum Ausrasten zu bringen. Es reicht, wenn auf einer Veranstaltung irgend jemand einen Einwand erhebt, den er schon mehrmals vergeblich entkräften wollte. Dann klingt das, als kenne er den Kritiker seit Ewigkeiten, als wäre dieser ihm bereits rund um die Welt gefolgt mit seinen Gegenargumenten. »Ach, kommen Sie doch nicht immer mit demselben Kram!« brüllt er dann ungebändigt und maßlos. »Hören Sie doch auf mit dem Quatsch!« Der Kritiker zuckt zusammen, lächelt verlegen, nimmt einen neuen Anlauf und ergibt sich schließlich. Meistens.

Die Euroskeptiker putzt er so herunter oder Antimilitaristen, die nicht auf dem Balkan einmarschieren wollen oder Leute, die mal wieder behaupten, die Ausländer seien schuld an irgend etwas. Das kann er einfach nicht mehr hören. Da ist er zutiefst überzeugt, daß ein militärisches Eingreifen moralisch geboten ist, und zwar lange, lange bevor irgend jemand sonst das auszusprechen wagt. Da steht er ungeschützt und angefeindet im Regen, läßt sich von seinen grünen Parteifreunden als »Kriegstreiber« und »Faschist« beschimpfen (was nicht einfach an ihm abperlt) und weicht dennoch keinen Millimeter von seiner Position. Da vergißt er völlig, daß er eigentlich geliebt werden will.

Oder das Thema »Terrorismus«. Von Anfang an ist Cohn-

Bendit gegen diese vorgeblich revolutionäre Gewalt und läßt sich nicht erschüttern, nicht durch Vorwürfe (»Verräterschwein«) und nicht durch Brandsätze in der *Pflasterstrand*-Redaktion. Er läßt sich später auch nicht abbringen von seiner Solidarität mit Aussteigern wie Hans-Joachim Klein, was ihm wiederum vorgehalten wird. Das zieht er durch, und Strafandrohungen schrecken ihn schon gar nicht.

Daß er hier von zwei entgegengesetzten Seiten, von links wie von rechts, beschimpft wird, das gefällt ihm am allerbesten. Zwischen den Stühlen sitzt Daniel Cohn-Bendit am bequemsten. So teilt man mit vielen ein bißchen, ohne Gefahr zu laufen, von einer Liga vereinnahmt zu werden. Denn einbinden lassen will er sich nirgendwo.

Er ist kein Deutscher, aber auch kein Franzose. Er bezeichnet sich als Kosmopoliten, das ist einer, der überall zu Hause ist – und nirgends. Im Grunde ist er froh, daß die Juden in alle Welt zerstreut wurden. In der Diaspora fühle er sich wohl, meint er, und vielleicht wurzele darin sein Kosmopolitismus. Er ist kein gläubiger Jude, kein Christ, und die Atheisten haben zum Glück keine Gemeinde.

Bloß keine Vereinsmeierei! Das beengt und verpflichtet. Und daß er lange nicht heiraten wollte, gehört wohl – abgesehen von rationaler Kritik am anachronistischen Institut der Ehe – auch dazu. Er läßt sich nirgendwo einordnen. So kann er sich bei Frau Henkel am Buffet genauso wohlfühlen wie an einem Wohngemeinschaftssperrmülltisch, fesselt mit seinen Reden auf der Straße oder im Parlament genauso wie auf Einladung der Hypo-Vereinsbank. Hier wie da findet er die passenden – provozierenden – Worte.

Er ist der andere, der Besondere, er fällt aus dem Rahmen. Er gehört nirgends richtig dazu und ist doch (fast) überall gern gesehen. Die Spontis waren ein lockerer Haufen, und wenn sie sich straffer organisiert hätten, dann hätte er ihnen sicher den Rücken gekehrt. Den Grünen ist er erst spät beigetreten, ob-

Sabine Stamer

wohl er schon jahrelang so diskutierte, als sei er einer von ihnen. Es erleichterte ihn, daß das multikulturelle Dezernentenamt ein ehrenamtliches war, das ihm erlaubte, sich einfach mal zurückzuziehen, wenn ihm danach war. Er hat keinen Beruf, der ihn jeden Tag ins gleiche Büro treibt. Und das »Superscharfe am Europa-Parlament« ist nun seiner Meinung nach, »daß man viel machen kann, aber wenig muß, weil die Bedingungen so floating sind.«

Europa ist im »ständigen Wandel« – Daniel Cohn-Bendit auch. »Wir alle müssen weiterdenken, der *Spiegel* doch wohl auch?« raunzt er die *Spiegel*-Interviewer an, die nach der Kontinuität in seinen Positionen suchen. »Nur Idioten geben nicht zu, irgendwann Veränderungen zu durchlaufen«, ist seine Devise. Das ist nicht unsympathisch, doch in andere Worte gekleidet, heißt das auch – frei nach Konrad Adenauer: Was schert mich mein Geschwätz von gestern? Und da wird es problematisch.

Cohn-Bendit selbst sieht seine Anpassungsfähigkeit durchaus nicht unkritisch. In seinem 1975 erschienenen autobiografischen Erfahrungsbericht *Der große Basar* schreibt er über Rudolf Augsteins Beobachtung, Hans-Jürgen Krahl sei der »Eiferer« der Studentenbewegung und Daniel Cohn-Bendit ihr »Sunnyboy« gewesen: »... daß ich immer die opportunistische Tendenz habe, meine Fähigkeit, spontan zu reagieren, der Situation, in der ich bin, und den Leuten, mit denen ich jeweils zu tun habe, anzupassen. Das ist die unehrenhafte Seite meines Charakters: Du weißt, daß so etwas wie Offenheit den Leuten gefällt, daß sie dir was einbringt, also benutzt du sie.« Was könnte entwaffnender sein?

Solch selbstkritische Überlegungen hindern ihn nicht, sich an anderer Stelle seiner geistigen Beweglichkeit und Offenheit zu rühmen. In der Tat, Berührungsängste scheint er nicht zu kennen. So ruft er Ende der 70er zum Dialog zwischen Staat und Rote Armee Fraktion auf. Er ist sowohl für die Strafverschonung von Ex-Terroristen als auch für die Freilassung des greisen Hitler-Stellvertreters Rudolf Heß. Anfang der 80er sucht er das Gespräch mit Rechtsradikalen. Ohne Scheu bittet er den ehemaligen Frankfurter Polizeipräsidenten Knut Müller, für den *Pflasterstrand* aufzuschreiben, wie er die Hausbesetzer-Zeit erlebte, vergeblich allerdings. Anfang der 90er beteiligte er sich an einem Abschiedsgeschenk für einen Polizeikommissar: Ein gerahmtes Foto aus dem Jahre 1968, wo eben jener Kommissar den Demonstranten Daniel Cohn-Bendit im Schwitzkasten hält. Dany signiert mit den Worten: »Geschichte wird gemacht.« Anfang 2000 kritisiert er Sabine Christiansen, nicht weil sie den rechten österreichischen Wahlsieger Jörg Haider in ihre Talkshow eingeladen, sondern weil sie ihn wieder ausgeladen hat. Er meint, seine Wenigkeit und Guido Westerwelle von der FDP wären durchaus in der Lage gewesen, mit Haider argumentativ fertigzuwerden.

Natürlich gibt es jede Menge Watschen von links. Das scheint ihn geradewegs anzustacheln, kokettiert er doch genüßlich damit, nicht auf Linie zu liegen und nicht im Mainstream zu schwimmen. Der einst anarchistische, heute liberal-libertär Denkende liebt es, seine Diskussionsbeiträge zu beginnen mit Worten wie: »Ich bin mit Wörner einverstanden«, oder: »Die CDU hat recht.« Das soll unterstreichen, daß er ungebunden und frei zu seiner Meinung findet, daß er wahrhaftig undogmatisch ist. Denn was für ein begrenztes Vergnügen wäre es, Bewunderung nur vom eigenen Fan-Club zu erfahren!

Er ist, wenngleich ein Poltergeist, doch eher eine integrative Kraft, versucht im Privaten wie im Politischen, möglichst viele Leute zu versöhnen und unter einen Hut zu bringen. Er will den Dialog zwischen rechts und links, hat sich von Anfang an für den Zusammenschluß der zersplitterten Linken stark gemacht, Ende der 60er in Frankreich, danach in Frankfurt, zunächst auch während des Gründungsprozesses der Grünen, bis er die sogenannten Fundis hassen lernte. Sie verkörpern für ihn etwas Totalitäres, und darauf reagiert er geradezu allergisch. Sein Integrationswille hört auf, wo er Totalitarismus riecht. Seitdem er politisch denken kann, ist er ein linker Anti-Kommunist.

Wenn es um Konfliktlösungen geht, dann hat er die verrücktesten Ideen, um die Lage zu entschärfen: das umstrittene Fassbinder-Theaterstück *Die Stadt, der Müll und der Tod* um die protestierenden Bühnenbesetzer herum aufzuführen; Woodstock auf dem Balkan mit internationalen und lokalen Bands verschiedener ethnischer Zugehörigkeit wieder aufleben zu lassen; mit den Böhsen Onkelz und ihren Fans über Ausländer zu diskutieren; einen Basar anstelle eines Wolkenkratzers im Frankfurter Gutleutviertel zu bauen ... Den beteiligten Parteien erscheinen diese Vorschläge allerdings oft so unkonventionell, daß sie Cohn-Bendit nur den Vogel zeigen.

Sein Ideenvorrat scheint unerschöpflich, seine Innovationslust unbegrenzt. Er hat etwas Schamloses, Ungehemmtes, eben wie ein Kind, dessen Selbstverständnis und Selbstbewußtsein noch von keiner Autorität gebrochen wurden. Und tatsächlich hat er ja eine sehr freizügige, unautoritäre Erziehung genossen. »Meine Erklärung, warum er berühmt wurde?« versucht eine Freundin der Familie Cohn-Bendit seine ungewöhnliche Entwicklung zu verstehen. »Er war frei. Keine Eltern, die auf ihn aufpaßten, nur ein Bruder, der ihn von weitem unterstützt hat. Eine Rente, die ihn finanziell unabhängig machte. Abends nicht nach Hause zu müssen, keiner schimpft und weint, wenn man im Gefängnis landet. Das muß irgendwie erlösend sein.«

Und dann ist da natürlich seine herausragende Begabung, frei zu sprechen, wo auch immer, vor wem auch immer, in gefüllten Sälen, vor Mikrophonen und Kameras, ohne Konzept und ohne Notizen. Durchdrungen von dem Gedanken, etwas Wichtiges und Richtiges der Welt unbedingt mitteilen zu müssen. »Er produziert sich gerne«, bezeugt seine über 90 Jahre alte Tante Alice Steinmann. »Einmal sind wir während eines Spaziergangs in einem kleinen Restaurant eingekehrt. Dany war noch halbwüchsig. Es war nur noch ein Tisch außer unserem besetzt. Da ging er hinauf auf die Empore und gestikulierte mit beiden Händen, pantomimisch: Hier spreche ich für mein Volk. Er sah sich schon damals als Volksredner.«

Sportreporter hatte Cohn-Bendit eigentlich werden wollen, doch war sein politisches Sendungsbewußtsein stärker als die Fußballbegeisterung. Die Eloquenz erinnert an die famosen Verteidigungsplädoyers seines Vaters Erich Cohn-Bendit, die vor und nach der Herrschaft der Nazis in Berlin und Frankfurt am Main nur allzu bekannt waren. Ab und zu gab der Vater dem Jungen die Gelegenheit, ihn im Gerichtssaal zu beobachten, in Frankfurt während der 50er Jahre.

Noch etwas erinnert an Erich: die Lust, das Leben zu genießen. Wenn Geldknappheit den Herrn Papa nicht daran hindern konnte, Austern und Kaviar zu spendieren und sich auch sonst sehr generös zu zeigen, warum dann sollte Dany auf irdische Genüsse verzichten, nur weil andere hungern und ein paar Linksdogmatiker meinen, man solle sich aus Solidarität selbst kasteien? »Bloß weil ich das Gebäude die ganze Nacht besetze«, betont er während der Protestaktionen an der Uni von Nanterre, »habe ich noch lange keine Lust, mich zu geißeln und die ganze Nacht nichts zu essen.« Der Luxus an sich sei doch nicht das Problem, sondern nur, daß so wenige Menschen daran teilhaben. So käme die Maxime »Luxus für alle!« seiner Lebenseinstellung näher als eine marxistisch-leninistisch verbrämte Genügsamkeit oder ein ökologisches Körnerdiktat. In bester Familientradition steht er, denn nicht nur sein Vater, auch sein Großvater machte sich bereits einen Namen als Bonvivant.

Sein Vater sieht in ihm den einzigen in der Familie, der Sinn für Geld hat. Eine Anlage, die sich früh offenbart haben muß,

Sabine Stamer

denn als Erich Cohn-Bendit stirbt, ist der Junge erst 14 Jahre alt.

Mit 19 besucht er, inzwischen Vollwaise, die jüdische Philosophin Hannah Arendt, eine Freundin der Familie Cohn-Bendit, in den Vereinigten Staaten. Beim Essen steckt sie ihm einen Scheck zu. Konrad Bieber, ebenfalls ein Freund der Familie aus Zeiten des Exils, erinnert sich: »Ich weiß noch genau, Dany stand auf, entschuldigte sich, er wolle sich die Hände waschen, aber natürlich wollte er nur nachsehen, wieviel auf dem Scheck stand. 50 Dollar waren es, das war viel Geld damals.«

Während sein Vater mit Geld nicht umgehen kann, großzügig ausgibt, was eigentlich gar nicht vorhanden ist, denkt Daniel Cohn-Bendit, vielleicht geprägt durch diese Erfahrungen, von vornherein an die Einnahmen. So will Erichs ehemalige Freundin, Gisela von Seefeld, noch heute wohnhaft in Frankfurt, ihm ein paar Andenken an den Vater überlassen, darunter einen alten Stich von der Frankfurter Synagoge. »Da beguckt er den von hinten und vorne und fragt: ›Was ist denn sowas wert?‹ Wenn du das verkaufen willst, habe ich ihm gesagt, dann läßt du es hier. Der denkt ans Materielle, der weiß, wo es langgeht.« Das bestätigt auch Gerhard Knöss, Fußball-Kumpel seit drei Jahrzehnten: »Das ist eine Eigenart von ihm. Wenn das nicht auch für ihn was bringt, dann ist das nix.«

Cohn-Bendit ist erklärter Hedonist. Er genießt das Leben, gutes Essen, guten Wein. Dabei ist er nicht ausschweifend, er träumt nicht von goldenen Wasserhähnen, Designer-Klamotten oder schnittigem Rennwagen. Seine Lebensträume sind andere, eher prometheische, sagt er selbst. Prometheus, wir erinnern uns, ist jener Held der griechischen Mythologie, der den Menschen das Feuer brachte. Zur Strafe fesselte ihn Zeus an einen Felsen im Kaukasus, wo ihm ein Adler die stets nachwachsende Leber wegfraß, bis Herakles ihn schließlich befreite. Prometheus, das ist für ihn einer, der alles, was er will, auch kann. Er sieht sich als rettenden Vermittler in Konflikten, und solche Supermann-Phantasien erneuern seine Kräfte.

Bisweilen, so meint man zu beobachten, lebt er in der phantastischen Gewißheit, der Traum sei Wirklichkeit geworden. Ohne Scheu und Zweifel stellt er sich mit den Größten dieser Welt auf eine Stufe, nennt sich in einem Atemzug mit Jim Morrison und Elvis Presley: »Man hat mich ausgewiesen, bevor ich unpopulär wurde, eine Art Jim Morrison, der auf der Höhe seines Ruhmes verschwand, ohne den Fall eines Elvis Presley zu kennen.« Scherzhaft bezeichnet er sich als »Dany Nightingale« in Anspielung auf die berühmte britische Krankenschwester Florence Nightingale; ohne Skrupel beginnt er eine Rede mit den legendären Worten Martin Luther Kings »I had a dream ...«, als sei er der natürliche Nachfolger des schwarzen Freiheitskämpfers. Mit Helmut Kohl nimmt er es da schon lange auf: »Er und ich sind aus unterschiedlichen Gründen zwei leidenschaftliche Europäer.« Wahrscheinlich hätte er den Satzanfang auch gerne umgestellt: »Ich und er ...«

Ohne mit der Wimper zu zucken, redet er von sich, als sei er der Nabel der Welt und als hätten alle nur darauf gewartet, seine Meinung zu hören und seinen Rat einzuholen. »*Ich* verlange von den Medien, daß sie klar Position beziehen!« Sein Anspruchsdenken suggeriert die größte Selbstverständlichkeit. »Nach Wajdas *Danton* fordere *ich* Schluß mit der Unterstützung der Befreiungsbewegung in El Salvador.« Und: »*Ich* will die Ampelkoalition.« Oder: »Oskar Lafontaine halte *ich* für den besten Kanzler der nächsten zehn Jahre. Aber Herrn Vogel würde *ich* auch akzeptieren.« In seiner Zeit als multikultureller Dezernent hört seine Mitarbeiterin Irene Khateeb im Vorbeigehen, wie er einer Besuchergruppe erklärt: »Ach, wissen Sie, mein Gehalt entspricht nicht meiner politischen Bedeutung.«

Sabine Stamer

Er sei wie Obelix als Kind in einen Zaubertrank gefallen, der stark macht. So fühlt er sich. Sein Selbstbewußtsein scheint unerschütterlich, und es verleiht ihm die innere Unabhängigkeit, die ihn davor rettet, das zu tun, was die meisten Menschen, die allzu gerne geliebt werden wollen, machen: ihr Heil im Opportunismus zu suchen. Nein, davor bewahrt ihn sein Größenwahn.

Kind der Befreiung – Die Familie im Exil

Am 4. April 1945 wird Marc Daniel Cohn-Bendit im süd-französischen Montauban geboren. Der Zweite Weltkrieg ist noch nicht beendet, doch Frankreich schon befreit. Montauban, eine Stadt nördlich der Pyrenäen, nicht weit entfernt von Toulouse, also in jenem Teil Frankreichs gelegen, den die Deutschen während des Kriegs nicht besetzt hielten, hat einen sozialistischen Bürgermeister, der in Opposition zur Vichy-Regierung steht und die vielen Emigranten trotz aller Schwierigkeiten aufnimmt. Auch Herta und Erich Cohn-Bendit finden hier mit ihrem kleinen Sohn Gabriel ab 1940 Unterschlupf. Ermuntert durch die Behörden, verhalten sich die meisten Menschen in der Umgebung den Flüchtlingen gegenüber hilfsbereit.

Während Herta mit ihrem zweiten Kind schwanger ist, lebt die Familie am Rande von Montauban in einer Schrebergartensiedlung. Es gibt keinen Strom und kein Wasser, die Verhältnisse sind alles andere als komfortabel, aber man ist in Sicherheit. Erich arbeitet als Tagelöhner, hilft wie die anderen Emigranten bei der Weinernte. Der Lohn ist niedrig, dafür gibt es Naturalien. Herta leistet kleine Dienste in der Nachbarschaft, bekommt hier ein paar Eier, dort ein Stück Butter. Das Essen ist karg, doch es reicht zum Überleben.

Marc Daniel wird in einer Klinik zur Welt gebracht. Trotz all der Ärmlichkeit ein gesundes 3000-Gramm-Baby mit rötlichem Flaum auf dem Kopf, das fünf Monate lang von der glücklichen Mutter gestillt wird, mit 13 Monaten laufen kann, sehr früh und viel spricht und mit zwei Jahren aufs Töpfchen geht. Dany wird er von allen genannt.

Dem erwachsenen Dany gefällt es heute, immer wieder nachzurechnen, wann seine Eltern ihn gezeugt haben: im Juni 1944, also in jenem Monat, da die Alliierten in der Normandie landeten und den Menschen in Frankreich Hoffnung auf ein baldiges Ende des Krieges machten. Hurra, er ist ein Kind der Befreiung und wird fortan nicht müde, darauf hinzuweisen. Könnte das Leben eines Rebellen einen besseren Anfang nehmen?

Danys Eltern, Herta und Erich Cohn-Bendit, sind jüdische Emigranten aus Deutschland. Sie verlassen Berlin bereits im März 1933, da kennen sie sich erst wenige Monate. Es ist nicht ihre jüdische Identität, die zur frühen Flucht führt, sondern Erichs politisches Engagement. Als Anwalt arbeitet er für die Rote Hilfe. Er ist strikt gegen Stalin und die Stalinisierung der spartakistischen Bewegung in Deutschland, doch das hindert ihn keineswegs daran, Kommunisten vor Gericht zu verteidigen.

Einer seiner Klienten ist Hans Litten, ein couragierter junger Anwalt, dem es 1931 gelingt, Adolf Hitler als Zeugen vor Gericht laden zu lassen. Hitler wird ihm nie verzeihen, daß er sich tatsächlich einer zweistündigen peinlichen Befragung aussetzen muß. Und die Gerichte sind politisch schon derartig manipuliert, daß Hans Litten wenig später von der Verteidigung in diesem Verfahren ausgeschlossen wird.

Erich Cohn-Bendit übernimmt daraufhin die Verteidigung des unerschrockenen Verteidigers und zeigt sich dabei nicht weniger mutig. In seinem Plädoyer für Litten, das in der legendären *Weltbühne* Carl von Ossietzkys und Kurt Tucholskys nachzulesen ist, nimmt er kein Blatt vor den Mund: »Solange Sie Herrn Kollegen Litten unsachliche Verteidigung vorwerfen, muß ich es ablehnen, mit Ihnen über die ›Würde‹ des Gerichts zu diskutieren. Wir sind nicht gewillt, die Interessen unserer Mandanten auf dem Altare Ihrer ›hohen Aufgabe‹ – wie Sie sie auffassen – und Ihrer Autorität zu opfern. Eins werden Sie mit Ihrem Beschluß bestimmt nicht erreichen: Daß wir in jedem Gerichtssaal das zu sagen unterlassen werden, was wir als Verteidiger im Interesse unserer Mandanten den Zeugen, den Polizeibeamten, Staatsanwälten und Richtern zu sagen für notwendig halten.«

Erich Cohn-Bendit ist noch nicht einmal 30 Jahre alt, noch kein erfahrener Jurist, doch trotzdem schon bekannt für seine kühnen, überzeugenden Plädoyers. Ein Foto zeigt ihn und Hans Litten während einer Verhandlungspause auf dem Flur des Gerichts mit einer Gruppe debattierender Männer, ein Schupo mit Tschako auf dem Kopf an der einen Seite, zwei kurz geschorene, sauber gescheitelte Herren auf der anderen. Erich in dunklem Anzug und weißem Hemd, mit Schlips und Kavalierstüchlein, Hände in den Hosentaschen, hohe Stirn, leicht gewelltes Haar, ein fein geschnittenes schmales Gesicht. Er wirkt fast schmächtig und scheint aufmerksam einem Gespräch zu folgen.

Hitler nutzt die erste Gelegenheit, sich an Litten zu rächen. Er läßt ihn im Februar 1933, in der Nacht des Reichstagsbrands, verhaften. Hans Litten wird in der Haft schwer mißhandelt und gefoltert, dann von einem Konzentrationslager ins nächste verschleppt, bis er schließlich im Februar 1938 in Dachau stirbt. Nur wenige Tage nach Littens Inhaftierung wird Erich Cohn-Bendit von einem hohen Nazi-Richter gewarnt: »Nehmen Sie auf der Stelle den Zug, Sie stehen auf der Liste!« Er kauft sich umgehend eine Fahrkarte nach Paris.

Zurück bleibt zunächst seine Freundin Herta David, ein hübsches Mädchen, 26 Jahre alt, mit hellblauen Augen und ge-

Sabine Stamer

welltem dunkelblondem Haar. Charmant, offen und unbefangen steht sie in Gesellschaft häufig und gern im Mittelpunkt. Sie hat ihr Jura-Studium noch nicht beendet, als sie
Erich nach Paris folgt. Eigentlich sieht sie eine Zukunft als Ju-
gendrichterin vor sich. Vielleicht ahnt sie zu diesem Zeitpunkt
schon, daß daraus nie etwas werden wird, wahrscheinlich aber
glaubt sie wie die meisten, daß der Spuk bald vorbei sein wird
und sie nach Deutschland zurückkehren können.

Hertas Familie stammt ursprünglich aus der deutsch-
polnischen Grenzstadt Poznan. Ihre Eltern, Albert und Lina
David, betreiben dort ein Schuhgeschäft. Sie haben drei Kinder: Julius, Alice und Herta, die älteste, geboren am 16. Januar
1907. Die Familie ist nicht wohlhabend, hat aber ihr Aus-
kommen. Die Kinder registrieren sehr wohl, daß es in jener
Zeit nicht allen gut geht, und versuchen sich vorzustellen, was
das ist: Armut. Alice Steinmann, Hertas jüngere Schwester,
heute über 90 Jahre alt und im Sauerland ansässig, erinnert
sich genau, wie sie Armsein spielten. Sie legten sich aufs Bett,
warfen alle Decken und Kissen von sich und froren. Sie wollten
herausfinden, wie es sich anfühlt, wenn man nichts hat.

Als Poznan nach dem Ersten Weltkrieg 1918 polnisch wird,
wandern die Davids – wie die gesamte deutsch-jüdische Gemeinde – nach Berlin aus. Auch hier eröffnen Hertas Eltern
wieder eine Schuhhandlung, die ihnen ein bescheidenes Leben
ermöglicht.

Herta ist eine gute Schülerin, ohne sich dafür besonders an-
strengen zu müssen. Sie schauspielert gerne und verfaßt
kabarettistische Gedichte. »Herta war begabt, klug und allseits
beliebt – so wie Dany«, erzählt Alice, die sich von der vielseitig
talentierten großen Schwester an den Rand gedrängt fühlte,
obwohl diese das wahrscheinlich nicht beabsichtigte. »Herta
war keine dominante Person, sie hatte einfach eine große Ausstrahlung.«

Im Gymnasium wird sie zur Vertrauensschülerin gewählt.

Sie ist eine von zwei Jüdinnen ihrer Klasse. Als sie einmal ihre Mitschülerinnen zu sich nach Hause einlädt, gesteht eins der Mädchen: »Meine Eltern dürfen nicht wissen, daß ich hier bin, die erlauben mir nicht, zu Juden zu gehen.« 1933 ist da noch weit entfernt; daß Adolf Hitler an die Macht kommt, noch undenkbar. Man schreibt erst das Jahr 1924.

Obwohl Albert und Lina nicht viel Erspartes besitzen, ermöglichen sie ihrer Tochter Herta ein Studium. Zunächst entscheidet sie sich nach dem Abitur für Medizin, wechselt aber nach ein oder zwei Semestern zum Jura-Studium. Möglicherweise lernt sie Erich in juristischen Kreisen kennen, vielleicht auch im linken jüdischen Milieu Berlins.

Erich stammt aus einer wohlhabenden Kaufmannsfamilie, die in einem komfortablen Appartement auf dem Kurfürstendamm residiert. Sein Vater, Alex Cohn, handelt mit Textilien. Als junger Mann erwirbt dieser sich einen Ruf als Lebemann, indem er Nacht für Nacht durch die Bars und Kabaretts der Tauentzienstraße, des heißen Vergnügungsviertels Berlins in den 20er Jahren, streift. Sein Leben kommt in geordnetere Bahnen, nachdem er Kläre Bendit heiratet, eine hübsche und resolute Frau, deren wilhelminische Eleganz bereits auf den ersten Blick verrät, daß sie aus einer dieser großbürgerlichen Berliner Familien stammt. Aufrecht hält sie sich, die Wespentaille eng geschnürt, hochgesteckte Haare, freundliche Augen und schmale Lippen – eine Frau, die weiß, was sie will. Alex erscheint dagegen eher gemütlich, schon früh beleibt, keineswegs frei von Eitelkeit, mit fesch ondulierten Haaren und sorgfältig gezwirbeltem Kaiser-Wilhelm-Schnurrbart. Am 26. November 1902 gebärt Kläre ihren ersten Sohn, Erich, später dessen Schwester Gerda.

Als Kaiser Wilhelm II. 1918 auf den Thron verzichtet und Philipp Scheidemann vom Balkon des Reichstagsgebäudes aus die Republik ausruft, ist Erich 16 Jahre alt. In jenen Wochen ist Berlin nicht sicher. Es kommt immer wieder zu Straßen-

Sabine Stamer

schlachten zwischen Spartakisten und regierungstreuen Truppen, auch auf dem Kurfürstendamm. Erich mag sie vom Fenster aus beobachtet haben. In München und einigen anderen deutschen Städten haben für kurze Zeit die Arbeiter- und Soldatenräte das Sagen. Der junge Cohn sympathisiert mit der Bewegung und verkauft auf der Straße den sozialdemokratischen *Vorwärts*, vermutlich nicht zur Begeisterung seiner Eltern.

Er beendet die Schule, macht Abitur, studiert anschließend Jura und wird kurz vor 1930 Anwalt. Als er sich bei der Anwaltskammer einschreiben will, entdeckt er, daß es in Berlin mehr als 20 registrierte Anwälte namens Cohn gibt. Da leiht er sich kurzerhand den Mädchennamen seiner Mutter und wird zum einzigen Anwalt namens Cohn-Bendit. Sehr schnell wird er als solcher bekannt, doch beenden die Nazis seine Karriere, noch bevor sie so richtig begonnen hat.

Während Erich einer der ersten ist, die aus Deutschland fliehen, warten seine Eltern buchstäblich auf den letzten Zug, mit dem sie ihm 1939 nach Paris folgen. Seine Schwester Gerda emigriert im selben Jahr nach Kenia. Mit einem Touristenvisum tritt Alex die Flucht an, viel zu viel Gepäck, Körbe und Koffer im Abteil gestapelt, irgendeine nationalsozialistische Zeitung vor der Nase. Als der französische Zoll sich mißtrauisch nach dem Inhalt des umfangreichen Gepäcks erkundigt, behauptet der gewiefte Flüchtling: »Ich bin strikt orthodox, das ist alles koscher, milchig und fleischig.« Die anderen Juden im Abteil sind außer sich vor Empörung, hatten sie doch die ganze Zeit kein Wort gesprochen aus Angst vor dem »dicken Nazi«.

Alex überlebt die Hitler-Zeit in Paris, wo er bald nach Ende des Kriegs stirbt. Kläre zieht zurück nach Deutschland, läßt sich in Frankfurt am Main nieder und bleibt Dany als Oma lange Jahre erhalten. Zu ihrem Entsetzen erlebt sie ihn sogar noch als »Dany le Rouge« auf den Barrikaden.

Aus Hertas Familie können sich viele Mitglieder nicht vor dem nationalsozialistischen Terror retten. Ihr Vater stirbt im Januar 1936 eines natürlichen Todes. Ihre jüngere Schwester Alice muß daraufhin das Familienunternehmen auflösen. Es steckt als Folge des »Kauft-nicht-bei-Juden«-Boykotts ohnehin in einer schweren Krise. Alice kann 1938 nach Palästina auswandern, während der jüngere Bruder Julius und Mutter Lina in Berlin bleiben. Bevor sie 1942 oder 43 nach Riga verschleppt werden, ebenso wie Linas Mutter und Tante, schicken sie über das Rote Kreuz ein Telegramm nach Israel: »Wir müssen wandern.« Von da an fehlt jede Spur von ihnen.

Daniel Cohn-Bendit ist noch nicht geboren, als seine Großmutter und sein Onkel, seine Urgroßmutter und seine Großtante von den Nazis umgebracht werden.

Herta, 1943 auf der Flucht vor den in Frankreich vorrückenden Deutschen, hat keine Verbindung mehr, bleibt also lange ohne Nachricht von ihrer Familie. Ihre Schwester Alice quält sich heute noch mit Schuldgefühlen. Warum hat sie nicht insistiert? Warum hat sie nicht versucht, ihrer Mutter und ihrem Bruder die notwendigen Papiere zu besorgen?

Was mag Herta gedacht haben, als sie nach dem Krieg vom Schicksal der Mutter und des Bruders erfährt? Warum um alles in der Welt habe ich sie wieder zurückfahren lassen, als sie mich besuchten? Es scheint so verrückt im nachhinein. Da fährt Lina nach Paris, um ihre emigrierte Tochter zu sehen, und kehrt tatsächlich zurück ins nationalsozialistische Deutschland. 1935. Der Hitler verschwindet wieder, das geht schon vorbei, denkt sie wie viele andere damals auch.

Man kann fast von Glück sagen, daß Erich Deutschland aus politischen Gründen bereits 1933 verlassen mußte, zu einer Zeit, als der Holocaust noch unabsehbar war. Herta und Erich finden in Paris eine Zwei-Zimmer-Wohnung im Square León Guillot des ruhigen 15. Arrondissements. (Von dieser Wohnung aus wird Dany 35 Jahre später seine folgenreichen politischen Streifzüge durch Paris unternehmen.) Zwei oder drei Jahre nach ihrer Ankunft lassen sie sich amtlich trauen. Ein befreundeter deutscher Rabbiner läßt es sich nicht nehmen, extra aus Berlin anzureisen, um die religiöse Zeremonie zu vollziehen. Erich liegt wenig an der Wahrung jüdischer Tradition, doch mögen sie dem wohlmeinenden Freund keine Absage erteilen und lassen es also geschehen. Im April 1936 wird ihr erster Sohn geboren, Gabriel, genannt Gaby.

Wie die anderen Flüchtlinge hält sich die junge Familie mit Gelegenheitsjobs über Wasser. Erich und Herta sprechen kaum Französisch, ihre juristische Ausbildung nützt ihnen nichts in diesem fremden Land. Herta findet immer irgendwelche Arbeiten, lernt Stricken und verkauft nebenbei Handarbeiten. Viele Emigranten versuchen sich als Handelsvertreter. Auch Erich handelt – nicht sehr erfolgreich – mit allem möglichen, mit Monopoly-Spielen, mit Papier, mit Autographen. Für diesen Job ist er partout nicht geboren, er trauert seinem eigentlichen Metier hinterher. Es ist in erster Linie Herta, die die Familie ernährt.

»Den wenigsten bekamen die Leiden, die sie durchzumachen hatten. Denn es ist so, daß Leiden nur den Starken stärker, den Schwachen aber schwächer macht«, resümiert Lion Feuchtwanger, selbst jüdischer Emigrant, in seinem Roman *Exil*. Erich stärkt der Kampf ums tägliche Überleben in der Fremde nicht. Irgendwann beginnt er, sich mit Alkohol zu betäuben. Vielleicht noch nicht in den ersten Jahren, vielleicht erst später, als die Hoffnung auf Rückkehr immer vager wird. Keiner weiß, wann genau er zu trinken angefangen hat. Es mag auch sein, daß er noch andere weit zurück liegende Probleme mit sich herumtrug. So erinnert sich Gaby heute, daß sein Vater nie im Dunkeln schlafen konnte und immer das Licht anließ.

Paris ist nach 1933 eine Hochburg der Flüchtlinge, denn Frankreich ist (zunächst jedenfalls) für seine liberale Asylpraxis bekannt. So finden sich etliche Gleichgesinnte in der Stadt. Gleich in der Nähe der Cohn-Bendits wohnen die jüdische Philosophin Hannah Arendt und ihr Lebensgefährte Heinrich Blücher. (An Arendts Weltbild wird sich Daniel Cohn-Bendit später einmal wesentlich orientieren.) Auch der jüdische Philosoph und Essayist Walter Benjamin, der posthum internationale Bedeutung erlangen wird, lebt ganz in der Nähe. Bei ihm trifft man sich ab 1936 regelmäßig, um Kontakt zu halten und Gedanken auszutauschen. Zunächst werden die Emigranten offen aufgenommen, doch im Laufe der Jahre wächst die ausländerfeindliche Stimmung in Paris, die Restriktionen nehmen zu. Enorme wirtschaftliche Probleme tragen zu ihrer Ablehnung bei, ebenso die Angst, die antifaschistischen Flüchtlinge könnten Hitlers Haß auf Frankreich verstärken und so den ohnehin prekären Frieden bedrohen. Als 1938 die Volksfront-Regierung zusammenbricht, dreht sich der Wind endgültig.

Zeitschriften und Kultureinrichtungen der Emigranten werden verboten, das Asylrecht drastisch eingeschränkt. Cohn-Bendits stehen vor dem Nichts, die Schlinge zieht sich zu. Nach der französischen Kriegserklärung am 3. September 1939 melden sich viele Emigranten freiwillig, um in der französischen Armee gegen Hitler zu kämpfen. Die Regierung lehnt ihre Unterstützung jedoch rundweg ab. Statt dessen werden alle männlichen deutschen Staatsangehörigen zwischen 15 und 50 Jahren aufgefordert, sich in eines der französischen Sammellager zu begeben. Daß die Nazis Erich seine deutsche Staatsbürgerschaft schon längst aberkannt haben, nützt ihm nichts. Er wird nach Villemalard bei Orléans beordert.

Dort trifft er seinen Freund Heinrich Blücher, der in Briefen an Hannah Arendt einen Eindruck gibt vom Lagerleben: »Wir befinden uns im schönen Land der Loire mitten in einem ganz kleinen Dorf, das ich durch Cézanne lieben gelernt habe. Wir sind wie Soldaten im Manöver untergebracht, das heißt ziemlich primitiv, aber absolut ausreichend. Morgens bekommen wir Kaffee und zweimal am Tag eine Mahlzeit, bestehend aus Suppe, Gemüse und Fleisch. Brot und Wein sind inbegriffen.« Nach und nach werden die Internierten überprüft, viele werden wieder freigelassen, unter ihnen Erich.

Doch nur wenige Monate später ordnet die französische Regierung erneut die Internierung aller noch freien Emigranten an. Diesmal wird Erich in Brest in der Bretagne festgehalten. Dann passiert das Ungeheuerliche: Frankreich und Deutschland schließen am 22. Juni 1940 einen Waffenstillstand, und Frankreich verpflichtet sich, alle auf seinem Territorium befindlichen Deutschen auszuliefern, wenn Deutschland es verlangt. Noch am selben Tag verkünden die Bewacher des Lagers, sie hätten Order, mit den Gefangenen auf die Deutschen zu warten. Erich sitzt in der Falle. Doch ist er nicht willens, auf seine Henker zu warten, und flüchtet.

Frankreich ist nun in zwei Zonen geteilt: die besetzte Zone nördlich der Loire, an der Atlantikküste entlang bis hin zur spanischen Grenze, und die unbesetzte Zone im östlichen Süden. Zu Fuß wandert Erich quer durch das Land, rund 700 km, und gelangt nach Montauban, wo Herta mit dem kleinen Gaby Unterschlupf gefunden hat. Auch sie hat Paris verlassen müssen. Im Square Léon Guillot bleiben noch Erichs Eltern, Alex und Kläre, zurück. »Im August begann das große, gigantische Räuber- und Gendarmspiel«, schreibt Herta an Freunde. »Wir haben in Wäldern übernachtet, in Scheunen, verlassenen Bauernhäusern. Später wurden die Verstecke komfortabler.«

Die Cohn-Bendits werden in den folgenden Jahren von mehreren Familien in Montauban und Moissac, einem nahegelegenen Städtchen, aufgenommen. Herta arbeitet als Wirtschaftsleiterin eines Zentrums für jüdische Kinder, die auf der Flucht ihre Eltern verloren haben. Bald nennen sie alle liebevoll »Tricoti«,[1] denn seitdem sie in Paris stricken gelernt hat, nimmt sie in jeder freien Minute die Nadeln zur Hand.

Als die Nazis auch nach Südfrankreich vordringen, muß die kleine Kolonie in Windeseile aufgelöst werden. Die Kinder werden umgehend auf hilfsbereite nicht-jüdische Familien in der Umgebung verteilt. Die Behörden der Region decken die Flüchtlinge weiterhin, so gut sie können. »Wenn Sie morgen um 16 Uhr zu Hause sind, dann muß ich Sie festnehmen«, warnt ein Polizist die Cohn-Bendits.

Von nun an leben Herta und Erich als Monsieur und Madame Delpioux mit erstklassigen falschen, natürlich »arischen« Papieren, die aus einem von Bomben zerstörten belgischen Rathaus stammen. Der kleine Gaby wird als Jean Collet von einer Architektenfamilie aufgenommen, die sich so rührend um ihn kümmert, daß er die Zeit der Besatzung und Bedrohung als glücklichen Lebensabschnitt in Erinnerung behält. Eines Tages nimmt er die Gelegenheit wahr, mit den in Moissac stationierten Wehrmachtssoldaten deutsch zu sprechen. Als seine Mutter davon erfährt, ist sie zu Tode erschrocken: »Haben sie dich nicht gefragt, woher du deutsch kannst?« »Doch«, antwortet der kluge Fünfjährige, »ich habe gesagt, ein deutsches Kindermädchen hat es mir beigebracht.«

Dann endlich, im Juni 1944, landen die alliierten Truppen in der Normandie, zwei Monate später auch in Südfrankreich. Wenige Wochen nach Kriegsende verlassen die Cohn-Bendits – nun wieder unter eigenem Namen und als vierköpfige Familie – Montauban und ziehen nach Cailly-sur-Eure in der Normandie. Dort leiten sie als Paar ein Waisenhaus für jüdische Kinder, die »Colonie Juliette«. Sie nennen das große rote Backsteinhaus mitten auf der Wiese das »Schloß«. Zwischen den Rosen im Garten steht ein Schild: »Die Blumen haben eine

---

1 »Tricoti – tricota« ist eine bekannte französische Kindergeschichte; tricoter = stricken

Sabine Stamer

Seele wie du ... Tritt nicht drauf.« Erich ist den Kindern wie ein Freund, und Herta wird hier bald wieder zur rundum beliebten Tricoti. Ihre Erziehung baut nicht auf Autorität, sondern auf Verständnis. Die Heimkinder duzen sie, was zu jener Zeit noch ungewöhnlicher ist als heute. Besonders Herta hat viel Arbeit, wenig Hilfe und keinen freien Tag, schreibt sie ihrer Schwester Alice. Doch die Kinder gedeihen trotz der Schwierigkeiten, Eßbares heranzuschaffen.

Hier im »Schloß« feiert Dany seinen ersten Geburtstag. »Ein wirklich zufriedener kleiner Mensch«, attestiert ihm Großmutter Kläre nach ihrem Besuch, »liebenswürdig, freundlich und für sein Alter so entwickelt, wie ein Kind sein muß, wenn es gesund ist. Jedenfalls eine Freude für alle.« Voller Bewunderung hängt Dany an seinem neun Jahre älteren Bruder Gaby, der bereits ganz ins Heimleben integriert ist. Ein Jahr später schreibt Herta, die gerade ihren 40. Geburtstag inmitten von 92 Kindern beging, wieder an ihre Schwester: »Meinen beiden Rotfüchsen geht es ausgezeichnet. Gaby wird immer unverschämter und Daniel immer süßer. Erich, der mit Gaby völlig meschugge ist, behauptet, ich sei es mit Daniel. Ist aber nur ein bißchen wahr.« Sie gesteht außerdem, daß sie »im Augenblick etwas in seelischen Schwierigkeiten« sei, und deutet damit wohl an, daß ihre Ehe in einer ernsten Krise steckt.

Besonders Erich tut sich schwer mit der neuen Lebenssituation: das fremde Land, die Sprache, ständig wechselnde Wohnorte, die Anwaltstätigkeit ins Reich der Träume gerückt. Als 1948 die »Colonie Juliette« aufgelöst wird, ziehen die Cohn-Bendits zurück nach Paris. Während Gaby mit seinem Vater und Großmutter Kläre in der Wohnung auf dem Square Léon Guillot wohnt, geht der dreijährige Dany mit seiner Mutter nach Boulogne-Billancourt, einem Vorort im Südwesten von Paris, wo Herta eine Stelle als Wirtschaftsleiterin der jüdischen Maïmonide-Schule gefunden hat. Hier besucht Dany ab 1950 die École maternelle, den Kindergarten.

Eines Tages erzählt Herta ihrem Dany eine Geschichte, die sie zuvor schon häufiger dem Erstgeborenen erzählt hatte: »Weißt du, als wir in Paris ankamen, da besaßen wir keinen Pfennig. Wir wollten ein Kind und sind in ein schönes Geschäft gegangen, um eins zu kaufen. Es gab sehr viele. Sie waren großartig, aber zu unerschwinglichen Preisen. Wir kehrten oft zu diesem Geschäft zurück, aber es war immer dasselbe Problem, wir hatten nie genug Geld. Eines Tages sahen wir dort an einem Regal ein Schild, auf dem stand ›Sonderangebot‹. Es gab nur ein einziges Kind, mit roten Haaren und voller Sommersprossen. Ein einziges Lächeln. Es hat uns gefallen. Wir haben auf den Preis geschaut und unser Geld gezählt. Wir hatten gerade genug, um uns dieses Kind zu leisten.« Immer wieder will Gaby diese Geschichte hören, glücklich, auf diese Weise als besonderes Exemplar auserwählt worden zu sein. Der kleine Dany jedoch stampft mit den Füßen auf und schreit: »Ich bin kein Sonderangebot!« Natürlich wird ihm diese Geschichte nie wieder erzählt.

Daniel Cohn-Bendit erinnert seine Mutter heute als warmherzig und fürsorglich. Doch gibt es ihm einen Stich, daß sie von vielen anderen Kindern ebenso gebraucht wurde; daß er immer das Gefühl hatte, seine Mutter mit den anderen teilen zu müssen. »Sie war so offenherzig, und alle Kinder haben sie so geliebt, daß ich das auch ein bißchen als Bedrohung angesehen habe.« Selbst in den Sommerferien hat er sie nicht für sich allein; da leitet sie Ferienlager und nimmt ihn mit. So ist er schon als kleiner Junge an das Leben in Kollektiven gewöhnt. Es fällt auf, daß er sich überall sehr gut einfügt und keinerlei Anpassungsschwierigkeiten hat.

Die elterliche Erziehung verläuft unautoritär und freizügig, an strenge Worte und lautes Geschimpfe können sich die Söhne nicht erinnern. Es ist Oma Kläre, die ab und zu das Laisserfaire stört und die Zügel in die Hand nimmt, die Kinder in die Schranken weist. Seinen Vater sieht Dany nicht sehr oft. Der hält es schließlich in Paris nicht mehr aus und zieht 1952 zurück nach Deutschland. Dany ist sieben Jahre alt.

Von da an lebt die alleinerziehende Herta mit den zwei Söhnen in der kleinen Wohnung auf dem Square Léon Guillot. Wenn abends gekocht wird, dann riecht es überall nach Baguette, Knoblauch und Kaffee, die Echos der verschiedenen Radiosender vermischen sich im Innenhof, ohne daß es jemanden zu stören scheint. Doch ein Schild weist darauf hin, daß Spielen hier verboten sei. Herta ist trotz der vergangenen harten Jahre immer noch eine strahlende Persönlichkeit, offen und vital, mit viel Esprit und Humor. Als sie die ersten »Wiedergutmachungsgelder« erhält, können sie endlich Warmwasser legen lassen. Später gibt Herta ihre Stellung an der Schule in Boulogne auf, lebt von der Rente und kümmert sich ehrenamtlich um Restitutionsangelegenheiten.

Dany besucht zunächst eine Grundschule in der Nachbarschaft und lernt lesen, indem er sich Sportzeitungen am Kiosk in der nahegelegenen Rue Dantzig kauft. Er spielt begeistert Fußball im Club Athlétique de Paris. Zu wichtigen Spielen schleicht er sich heimlich ins Stadion Parc des Princes auf der anderen Seite der Seine. Ein niedlicher roter Lockenkopf, dem man schon als Kind einen gewissen Charme nachsagt und der weiß, wann und wie er seine Reize einzusetzen hat. Da treibt er als Elfjähriger seine Babysitterinnen, die knapp fünf Jahre älter sind als er selbst, vierzehn lange Ferientage hindurch zur Verzweiflung, will sich nicht einmal waschen. Doch plötzlich tauchen ein paar Erwachsene auf, und der Lausejunge ist sofort wie ausgewechselt, hilft beim Kartoffelschälen und beim Tischdecken, unterhält sich angeregt und nett, ist der Sonnenstrahl am Tisch.

Im Juni 1956 besteht er die Aufnahmeprüfung für das Gymnasium und besucht von da an das Lycée Buffon, das auch sein neun Jahre älterer Bruder schon durchlaufen hat. Er erledigt seine Schularbeiten gewissenhaft, doch sein Betragen wird öfter gerügt. Er ist ein sehr lebhaftes Kind, schwatzhaft und vorlaut. Eines Tages wird Herta von der Klassenlehrerin in die Schule gebeten. Folgendes ist vorgefallen: Im Zuge einer Auseinandersetzung fragt die Lehrerin einen aufsässigen Schüler: »Für was hältst du mich eigentlich?« Dany zögert nicht und meldet sich eifrig: »Ich weiß, ich weiß! Er hält Sie für einen Idioten!« »Ich war zwar nicht wild«, so sieht sich Cohn-Bendit heute selbst, »aber ich war unbefangen und offen.«

Gaby ist zu dieser Zeit bereits Student, politisch aktiv, hat sich von Stalinisten und Trotzkisten abgekehrt und zählt sich zur anarcho-libertären Gruppe *Socialisme ou Barbarie*. Seine politischen Erkenntnisse gibt er früh an den kleinen Bruder weiter. An der Hand seines Bruders geht Dany mit elf Jahren erstmals auf eine Demonstration. Vor dem Sitz der kommunistischen Partei protestieren sie gegen die Niederschlagung des Aufstands in Ungarn durch sowjetische Panzer. Sie wollen den Kampf für die Freiheit nicht den Rechten überlassen und nicht in einen Topf geworfen werden mit den Vertretern des »real existierenden Sozialismus«. Dieses Ereignis ist Danys erste wichtige politische Erfahrung.

Gaby ist 22 Jahre alt, als er seine Freundin Jeanne heiraten will. Aber damals haben die Eltern auch nach der Volljährigkeit noch ein Wörtchen mitzureden, und die erwarten in diesem Fall, daß der Junge erst mal sein Studium beendet. Papa Erich reist extra aus Deutschland an, es wird Familienrat gehalten, die Eltern verkünden ihren Beschluß, alle weinen, großes Familiendrama. Erich wird es zu bunt: »Komm Dany«, sagt er, »die spinnen jetzt alle, komm, wir gehen etwas essen. Such dir ein Restaurant aus.« Dany, 13 Jahre alt, möchte gerne Kaviar, und ab geht's zu Dominique, wo der eine Kaviar verspeist und der andere sich darüber freut, während zu Hause immer noch um eine Lösung des Familienstreits gerungen wird. Die Liebe siegt am Ende doch, und Gaby bekommt seine Jeanne.

Aber erst mal fährt Erich Cohn-Bendit zurück nach Frankfurt, wo er sich vor einigen Jahren niedergelassen hat. Dort hält sich inzwischen auch sein bester Freund aus alten Berliner Zeiten auf, während er in Berlin niemanden mehr hat: keiner hat den Krieg überlebt, keine Verwandten, keine Freunde. Und schließlich wäre Frankfurt damals fast die Hauptstadt der Bundesrepublik Deutschland geworden, und so glauben viele, daß aus dieser Stadt auf jeden Fall ein neues Zentrum erwachsen wird. Also erscheint Erich eines Tages im Jahre 1952 an der Rezeption des Hotels Frankfurter Hof: »Guten Tag, ich heiße Cohn, nehmen Sie Juden wieder auf?« Er bekommt ein Zimmer. Und er eröffnet ein Anwaltsbüro. Er kümmert sich hauptsächlich um »Wiedergutmachungsfragen« und andere Fälle der Jüdischen Gemeinde, der er über diese Arbeit etwas näher kommt. Doch als er erfährt, daß ein Verstorbener exhumiert und post mortem beschnitten wird, um der Tradition Genüge zu tun, da geht er sofort wieder auf Distanz zum institutionalisierten Judentum.

In Frankfurt trifft er ehemalige Freunde und Bekannte wieder, alte Berliner oder solche, die wie er in der französischen Emigration gelebt haben. Man trifft sich häufig im Café Laumer in der Bockenheimer Landstraße. Er kennt sie alle, die Linken, die jüdischen Intellektuellen, er sieht Hannah Arendt wieder, trifft Max Horkheimer und Theodor W. Adorno, die Begründer der Frankfurter Schule. Mit Bertolt Brecht und Helene Weigel erinnert er sich eines Abends daran, daß man schon 1932 zusammengesessen und diskutiert hat, wie Hitler zu bekämpfen sei. Just dieses Café wird 1968 zum Schauplatz einer Tortenschlacht zwischen Studenten und Polizisten: Nachdem der Besitzer einigen langhaarigen Freaks den Eintritt verwehrte, veranstaltet Fritz Teufel mit rund 100 Mitgliedern des Sozialistischen Deutschen Studentenbundes, SDS, ein Go-in, das zur Konfrontation mit der Polizei führt. Anwesende Gäste fühlen sich durch das Auftreten der SDSler an Übergriffe junger Nazis in den 30er Jahren erinnert. Doch das wird sich erst zehn Jahre später ereignen. Erich Cohn-Bendit wird die 68er-Turbulenzen nicht mehr erleben.

Seine Praxis floriert. Er erstreitet vor Gericht eine ganze Reihe von Grundsatzentscheidungen. Er ist einfallsreich, versiert und redegewandt. Aus dem Stegreif hält er einstündige brillante Plädoyers, die selbst das Bundesgericht in Karlsruhe vergessen lassen, daß man ihm eigentlich nur fünf Minuten Redezeit zugestanden hat. Cohn-Bendits Mandant ist in diesem Fall ein wohlhabender ungebildeter jüdischer Viehhändler. Das Bundesgericht soll nun klären, ob seine »Wiedergutmachungsansprüche« höher zu bewerten sind als die Ansprüche eines Abiturienten, der es wegen der Verfolgung durch die Nazis nie zu Wohlstand gebracht hat. Der Viehhändler bekommt Recht.

Keiner merkt, daß der Anwalt vor dem Auftritt bereits mehrere Cognacs gekippt hat. »Ich kann nur Plädoyers halten, wenn ich was getrunken habe«, entschuldigt er sich achselzukkend bei seiner Freundin Gisela von Seefeld. »Charly Chaplin konnte auch nur spielen, wenn er was gesoffen hatte.« Erich achtet nicht auf seine Gesundheit. Im Gegenteil, langsam aber sicher zerstört er sich selbst durch ungebremstes Rauchen und Trinken. Das fängt schon in Frankreich an, zunächst mit Rotwein, später steigt er auf Cognac um, am Ende wacht er morgens früh um sechs Uhr zitternd auf und greift nach dem ersten Underberg. Mit 50 ist er körperlich bereits ein alter Mann. Die Kinder merken natürlich, obwohl sie ihn nur selten sehen, daß er häufig nicht geradeaus geht. Man erklärt ihnen, der Vater sei krank und leide Schmerzen.

Gisela von Seefeld lernt Erich Cohn-Bendit kennen, als er für seine frisch eröffnete Kanzlei eine Sekretärin sucht. Sie ist so gar nicht aus seinem Milieu, sondern eine Baronin von uraltem Adel aus deutsch-nationalem Hause. Man einigt sich über die Bezahlung, er verabschiedet sich per Handkuß, und schon

Sabine Stamer

beim zweiten Mal wird klar, daß aus der Schreiberei nicht viel werden wird. Gisela, 20 Jahre jünger als er, wird seine Lebensgefährtin. Er nennt sie »Baby«, ein praktischer Name, meint sie heute, der vor peinlichen Verwechslungen schütze.

»Aus deinem Vater hätte sehr viel mehr werden können, wenn diese dumme Trinkerei nicht gewesen wäre«, bescheinigt sie Dany, als der schon längst erwachsen ist. Von Minderwertigkeitskomplexen keineswegs geplagt, nickt der Sprößling mit dem Kopf: »Ja, das hat er prophylaktisch seinem Sohn mitgegeben. Aus dem ist ja was geworden.«

Trotz seiner Alkoholkrankheit ist Erich ein hervorragender und anerkannter Anwalt, gewinnt selbst Fälle, die völlig aussichtslos erscheinen. Da kommt zum Beispiel einer seiner Mandanten, ein Hausierer, schon mit Zahnbürste und Schlafanzug in der Tasche zur Verhandlung, weil man ihm bedeutet hat, er müsse sehr wahrscheinlich gleich anschließend ins Gefängnis. Der Hausierer hatte unechte Teppiche zu hohen Preisen verkauft, und zwar mit Vorliebe an katholische Geistliche. Die nahmen dann einen für die Kirche, einen für sich privat und zahlten beide ungeniert aus der Kirchenkasse. Der Verteidiger Cohn-Bendit beantragt, die Pfarrer schwören zu lassen, sie hätten ihre Teppiche aus eigener Kasse bezahlt. Davor schrecken die gottesfürchtigen Männer zurück, die Zeugen der Anklage fallen um, der Hausierer wird freigesprochen.

Dany hat nicht viel von seinem Vater gehabt. »Der war unheimlich lieb, aber der war auch sehr fern, der war ja weg.« In Erinnerung bleibt Erich ihm als Intellektueller und als Lebemann, ein Salon-Sozialist, würden manche vielleicht sagen, ein Vorkämpfer der »Gauche caviar« (wie man die Salon-Linke auf Französisch nennt), an dem sich Dany schon früh orientiert. »Ich weiß noch, wie er sagte: ›Wenn du eine Allerweltstasche haben willst, dann gehst du mit Herta, und wenn du eine wirklich gute Tasche haben willst, dann gehe ich mit dir eine kaufen.‹«

Erich liebt gute Hotels und Restaurants, in den besten und teuersten der Stadt ist er bekannt. Einmal, so erinnert sich Gisela von Seefeld, bestellt er sich Austern: »Aber diesmal die Schale bitte weichgekocht und den Rotwein direkt vom Eis!« Er freut sich diebisch über die Verwirrung des Oberkellners, bis ihn der Direktor des Restaurants enttarnt: »Die Herrschaften kenne ich schon lange, die sind nicht vom Dorf.« Später, als er schon so krank ist, daß er kaum noch essen kann, genießt er es immer noch, andere in feine Restaurants zu begleiten. Auch Dany weiß bereits mit zehn, elf Jahren gute Küche zu schätzen, und er fährt für sein Leben gern im Speisewagen. »Da ist er mit mir immer Umwege gefahren, wenn wir irgendwohin wollten, damit ich im Speisewagen essen konnte. Er hat genossen, wie ich das Essen genießen konnte.«

Wie Dany heute ist Erich damals impulsiv, manchmal geradezu unbeherrscht. Es kommt vor, daß er Leute aus seinem Büro hinauswirft. Doch – auch das eine Parallele zum Sohn – nach dem Ausbruch kann ebenso schnell die Versöhnung folgen. Eigentlich ist alles gar nicht so gemeint, ein Cohn-Bendit zieht keine tiefen Gräben um sich. Unumwunden gibt Erich zu, daß er Fehler hat (auch das wird ihm der Sohn später nachtun), »Roßfehler« nennt er sie selbst. Doch ist er liebenswert mit seinen Roßfehlern, von gewinnendem Wesen, charmant und humorvoll, überwiegend lebensfreudig, obwohl der selbstzerstörerische Alkoholkonsum darauf hindeutet, daß dieses Leben ihm nicht bietet, was er sich erhoffte.

Erich und Gisela lieben sich überschwenglich und eifersüchtig. Provoziert sie seine Eifersucht, so kommt es vor, daß er – selbst nicht der Treueste – sich nachts gegen ihre Klingel lehnt. »Das hörte dann nicht mehr auf!« Er folgt ihr nach Paris, argwöhnend, sie treffe sich dort mit einem anderen Mann. Es ist ein jüdischer Feiertag, er weiß, daß ihre Bekannten dort alle Juden sind. Mit einem Taxi klappert er die Synagogen der Stadt ab, bis er zufällig seinem älteren Sohn Gaby in die Arme läuft,

Sabine Stamer

der ihn wieder zur Vernunft bringt und zurück nach Frankfurt dirigiert. Hier erwartet er sein »Baby« auf dem Flughafen, unrasiert, ohne Krawatte, mit einem riesigen Rosenstrauß. »Daß du da bist! Ich habe was für dich gekauft, ein Auto.« Dann schnappt er sie, ruft einfach in ihrem Büro an – das konnte der Herr Rechtsanwalt machen –, sagt: »Hör'n Sie mal, Ihre Sekretärin kann am Montag nicht kommen, wir sind weggefahren«, und reist mit ihr übers Wochenende in den Odenwald.

Nach einer Weile berichtet er Herta von Giselas Existenz. Es ist keine richtige Beichte, denn obwohl sie noch verheiratet sind, geht nun jeder seiner Wege, beide haben ihre Verhältnisse. »Grüß mir die Frauen vom Adel in Frankfurt«, antwortet Herta in ihrem nächsten Brief. Manchmal, wenn sie zu Besuch nach Deutschland kommt, dann gehen sie sogar zu dritt einen Kaffee trinken. Ein fast schon gewagtes Unternehmen im vorgeblich sauberen Deutschland der 50er Jahre.

Auch Erichs Heiratsantrag erfolgt auf unkonventionelle Weise. »Komm gleich runter«, ruft er Gisela im Büro an, »ich habe was Wichtiges mit dir zu besprechen.« Mit einem Bündel von Akten wartet er in einem nahegelegenen Restaurant. »Hier, ich lasse mich jetzt scheiden, aber du mußt vorher unterschreiben, daß du mich heiratest. Und mein ganzes Geld, alles was ich habe, schenk ich dir.« Er leert seine Taschen und packt alles auf den Tisch. Viel mehr als er am Leibe trägt, besitzt er nicht. Die 20 Jahre jüngere Gisela lehnt ab – und so läßt Erich sich auch nicht scheiden. Am Ende ganz allein dastehen, das will er auf keinen Fall. Wenn es denn absolut nicht sein soll mit ihnen beiden, so gibt Erich seinem »Baby« mit auf den Weg, dann müsse sie aber einen Adligen oder wenigstens einen anständigen Juden heiraten.

Zu diesem Zeitpunkt steckt der Keim einer schweren Krankheit schon in ihm: Lungenkrebs. 1958 entschließt sich Herta, Paris zu verlassen und nach Frankfurt zu ziehen, um ihn zu pflegen. Manchmal zeigt er sich dankbar, oft aber hart und unzugänglich. Eines Nachts um drei Uhr ruft sie verzweifelt bei Gisela an, nicht wissend, daß diese inzwischen ihren »anständigen Juden« gefunden hat. »Kannst du nicht kommen?« bittet Herta. »Mit mir will er nicht leben.« Die Ex-Freundin ist nicht gerade begeistert, doch treffen sich die beiden Frauen am folgenden Tag im Mövenpick am Opernplatz. Kurz zusammengefaßt, erzählt Gisela von Seefeld, verlief das Gespräch folgendermaßen: »Willst du ihn? Er will mich nicht, dann nimm ihn!« – »Nein, du hast ihn dir zuerst eingehandelt, behalte ihn!« Und Herta bleibt.

Erich stirbt 1959 im Alter von 57 Jahren. Er hinterläßt einen Haufen Schulden. Mit Geld konnte er einfach nicht umgehen. Er gab mehr aus, als er besaß, nicht für sich allein, er war spendabel. Während er zahlreichen Jüdinnen und Juden zu ihrer »Wiedergutmachung« verhalf, hat er seinen eigenen Antrag immer wieder verschlampt und niemals einen Pfennig erhalten. »Der Dany, der ist anders«, hat er einmal gesagt, »der weiß, wo man Geld verdient.«

Rumpelstilzchen – Umzug nach Deutschland

Dany ist todunglücklich, als die Mutter ihm 1958 eröffnet, sie würden nun nach Deutschland ziehen, da sie Erich pflegen wolle. Bruder Gaby, bereits verheiratet, bleibt in Frankreich. Doch für den 13jährigen Dany gibt es keine Wahl. Beim Besuch des Vaters im Kurort Baden-Baden konnte er erste – nicht gerade sympathische – Eindrücke von Deutschland sammeln. Dort saßen sie in einem Restaurant, ein paar Jugendliche kamen herein, mit kurzgeschorenen Haaren, Anzug und Schlips. Sie begrüßten ihre Eltern mit einem Diener, schlugen die Hakken zusammen, machten zackige Bewegungen. Die Cohn-Bendits haben fürchterlich gelacht, Dany ahnte nicht, daß es ihn alsbald auf Dauer in dieses graue, autoritäre Land verschlagen könnte. »Das ist für mich Deutschland gewesen: angestrengt, höflich, sauber.« Als der Liegewagen von Paris nach Frankfurt am Main rattert, weint Dany die ganze Nacht lang.

In seinen ersten Lebensjahren spricht Dany nur Französisch, dann plötzlich, mit acht Jahren, beginnt er, Deutsch zu sprechen. Gaby hat umgekehrt zunächst nur Deutsch gesprochen. Er aber – so will es die Ironie der Geschichte – gründet in Frankreich eine Familie und wird Kinder haben, die kaum Deutsch sprechen. Er ist im Besitz der französischen Staatsbürgerschaft, während diese für Dany nie beantragt wurde. Als der zur Welt kam, lebten die Eltern in dem Glauben, bald würden sie in die Vereinigten Staaten auswandern und Dany würde dort die Staatsbürgerschaft erwerben. Doch der amerikanische Traum wurde nie zu Ende geträumt.

Später, mit 16, muß sich Dany zwischen einem deutschen und einem französischen Paß entscheiden. Und so sei es schließlich Franz Josef Strauß gewesen, verbreitet er als Erwachsener mit einer gewissen Süffisanz, der dem kleinen Judenjungen zur deutschen Staatsbürgerschaft verholfen habe. Denn der hat als Verteidigungsminister dafür gesorgt, daß Juden von der allgemeinen Wehrpflicht in Deutschland ausgenommen werden, damit sie die Möglichkeit haben, in Israel zu dienen. »Ich hatte nicht die geringste Absicht, in Israel zu dienen«, sagt Cohn-Bendit heute, »ich hatte die Absicht, überhaupt nicht zu dienen.« Deshalb wird er Deutscher, keineswegs aus Überzeugung oder Leidenschaft. Noch drei Jahre zuvor, als er seine vertraute französische Umgebung verlassen und seiner Mutter in dieses schreckliche Land folgen muß, wäre ihm so eine pragmatische Entscheidung wohl undenkbar erschienen.

Eine deutsche Schule kommt für ihn als 13jährigen nicht in Frage, er will keine Nazi-Lehrer. Den einzigen Ausweg bietet das Ehepaar Lyda und Ernst Jablonsky, kommunistische Juden, die die Cohn-Bendits im Exil kennengelernt haben und die nun an einem deutschen Internat, nicht allzuweit von Frankfurt entfernt, unterrichten. Wo die es aushielten, würde auch er es aushalten, willigt Dany schließlich ein und kommt in die siebte Klasse der Odenwaldschule. Ernst Jablonsky, bekannter als Ernest Jouhy, sein Deckname aus Résistance-Zeiten, wird Danys Ziehvater. Er bleibt ihm immer eng verbunden.

Die Odenwaldschule ist etwas Besonderes, weltoffen, geistig lebendig, mit einer pädagogischen Grundhaltung, die nach einem Mittelweg zwischen Laisser-faire und autoritär sucht. Man wünscht sich die Schüler frei und mutig, aber nicht re-

Sabine Stamer

spektlos, selbstbewußt mit Rückgrat, einfühlsam und verantwortlich. Es kommt nicht von ungefähr, daß diese Schule viele
politisch engagierte junge Menschen entläßt.

Die Wohnhäuser und Schulgebäude des Internats schmie-
gen sich an die sanften bewaldeten Hügel des Hambachtals.
Dany zieht in eines dieser gemütlichen Häuser aus Holz,
Bruchstein und Schiefer ein, wird Mitglied einer Wohngruppe,
die man hier Familie nennt, teilt sich zum ersten Mal ein Zimmer mit einem Schulkameraden.

In einer ersten Beurteilung durch die Schule heißt es: »Dany
ist ein sehr intelligenter, aufgeschlossener und sympathischer
Junge. Er ist bei Erwachsenen und Mitschülern beliebt, ist ka-
meradschaftlich und sehr sozial denkend und scheut keinen
Einsatz für die Gemeinschaft ... Er ist gar nicht ›intellektuell‹
im negativen Sinne, sondern ein vitaler, frischer Junge ... Unter
seinen Kameraden nimmt er eine ausgesprochene Führungs-
rolle ein, die ihm neidlos zugestanden wird. Er wird vermutlich gar keine Anpassungsschwierigkeiten haben.« Und so ist
es auch; er gewöhnt sich schnell an seine neue Umgebung.

Als der Vater 1959 stirbt, steht für Herta außer Frage, daß
sie sofort nach Frankreich zurückkehren wird, nicht weil sie
Ressentiments gegen Deutschland hätte, gegen dieses Land,
aus dem sie vertrieben wurde, sondern weil sie sich in Paris
einfach wohler fühlt, dort hat sie sich ein neues Leben auf-
gebaut. Frankreich ist ihre Heimat geworden. Dany aber, der
noch vor wenigen Monaten so gelitten hat, weil er Paris verlassen mußte, hat sich inzwischen so gut in der Odenwaldschule
eingelebt, daß er nicht mehr mit zurück will. »Deutschland
mag ein autoritäreres Land als Frankreich sein, aber was das
Schulsystem angeht, gibt es mehr Freiheiten in Deutschland.
Wenn französische Schüler eine deutsche Schule besuchen,
empfinden sie das als Anarchie. Aus Freiheitsliebe wollte ich
lieber in Deutschland bleiben«, erklärt Cohn-Bendit seinen
paradox anmutenden Sinneswandel von damals.

Dany zeigt sich vielseitig begabt und interessiert, vor allem an Politik. Er treibt in seiner Freizeit intensiv Sport und ist ein begeistertes Mitglied der Theatergruppe. Den Topaze, einen naiven, ehrlichen, eifrigen Lehrer im gleichnamigen Stück von Marcel Pagnol, spielt er ebenso gerne wie den Pandolfo in der Komödie *Diener zweier Herren* von Carlo Goldoni. Seine Lieblingsrolle ist jedoch das Rumpelstilzchen in einem von den Schülern selbstgeschriebenen Stück, das sich mit der Anonymität des Menschen auseinandersetzt: »Ach, wie gut, daß niemand weiß ... Das ist für mich ein großes Erlebnis gewesen: Ich hatte die ganze Bühne für mich, durfte herumspringen und schreien. Das hat mir ungeheuer gut gefallen«, erinnert er sich in seinem 1975 veröffentlichten autobiografischen Rückblick *Der große Basar.* Er engagiert sich mit Enthusiasmus für das »Theater der Kleinen«, ein Projekt, das schon den Fünft- und Sechstkläßlern auf die Bühne helfen will. Einfach sei das nicht, gesteht der 19jährige Dany in der Schulzeitung: »Frisch und munter, wie wir waren, gingen wir sofort an die Arbeit. Wir wurden zu Beginn mit den zwar munteren, aber nicht immer zur Arbeit bereiten Mädeln und Buben nicht fertig. Hier erlaube ich mir, allen Kameraden, die ein ähnliches Unternehmen durchführen wollen, den Rat zu geben, nicht mehr als zwölf Teilnehmer zu beschäftigen.«

Wenn kein Unterricht stattfindet, keine Freizeitgruppe läuft, dann gehen die Schüler im Wald spazieren, besuchen sich gegenseitig, trinken Tee, diskutieren über Gott und die Welt. Sie fläzen sich auf den indianisch gemusterten Bettdekken, Toulouse-Lautrec-Plakate hängen an den Wänden, Unmengen Bücher stehen herum, Bierflaschen liegen versteckt unter den Betten für den Abend. Bei schönem Wetter lümmeln sie sich zwischen die Ginsterbüsche, sie haben die schönsten Plätze ausgekundschaftet. Manchmal geht es in die Eisdiele ins nahe Heppenheim. Doch zwei Kilometer Fußmarsch für ein Nußeis – das ist schon ein hoher Preis. Da wandern sie lieber

abends heimlich ins Nachbartal zu einem Bauern mit Aus-
schank, wo sie auf andere treffen, die auch verbotenerweise un-
terwegs sind.

Die Schule hat schon damals ein ausgeklügeltes Mitbestim-
mungssystem. Ein Parlament, eine Regierung, Ausschüsse, Minister und ein Kabinett, das von einem Generalsekretär geführt
wird. Bereits ein halbes Jahr nach seinem Eintritt in die Schule
wird Dany ins Parlament gewählt und ist seitdem Vertreter seiner Klasse. 1963 und 1964 wählt ihn das Parlament zu seinem
Präsidenten. Da ist er schon seit einigen Jahren Mitglied des
Sportausschusses und des Blockhaus-Propagandaausschusses
und hat sein Talent als Überzeugungstäter und Ideenstifter
bereits unter Beweis gestellt. Mitreißend agitiert er für die Fi-
nanzierung des neuen Blockhauses, das eine »Stätte der Begegnung« für die Schülerinnen und Schüler werden soll.

Die Schule gewährt den Schülern und Schülerinnen Mit-
spracherecht in vielen wichtigen Angelegenheiten. Ihre Meinung wird gehört und berücksichtigt. Da gibt es zum Beispiel
diesen neuen Geschichtslehrer, der einen Kurs über die russische Revolution anbietet. Mit dessen Interpretation der Ge-
schehnisse ist Dany absolut nicht einverstanden.

Schließlich haben ihn sowohl sein Vater als auch sein Bruder
aufgeklärt »über die russische Revolution und warum das nicht
klappen konnte«. Nächtelang wälzt er mit einem Klassen-
kameraden Bücher in der Bibliothek, um seine Sichtweise zu
untermauern. Die Debatte wird bis hin zur Schulleitung mit
Interesse verfolgt. Der Lehrer verläßt die Schule einige Zeit
später.

Dany ist beliebt. Er ist freundlich, humorvoll und offen, aus
sich herausgehend, lebendig und phantasievoll, ein lustiger Zeit-
genosse. Beispielsweise rennt er durch die Schule und fragt alle
Mädchen, die ihm über den Weg laufen: »Würdest du einen Ne-
ger küssen, wenn du ihn liebst?« Wer ja sagt, wird zur Beloh-
nung von ihm abgeschmatzt. Er ist hörbar und sichtbar, er ist

eine laute Person. Man *muß* ihn kennen, er macht auf sich aufmerksam, er macht von sich reden. Er hat eine Sonderrolle, auch Sonderrechte. Seine Familie ist bekannt, sein Vater war ein namhafter Rechtsanwalt. Seine alltäglichen Pflichten wie Aufräumen und Saubermachen erfüllt er wie jeder andere, erinnert sich sein Freund Eli Noam, »soweit es ihm möglich war, denn er war eher ein unordentlicher Typ, aber keineswegs eine Primadonna«. Als einige Schüler eine neue Zeitung, die *Tangente,* gründen wollen, denken sie natürlich darüber nach, auch Dany einzuspannen. »Letztlich aber kamen wir zu dem Schluß, daß wir ihn nicht dabei haben wollten«, erinnert sich Eli Noam, »nicht etwa weil wir ihn nicht mochten, sondern weil er das Projekt mit Sicherheit dominiert hätte. Er hatte einfach einen dominierenden Charakter, für Teamwork war er nicht geschaffen.«

In den Ferien fährt er nach Hause zu seiner Mutter in Paris, wo sich häufig auch Oma Kläre aufhält, die versucht, dem Jungen endlich mal ein bißchen Zucht und Ordnung beizubringen. Manchmal bringt Dany seinen Freund Jürgen Wickert aus Deutschland mit, dann streunen die beiden, inzwischen 17, 18 Jahre alt, durch die faszinierende große Stadt und lümmeln sich in den zahlreichen Straßencafés. Einmal verschaffen sie sich mit Hilfe des Geldes, das Kläre ihnen für die Heimfahrt per Taxi gegeben hat, Zugang zu einem Nachtclub. Nicht mehr Kind, noch nicht Mann, wollen sie einfach wissen, was in diesen verbotenen Zonen vor sich geht. Und da bewegt sich doch die Tänzerin ausgerechnet auf ihren Tisch zu. Die Scheinwerfer schwenken hinterher. »Ils sont jolis, très mignons«, urteilt die Dame, was soviel meint wie »hübsch« und »niedlich« und sehr gebräuchlich ist nach einem Blick in den Kinderwagen. Am liebsten würden die beiden im Boden versinken. »Das hat uns getroffen bis ins Mark, daß sie uns nicht als Männer erkannt hat«, erinnert sich Jürgen Wickert. Und dann müssen sie auch noch zu Fuß nach Hause laufen, zwei Stunden quer durch Paris, denn das Fahrgeld haben sie ja bereits verpulvert.

Sabine Stamer

In dieses recht unbeschwerte Leben platzt im September 1963 die Nachricht vom nahen Tod seiner Mutter. Bei einem Besuch hat sie einen Herzinfarkt erlitten und liegt nun im Krankenhaus. Dany wird aus dem Unterricht gerufen und fliegt sofort nach England. Doch schon auf dem Londoner Flughafen erfährt er, daß er zu spät kommt. Herta, 57 Jahre alt, ist nach einem zweiten Infarkt gestorben, ohne ihre beiden Söhne noch einmal gesehen zu haben. Ein Anwaltskollege des Vaters übernimmt de jure die Vormundschaft für Dany, läßt ihm aber volle Entscheidungsfreiheit. Der wahre Vaterersatz ist – wenn überhaupt – sein Bruder Gaby. Ihn und seine Familie besucht Dany nun häufiger in den Ferien. Ansonsten ist er recht früh auf sich selbst gestellt, gezwungen zur Selbständigkeit.

Er hat gerade sein Zeugnis nach Abschluß der elften Klasse erhalten, mit überwiegend befriedigenden und guten Noten, keine herausragenden Leistungen, keine Fünf. Musik und Englisch lassen zu wünschen übrig, daran hat auch der Besuch einer britischen Schule im Rahmen eines Schüleraustauschs nichts geändert. Für die Vorbereitung auf das Abitur wählt er die naturwissenschaftlichen Fächer Physik, Chemie und Biologie ab. Im Reifezeugnis erreicht er zweimal »Sehr gut«, nämlich für seine Leistungen in Französisch und Sport. In Englisch und Musik bleibt es beim »Ausreichend«. Ein Durchschnittszeugnis, für das er sich nicht besonders anstrengt; er schafft das Pensum, ohne viel zu üben.

35 Jahre später trifft sich der Abiturjahrgang 1965 wieder in der Odenwaldschule, die noch genauso malerisch am Berghang liegt wie damals. Soviel Zeit ist vergangen, daß viele sich gar nicht wiedererkennen. Den Dany erkennt natürlich jeder, als er endlich auftaucht. Der begrüßt seinen alten Freund Eli – mit Blick auf die bedrohliche Lage in Israel und vergangene gemeinsame Debatten um die Verteidigung des Landes – mit der provokanten Frage, ob er sich nun schon freiwillig gemel-

det habe. Er wolle in Italien kandidieren, um der erste Europa-Abgeordnete zu sein, der in drei Ländern gewählt wurde, eröffnet Dany einem anderen Schulfreund, der von der Idee offensichtlich nicht sehr beeindruckt ist: »Das machst du doch nur aus Gag, politisch bringt das doch nichts.« Dany zuckt mit den Achseln und verspricht, wenigstens sein Italienisch noch in einem Schnellkurs aufzufrischen.

Im nahegelegenen Landgasthaus werden am nächsten Morgen weitere Erinnerungen ausgetauscht, ohne Dany, denn der ist (zum Verdruß der Wirtin ohne sich vorher abzumelden) noch in der Nacht zurück nach Frankfurt abgedüst. So bekommt er die rührende Collage einer Klassenkameradin aus alten Fotos und vergilbten Zeitungsartikeln über den »roten Dany« gar nicht mehr zu sehen. Nicht alle gönnen ihm seine Sonderrolle mit Bewunderung und ohne Neid. »Wenn der was machte, was er nicht durfte, wurde er nie bestraft«, erinnert sich ein Mitschüler, »er mußte sich nicht an Regeln halten. Es gibt Typen, die können einfach zu spät kommen, und trotzdem läuft alles glatt.« Und so ein Typ ist Dany bis heute geblieben.

»Cocktail Dany« – Die Aufständischen von Nanterre

Nanterre, 8. Januar 1968. In einem feierlichen Akt will der französische Jugend- und Sportminister, François Missoffe, das soeben fertiggestellte Schwimmbad in der Universität Nanterre bei Paris eröffnen. Die Studentenschaft hat man zur festlichen Einweihung wohlweislich nicht geladen, hatten sich doch einige Studierende in den vergangenen Monaten undankbar und renitent gezeigt. Der Minister feiert also im kleinen Kreise mit seinem Troß und einer Delegation auserwählter Professoren, an deren Spitze Dekan Pierre Grappin. Ein paar Studierende haben allerdings Wind von der Sache bekommen und erwarten die hohen Gäste vor der Tür, als sie das Gebäude verlassen.

Einer, rothaarig, rundlich und von kleiner Statur, tut sich hervor. Trotz Schnauzbärtchen ein fast noch kindliches Gesicht mit auffallend hellblauen Augen. Er geht auf den Minister zu und sagt ihm rundheraus, er habe sein Weißbuch über die Jugend gelesen und auf 300 Seiten kein einziges Wort über sexuelle Probleme gefunden. Er finde, der Minister habe kein Recht, über Jugendliche zu sprechen.

Hat der Minister diese Fragen schon in seinem Weißbuch umgangen, so hat er nun, hier und jetzt, zwischen Tür und Angel, erst recht keine Lust, sich diesem Thema zu widmen.

Schließlich ist er gekommen, um den Sport zu fördern, nicht den Sex. So rät er dem respektlosen Störenfried, ins Wasser zu springen, falls er sexuelle Probleme habe. Der Troß lacht, die umstehenden Kommilitonen sind empört, der Rothaarige kontert, diese Antwort – Körperertüchtigung anstelle von Sex – hätte gut zur Hitlerjugend gepaßt. Das Ereignis wird zur Legende werden.

Der sich da erdreistet, den Minister zu brüskieren, ist ein deutscher Jude namens Daniel Cohn-Bendit, der hiermit seinen ersten viel beachteten Auftritt hat, sozusagen vom Jugendminister in die französische Öffentlichkeit eingeführt wird. Die Geschichte werde total überbewertet, findet Cohn-Bendit heute: »Sie ist wahr, aber sie ist eine gesellschaftliche sexuelle Projektion. Sie müssen sich vorstellen, im November davor gab es einen großen Streik in Nanterre. Ich war einer der Wortführer, wir waren eine sehr aktive Gruppe, eine kleine anarcholibertäre Gruppe von zehn Leuten. Der Streik war zu Ende, es war langweilig und kalt, wir hängen herum in der Cafeteria. Und dann sagt jemand, ach, wißt ihr was, der Missoffe, dieser Jugendminister, kommt das Schwimmbad einweihen. Sind wir hingegangen. Da kam er an, und weil ich immer irgendwas sagen muß und will, habe ich das gesagt.«

François Missoffe, ein Orden tragender ehemaliger Widerstandskämpfer, will die Angelegenheit eigentlich auf sich beruhen lassen, zumal er recht zufrieden ist mit seiner schlagfertigen Reaktion. Doch andere, darunter Erziehungsminister Alain Peyrefitte, drängen zu schärferer Gangart, weil Cohn-Bendit in Nanterre schon länger als Aufrührer von sich reden macht. Man stellt fest, daß der unliebsame Student nicht französischer Staatsbürger ist, und leitet ein Ausweisungsverfahren ein. Schnell schreibt Cohn-Bendit dem Jugend- und Sportminister einen Brief, in dem er bedauert, mit seiner Antwort unrechtmäßigerweise zu kurz gegriffen zu haben: »Es ist offensichtlich, daß ich Sie nicht als Hitler-Anhänger behandeln

wollte. Das Mißverständnis besteht darin, daß meine theoreti-
sche Reflexion als persönlicher Angriff oder als Beleidigung
angesehen werden könnte. Glauben Sie mir, Herr Minister,
daß ich das bedaure und daß ich sehr betrübt wäre, wenn Sie es
als solche ansehen würden.« Missoffe antwortet sehr versöhn-
lich und lädt Cohn-Bendit zu einem persönlichen Gespräch
ein, das allerdings nie stattfinden wird.

Damals ahnt die Öffentlichkeit noch nicht, daß der junge
Rebell eine einflußreiche Fürsprecherin hat: Missoffes Tochter
Françoise, selbst Studentin. Ihr Beistand wird ihr noch lange
nachgetragen. »Daraus wurde die Geschichte, ich hätte ein
Verhältnis mit ihr gehabt, was überhaupt nicht stimmt, ich
habe sie gar nicht gekannt«, versichert Cohn-Bendit. »Bis heute leidet diese arme Frau darunter. Le Pen [Führer der rechts-
extremen Front National] sagt das immer, daß sie mit mir ge-
vögelt hätte. Wir haben uns einmal am Telefon gesprochen, wo
ich ihr gesagt habe, es täte mir wirklich leid. Da hat sie geantwortet, es wäre nicht so schlimm. Aber ich habe sie nie gesehen.« Françoise heißt heute Madame de Panafieu und ist eine
prominente Pariser Lokalpolitikerin der gaullistischen Samm-
lungsbewegung RPR.

Aus der Luft gegriffen ist das Thema »Sexualität« im Januar
1968 – wenige Jahre nach Erfindung der Anti-Baby-Pille –
jedenfalls nicht. »Es war doch eine völlig verklemmte Gesellschaft«, meint Cohn-Bendit, »die Studentenwohnheime für
Mädchen waren verboten für die Jungs.« Man befindet sich
noch im engstirnigen, verstaubten Frankreich von »Tante
Yvonne« (de Gaulles Frau), in dem Sex vor der Ehe verpönt ist
und Sex in der Ehe am besten keinen Spaß machen soll. Nanterre ist eine ganz junge Universität, erst 1964 gegründet zur
Entlastung der Sorbonne. Wie bei amerikanischen Hochschulen befinden sich die Wohnheime direkt auf dem Campus. Die
Zimmer sind alle gleich, das Umstellen der Möbel ist verboten,
das Aufhängen von Bildern auch. Es gibt Wohnblocks für

Männlein und Wohnblocks für Weiblein. Die Hausordnung verbietet den Männern den Zutritt zum Frauenwohnheim sowie jede Art religiöser, politischer oder philosophischer Veranstaltungen.

Schon länger sorgt die Geschlechtertrennung unter den Studierenden für Unruhe; bereits im März 1967 kommt es zur Besetzung des Wohnheims. Es geht das Gerücht von der Existenz »schwarzer Listen« um, die zur Benachteiligung von Studierenden führen, und der Direktor der Wohnheime lasse die Studenten bespitzeln. Auf einer Versammlung der Studentengewerkschaft UNEF (Union Nationale des Étudiants de France) an der Sorbonne in Paris 1967 versucht Dany, das Thema zur Sprache zu bringen. Man will ihn nicht zu Wort kommen lassen, denn er ist kein Delegierter und hat dementsprechend kein Rederecht. Da brüllt er halt ohne Mikrofon: »Alles, was ihr hier labert, ist doch völlig lächerlich ...« Chaos bricht aus. Er fordert, die sexuelle Unterdrückung der Studenten auf die politische Tagesordnung zu setzen. Ungläubiges Schweigen. Als der Rothaarige prophezeit: »Ihr werdet es erleben, in einem Jahr werden wir in Nanterre die Gebäude besetzen, und wenn die Bullen uns rausschmeißen sollten, werden wir die ganze Fakultät besetzen!« antworten die Versammelten mit schallendem Gelächter. Dieses Erlebnis bestärkt Dany einmal mehr in seiner Einschätzung, daß man auf die Institution Gewerkschaft mit all ihrer Bürokratie nicht bauen kann.

Er persönlich ist von der sexuellen Bevormundung an der Uni gar nicht betroffen. Er fährt jeden Abend nach Paris, in die kleine Mietwohnung im Square Léon Guillot, in der er als Kind schon zu Hause war. Sogar die Haushaltshilfe, die damals bereits seiner Mutter zur Hand ging, kommt noch regelmäßig, gegen Danys Willen. »Als Revolutionär hält man sich keine Putzfrau, aber sie ließ sich das nicht nehmen.«

Für ihn war sonnenklar, daß er nach dem Abitur in Frankreich studieren würde. So immatrikuliert er sich zunächst an der Pariser Université d'Orsay für Mathematik mit dem Ziel, Bildungsplaner zu werden. Dort hält er es aber nicht länger als acht Tage aus. »Ich habe nur Bahnhof verstanden.« An der Universität von Nanterre kennt er eine kleine anarchistische Gruppe, Grund genug, sich dort am Fachbereich Soziologie einzuschreiben. Seine Wohnung wird zum Treffpunkt der Clique: »Wir waren von morgens bis abends zusammen. Ab und zu übernachteten einige bei mir. Wir waren unzertrennlich. Wir trafen uns an der Uni, wir gingen zusammen aus, hatten abends oder am Nachmittag Versammlungen, wir aßen zusammen und gingen gemeinsam ins Kino.«

Er liebt Bob Dylan und Joan Baez, die Beatles und mehr noch die Rolling Stones. Er liest Bücher über die russische Revolution und anarchistische Tradition. Ohne Eltern, ausgestattet mit einer monatlichen Waisenrente von 700 Mark (bis zu seinem 27. Lebensjahr erhält er ein Drittel des »Wiedergutmachungsgeldes« für seine Mutter) ist Dany unabhängiger als die meisten in seinem Alter. Ferienjobs als Betreuer in Kinderferienlagern verschaffen ihm ein nötiges Zubrot. »Ein junger Betreuer voller Elan und Energie«, bescheinigt ihm ein Arbeitgeber, »muß sich ein bißchen disziplinieren.«

Die Fakultät in Nanterre ist als liberales Vorzeigeprojekt geplant und hat als solches besonders junges, reformfreudiges Lehrpersonal angezogen, allen voran den wohlmeinenden, links-liberal gesinnten Dekan Pierre Grappin, einen ehemaligen Résistance-Kämpfer, der dem Konzentrationslager nur entkam, weil es ihm gelang, vom Zug zu springen. Ausgerechnet hier nun entzünden sich die ersten Funken, die wenige Monate später auf die Sorbonne in Paris überspringen und dann innerhalb weniger Wochen zum landesweiten Generalstreik führen.

Die neue Universität von Nanterre wirkt kalt, grau und funktional, geprägt von Beton, Stahl und Neonlicht. Erst 1964 gegründet, ist 1968 der letzte Bauschutt noch nicht entfernt. Ringsherum ödes, unbebautes und nicht begrüntes Land. Eine armselige Gegend, die nicht mehr zu bieten hat als ein paar Fabriken. Gleich neben der Hochschule eine Barackensiedlung, keinen Deut komfortabler als die Slums in der Dritten Welt. Dort hausen die Ärmsten der Armen in notdürftigen Verschlägen, zusammengezimmert aus Brettern, Apfelsinenkisten und Plastikplanen. Buchläden, Kneipen oder Kinos gibt es für die 2000 Studenten auf dem Campus nicht. Die Verkehrsanbindung nach Paris ist miserabel.

Nanterre wurde gebaut, weil die alten Hochschulgebäude aus den Nähten platzten. Innerhalb der letzten zehn Jahre hat sich die Zahl der Studierenden auf 500 000 verdoppelt. Doch wird die Entwicklung von der Elite- zur Massenuniversität nicht begleitet von strukturellen Reformen. Autoritäre Wissensvermittlung in Frontal-Vorlesungen, unantastbare Herrschaft der Professoren – das mochten sich wenige Elite-Schüler noch gerne gefallen lassen, wohlwissend, daß sie auch bald zur privilegierten Führungsschicht der Gesellschaft gehören würden. Doch die Hunderttausende, die nun an die Hochschulen strömen, lassen sich so nicht mehr gängeln. »Professoren, ihr seid alt ...«, hat jemand in Nanterre an die Wand gesprüht, »eure Kultur auch.« Die Lage an den Universitäten schreit geradezu nach grundlegenden Veränderungen.

Im Grunde scheint das ganze Land darauf zu warten, aus seiner Lethargie geweckt zu werden. Frankreich langweile sich, konstatiert ein Leitartikel der *Le Monde* Mitte März 1968. Nach zehn Jahren Regierung Charles de Gaulles scheint das Land leblos und erstarrt, während sich gleichzeitig in der jungen Generation der Anti-Autoritarismus verbreitet wie ein Bazillus. Die Musik der Beatles und der Rolling Stones gibt dem neuen Lebensgefühl Ausdruck, nicht nur in Frankreich, sondern überall in den westlichen Gesellschaften. In diesem Klima dehnt sich der Protest gegen die Hausordnung in Nan-

Sabine Stamer

terre aus. Im November 1967 streikt fast die gesamte Studentenschaft gegen die geplante Hochschulreform, die als eine Industrialisierung der Universität abgelehnt wird. Einer der Wortführer gegen die »Kasernierung einer ganzen jungen Generation« ist Daniel Cohn-Bendit.

Seinem Professor Alain Touraine, einem prominenten linken Soziologen, fällt er durch rege Beteiligung an den Seminaren auf: »Er verweigerte weder Lehre noch Studium, mußte aber immer mit lauter Stimme teilnehmen, nicht für die anderen nachdenkend, sondern mit ihnen. Aufbrausend, ungestüm, belebt von einem heiligen Zorn gegen Scheinheiligkeiten, Lügen und Stillschweigen.« Trotz aller Heftigkeit, bescheinigt ihm Touraine, sei er bereits einen Moment nach einem Zusammenprall schon wieder fähig, ruhig über ein Problem zu diskutieren. Nicht zuletzt deshalb zöge er so große Sympathien auf sich.

Die Ausweisungsbestrebungen gegen Cohn-Bendit nach der Affäre mit Missoffe fallen zusammen mit Strafandrohungen gegen zwei andere Studenten. Sie gehören einer kleinen politischen Gruppe an, deren Mitglieder sich »les enragés«, »die Wütenden«, nennen und durch gezielte Störaktionen in Seminaren von sich reden machen. Auf die Proteste der Studierenden gegen die Sanktionen antwortet der verunsicherte Dekan – von nun an »Knüppel-Grappin« genannt – mit dem Ruf nach der Polizei und facht damit das schwelende Feuer der Rebellion erst richtig an. Nach mehrstündiger Schlacht treiben die Studenten die mit Gummiknüppeln bewaffneten Polizisten vom Campus. Mit ihren Aktionen fordern sie nun vordringlich das Recht auf freie Meinungsäußerung und politische Diskussionen in den Seminaren, speziell über den Imperialismus und den Vietnamkrieg.

Wenige Tage, nachdem das US-amerikanische Militär einen seiner schwersten Angriffe auf Vietnam gestartet hat, gibt es in Paris mehrere Kommandoaktionen mit Plastiksprengstoff und

Eisenstangen gegen die Niederlassungen von American Express und weitere amerikanische Banken. Sechs Mitglieder des Nationalen Vietnamkomitees werden verhaftet, darunter ein Student aus Nanterre. Seine Verhaftung löst dort eine Welle der Solidarisierung aus.

Am Abend des 22. März treffen sich 142 Studentinnen und Studenten und gründen ein neues Aktionsbündnis, das in den kommenden Wochen und Monaten von entscheidender politischer Bedeutung sein wird: die Bewegung 22. März, eine Anspielung auf die Bewegung 26. Juli, die kubanischen Partisanenkämpfer um Fidel Castro und Che Guevara. In der Bewegung 22. März vereinigen sich nun die bis dahin versprengten linken Gruppen von Nanterre: unabhängige Linke, Anarchisten, Maoisten, Trotzkisten. Ihr bekanntester Sprecher wird bald »Dany le Rouge« sein.

Bewußt verzichtet die Bewegung 22. März auf einen theoretischen Überbau. Wichtig ist das kollektive, spontane Handeln. Und das soll an diesem Abend gleich ausprobiert werden: Die Versammelten besetzen über Nacht das Verwaltungsgebäude der Universität. Cohn-Bendit ist eigentlich gegen diese Aktion, streitet sich darüber laut und öffentlich mit seinem in jener Zeit besten Freund Jean-Pierre Duteuil. Doch die Stimmung drängt zur Aktion, und natürlich schließt Dany sich nicht aus.

Das Bündnis vom 22. März ist anti-autoritär und undogmatisch, es sucht nach neuen Aktionsformen und Gemeinsamkeiten, will ideologische Grenzen innerhalb der Linken überwinden. Es soll aktiver Vorposten sein, eine Avantgarde der Bewegung, allerdings ohne Führungsanspruch. Es gibt keine ordentliche Mitgliedschaft, auf den Versammlungen darf jeder das Wort ergreifen, im Unterschied zur Studentengewerkschaft UNEF und zu anderen bestehenden Organisationen. »Für Frankreich war eine derartige Bewegung etwas völlig Neues«, konstatiert Cohn-Bendit, »die Gegensätze zwischen den verschiedenen kleinen Gruppen traten zurück hinter der gemeinsamen Aktion.«

Ihre Vorbilder und Helden sind neben den siegreichen Guerillakämpfern der kubanischen Revolution Ho Chi Minh, der Staatspräsident Nordvietnams, Mao Tse-tung, der »große Vorsitzende und Steuermann« der kommunistischen Volksrepublik China, Malcolm X und Angela Davis, radikale Führer der schwarzen Menschenrechtsbewegung in den USA. Sie lesen Sartre, Camus und Trotzkis *Permanente Revolution*. Sie sehen Filme von Jean-Luc Godard, *La Chinoise* zum Beispiel, das Porträt einer revolutionären maoistischen Studentin. Auf der Suche nach einer neuen, nicht vom Stalinismus verzerrten Interpretation des Marxismus gilt vielen Maos »Große Proletarische Kulturrevolution« als Befreiungsschlag oder wenigstens als Schritt in die richtige Richtung. »Die einen«, stellt Cohn-Bendit im nachhinein kopfschüttelnd fest, »demonstrierten für Freiheit mit einem Bild Maos in der Hand, die anderen gegen Autoritarismus mit dem von Fidel oder Ho Chi Minh. Es gab also Dummheiten ohne Ende!«

Der Protest gegen den Vietnamkrieg ist nicht die erste internationalistische Erfahrung der Studenten. Voraus gingen die Auseinandersetzungen um den grausamen Kolonialkrieg Frankreichs gegen Algerien, das erst 1962 in die Unabhängigkeit entlassen wurde. Sie haben während der Kuba-Krise außerdem erfahren, daß die Gefahr eines Atomkriegs zum Greifen nah ist. Obendrein ist Europa noch längst nicht demokratisch, sowohl in Spanien als auch in Griechenland herrschen Diktatoren (Franco und Papadopoulos). Den Antifaschisten dort gilt die Solidarität der Studenten, sie gilt den Black Panthers, dem Vietcong und allen Befreiungsbewegungen der Dritten Welt. Mit ihnen identifiziert man sich: Gemeinsam gegen den Imperialismus!

Ein Programm gibt sich die Bewegung 22. März bewußt nicht, wohl aber formuliert sie zentrale Forderungen, die die

Grundstimmung in der Studentenschaft aufgreifen. Der Protest richtet sich gegen die hierarchische und bürokratisch verkrustete Struktur der Hochschule, gegen schulmeisterliche Vorlesungen, Stellenmangel und ein rigides Prüfungssystem. Selbst bieder-fleißige Studierende bringen der Protestbewegung Sympathie entgegen, denn von der geplanten Bildungsreform verspricht sich niemand etwas Gutes. Die tiefe Empörung über den Vietnamkrieg hat zudem weite Teile der Studentenschaft politisiert, so daß die Forderungen nach Demokratisierung der Universität und Öffnung für politische Diskussionen auf breite Zustimmung stoßen. Die zunehmende Störung von Vorlesungen durch Mitglieder der Bewegung 22. März findet allerdings nicht ungeteilten Zuspruch. Sowohl rechte als auch kommunistische Studenten machen dagegen Front.

Einig sind sich die am 22. März Beteiligten in ihrer Kritik an der kommunistischen Partei PCF und den von ihr beeinflußten Organisationen sowie an der Gewerkschaft CGT. Sie werfen ihnen vor, »das Spiel der Macht, des Staates und der Bourgeoisie« zu spielen. Dany hat sich schon früh von seinem Bruder Gaby sagen lassen, was er von den Kommunisten zu halten hat. Der Ältere macht den Jüngeren gleich zu Beginn seines Studiums mit seinen anarcho-libertären Freunden aus der Gruppe Noir et Rouge bekannt. »So ersparte ich ihm, die Windungen der leninistischen Grüppchen zu durchlaufen«, meint Gaby in seinen autobiografischen Aufzeichnungen *Nous sommes en marche*.

Daniel Cohn-Bendits politische Grundauffassung ist von Anfang an entschieden antikommunistisch, nicht etwa, weil ihm die Kommunistische Partei zu revolutionär wäre, nein, sie ist ihm nicht revolutionär genug und zu verkrustet. Der leninistische Zentralismus ist ihm zutiefst suspekt, der Führungsanspruch der Partei erscheint ihm rundum undemokratisch. Er verurteilt den Stalinismus und seine Verteidigung durch

Sabine Stamer

kommunistische Parteien. Er kritisiert ihre »hemmungslose Übernahme sämtlicher bürgerlicher Werte-Ordnung, Privateigentum, Chauvinismus«, und meint, sie hätten nichts anderes im Sinn, als die Arbeiterklasse zu gängeln und zu disziplinieren. Häufig erlebt er, wie Ordner der PCF linksradikale und anarchistische Genossen verprügeln, um zu verhindern, daß sie Flugblätter vor Fabriktoren oder auf Gewerkschaftsdemonstrationen verteilen. Selbst ohne diese Erfahrungen wäre er wohl nie ein Kandidat für ein Parteiaufnahmeverfahren geworden. Eine straffe, Unterordnung fordernde Organisation widerspricht von Grund auf seinem Wesen.

In Nanterre werden im März 1968 die alten Holztüren des Uni-Verwaltungsgebäudes durch Stahltüren ersetzt, um weitere Besetzungen zu erschweren. Die Studenten antworten mit einem Scherz, der gründlich falsch verstanden wird. »Gegen Stahltüren helfen nur Molotow-Cocktails«, heißt es auf einem Flugblatt, das auch gleich ein Rezept zur Herstellung desselben mitliefert: zwei Drittel Benzin, ein Drittel Sand und Seifenpulver sollen gut vermixt die neuen Türen sprengen. »Le cocktail Dany (inefficace)« wird das unwirksame Gebräu genannt.

Am 27. März soll Dany frühmorgens um sieben Uhr beim Radiosender *France Inter* erscheinen. Eine Stunde Sendezeit ist für ihn reserviert. Die Sendung beginnt, Dany ist nicht da. Es sei normal, daß Anarchisten sich verspäten, befindet der Moderator und spielt ein bißchen Musik. Dany kommt immer noch nicht. Typisch, meint der Moderator jetzt, so könne man sich auch ein Bild von der Bewegung in Nanterre machen. Musik. Nach einer halben Stunde vergeblichen Wartens schimpft der Moderator öffentlich und wütend über diese Unverschämtheit, ihn einfach sitzen zu lassen.

Währenddessen hat Dany nicht verschlafen (er ist im übrigen Frühaufsteher), sondern er wird, als er sich pünktlich auf den Weg macht, »von ein paar Typen überfallen« und in einen

Lieferwagen gezerrt, wo diese schließlich ihre Dienstmarke vorzeigen. Man wirft ihm vor, für das (wie gesagt unbrauchbare) Molotow-Cocktail-Rezept verantwortlich zu sein, den Überfall auf einen Rechtsradikalen organisiert und gedroht zu haben, ihn totzuschlagen. Mit diesem Überfall, beteuert er, habe er nichts zu tun. Die Polizei stellt seine Studentenbude auf den Kopf. »Es wurde alles durchsucht. Sie waren fassungslos über das viele Zeugs, das da herumlag. Sie verboten mir, den Hörer abzunehmen. Das Telefon klingelte pausenlos, weil mein Bruder inzwischen Bescheid wußte«, beschreibt er im *Großen Basar* die Situation nach seiner Festnahme.

Gaby, inzwischen Lehrer in Saint-Nazaire in der Bretagne, reist sofort nach Paris. An der Uni organisiert sich breiter Protest gegen die Festnahme; sogar die Studentengewerkschaft UNEF, die bis dahin die links-unabhängigen Genossen von Nanterre nicht ernstgenommen hat, solidarisiert sich und stellt Dany einen Anwalt zur Seite. Am frühen Abend wird er freigelassen und begibt sich umgehend auf eine Versammlung, die erstmalig die verschiedenen politischen Strömungen innerhalb der Studentenschaft zusammenführen soll.

An diesem Tag wohl ist in der Presse zum ersten Mal die Rede von »Dany le Rouge«. Im Rampenlicht der Medien wird der rothaarige (aber keineswegs rot, sondern anarchistisch schwarz gesonnene) Student zu einem prominenten und anerkannten Führer der Protestbewegung, die doch eigentlich durch und durch basisdemokratisch, anti-hierarchisch und damit führerlos sein will. Nicht zufällig fällt das Licht auf ihn; er hat besondere Qualitäten, die ihn für diese Rolle prädestinieren. Er hat Chuzpe, er ist spontan, emotional, er redet, wie ihm der Schnabel gewachsen ist, kurzum, er hat all das, was von der Bewegung geschätzt und gebraucht wird, um das langweilige, verknöcherte Frankreich Charles de Gaulles aus den Angeln zu heben. Er ist der geborene Agitator, er findet nicht nur die richtigen Worte, sondern auch den richtigen Ton:

hitzig, stürmisch, ungebändigt; das kommt an in diesen Tagen. Trotz seiner impulsiven Art ist er eine integrierende Figur, treibt die Dinge nie zum Äußersten. Er ist kein Prinzipienreiter, beileibe nicht, seine Persönlichkeit drängt eher auf Versöhnung.

Dem 23jährigen gefällt es zunehmend, im Mittelpunkt zu stehen. So wie die Medien lernen, ihn zu lieben, lernt er, die Medien zu lieben. Er genießt die Wirkung seiner Worte und seiner Handlungen. Noch ahnt niemand, welche Geister er durch seine aufstachelnden Reden weckt und welch zentrale Rolle ihm bei den weltbewegenden Ereignissen des Mai 68 zufallen wird. Was treibt ihn in die Rebellion?

»Ich fand die Gesellschaft langweilig und unsere Gruppe unheimlich spannend. Wir haben wie ein Rudel miteinander gelebt. In der Rue St. Denis hatten die Anarchisten ein Lokal, da haben wir uns getroffen, damals waren noch die Nutten da und auch der Markt, die alten Hallen. Da sind wir um zwei, drei Uhr morgens essen gegangen. So eine Lebendigkeit und demgegenüber eine völlig verschulte Hochschule. Das war, glaube ich, die Triebkraft. Außerdem habe ich ein großes Freiheitsbedürfnis. Ich stellte mir eine libertäre Gesellschaftsordnung vor, geprägt von der libertären Bewegung in Spanien und der in Rußland gegen die Bolschewisten. Und dann war das Ganze natürlich ein Lebensabenteuer. Die einen wollen auf den Himalaya, und die anderen wollen die Revolution machen. Das ist gleich hoch, da kommt man nie hin. Aber es gibt dem ganzen Leben eine Richtung und einen Inhalt.«

Und warum hat er sich nicht den Himalaya ausgesucht? Weil er geprägt war durch seine engagierten, wachen Eltern, weil er geformt war durch das politisch aufgeweckte Klima an der Odenwaldschule und beeinflußt von seinem älteren aktiven Bruder. »Ich hatte einen sehr politischen Hintergrund. Gesellschaftliche Auseinandersetzung, das war mein Ding.« Mit diesen Interessen, mit seinem Freiheitsdrang und Gerechtigkeitssinn, mit seinen außerordentlichen rhetorischen Fähigkeiten trifft er auf eine Atmosphäre, in der viele des gesellschaftlichen Stillstands überdrüssig sind und einen, irgendeinen großen Knall geradezu herbeiwünschen.

Für den 29. März kündigt die Bewegung 22. März einen Aktionstag in Nanterre an; ein Uni-Gebäude soll besetzt werden, um in Sit-ins über die Probleme der Studierenden zu diskutieren. Rechtsradikale Gruppen, die sich schon häufiger durch Gewalttätigkeiten auf dem Campus hervorgetan haben, kündigen ihr Erscheinen an und drohen, »das revolutionäre Pack auszurotten«. Der verunsicherte Dekan von Nanterre sieht keinen anderen Ausweg, als die Universität für einige Tage zu schließen. Zur Begeisterung der Presse führen die Studenten ihre Protestaktionen bei strahlendem Sonnenschein draußen auf der Wiese durch, während die Polizei den Campus abriegelt. Einige Tage später besetzen 1200 Studenten den großen Hörsaal.

Während der Osterferien beruhigt sich die Lage etwas, doch bleiben die Schüsse auf Rudi Dutschke am Gründonnerstag auch in Frankreich nicht ohne Wirkung. Der 23 Jahre alte neonazistisch beeinflußte Münchner Arbeiter Josef Erwin Bachmann feuert dreimal auf den bekanntesten Sprecher des SDS und verletzt ihn lebensgefährlich. Nur wenige Tage zuvor hat ein Attentäter den schwarzen Bürgerrechtler Martin Luther King in Memphis, Tennessee, ermordet.

Es gibt in jenen Monaten einen regen Austausch zwischen französischer und deutscher Studentenschaft; Vermittler ist – natürlich – Daniel Cohn-Bendit. Im April 1968 blicken die Studierenden in Frankreich noch voller Bewunderung auf die weiterentwickelte deutsche Studentenbewegung, die sich nach dem Tod Benno Ohnesorgs im Juni 1967 früher radikalisiert hat. Der 26jährige Germanistikstudent wurde in Berlin während einer Kundgebung gegen den Schah von Persien und seine Foltermethoden von einem Kriminalbeamten erschossen. Diese Gewalttat brachte den schwelenden Widerstand an den deutschen Hochschulen zum Kochen. Der Protest richtete sich vornehmlich gegen den Vietnamkrieg, die Ausbildungsbedingungen und – deutsche Besonderheit – gegen die geplanten Notstandsgesetze, die im »Krisenfall« alle bürgerlichen Freiheitsrechte zugunsten einer parlamentarisch nicht mehr kontrollierten Notstandsregierung suspendieren sollen.

Die deutsche Studentenbewegung mit ihrer »Kritischen Universität« und dem Konzept der subversiven Aktion dient den französischen Studierenden Anfang Mai 1968 noch als Vorbild. Kurze Zeit später schon wird es umgekehrt sein; da wird sich die Studentenbewegung in Deutschland französische Verhältnisse herbeisehnen, da werden die deutschen Linken voller verklärter Bewunderung nach Frankreich blicken, wo endlich der Schulterschluß zwischen Studentenschaft und Proletariat gelungen zu sein scheint. Noch aber kann Erziehungsminister Peyrefitte ruhig behaupten, der Mini-Aufstand in Nanterre habe mit den Protesten in anderen Ländern nichts gemein. Doch seine Hoffnung, die Studentenbewegung im peripheren Nanterre werde einfach wieder einschlafen, erfüllt sich nicht.

Anfang Mai führt die Bewegung 22. März »antiimperialistische Tage« durch. Umgehend reagieren wieder die Rechten. Eine »Psychose« nennt Cohn-Bendit das, was daraufhin entsteht. Anstatt über den Imperialismus zu diskutieren, rüsten sich die Linken auf dem Campus zur Verteidigung. Die Stimmung ist aufgeheizt. Und dann wird am 2. Mai auch noch eine Vorlesung gestürmt, um einen Film über die Black Panthers zu zeigen. Das ist zu viel für Pierre Grappin; er läßt die Fakultät erneut schließen – mit Unterstützung des Erziehungsministeriums und des Rektors der Sorbonne. »Die Formierung des Protestes in Nanterre war an ein Ende gekommen«, konstatiert die Professorin für Zeitgeschichte, Ingrid Gilcher-Holtey. »Es begann der Pariser Mai.«

Revolution – »Dany le Rouge« auf den Barrikaden

Als sich die Mitglieder der Bewegung 22. März am Abend des 2. Mai 1968 versammeln, sind sie nicht sehr optimistisch. Ihre Mobilisierungskraft hat nachgelassen, viele Studenten bereiten sich auf ihre Prüfungen vor. Doch einfach zur Tagesordnung übergehen – das ist unmöglich. Denn acht aus ihrer Mitte werden sich in einigen Tagen vor dem Disziplinarrat der Sorbonne verantworten müssen, weil sie Professoren und Dozenten in der Ausübung ihres Amts beleidigt und behindert haben. Einer von ihnen ist Daniel Cohn-Bendit. Drohende Strafe: Ausschluß aus der Universität und damit Entzug der Aufenthaltsgenehmigung. Die Versammelten beschließen, am nächsten Morgen im Innenhof der Sorbonne gegen die disziplinarrechtliche Verfolgung der Kommilitonen zu demonstrieren. Keiner ahnt zu diesem Zeitpunkt, daß hiermit eine Revolte ihren Anfang nimmt, die innerhalb von drei Wochen fast den Sturz der Regierung de Gaulle/Pompidou bewirken wird.

Nur wenige hundert Aktive versammeln sich am 3. Mai im Hof der Sorbonne. Die Schließung der Fakultät in Nanterre hat in Paris keine hohen Wellen geschlagen. Ein paar Reden werden gehalten, unter anderem von Cohn-Bendit. Mit seinem karierten Hemd, mit Strickweste und Blouson sieht er aus wie ein harmloser netter Junge von nebenan – solange er nicht den

Sabine Stamer

Mund aufmacht. Die Protestveranstaltung verläuft ruhig, für viele Anwesende eher langweilig, bis sich am Nachmittag das Gerücht verbreitet, die »Faschos« der Gruppe Occident seien im Anmarsch. Jetzt werden Wachen an den Eingängen aufgestellt, Tischbeine von Tischen abgebrochen, Helme aus Plastiktüten gezogen und Kampflieder gesungen. Als der Rektor der Sorbonne, Jean Marie Roche, erfährt, was im Innenhof los ist, läßt er alle Hörsäle räumen und schließen. Auf diese Weise schickt er den Rebellierenden neue Mitstreiter, denn viele Studierende, die aus ihren Veranstaltungen gerissen werden, schließen sich den Demonstranten an, als sie hören, was los ist. Doch die Rechtsradikalen erscheinen nicht, sie werden im Vorfeld von einer Spezialeinheit der Polizei zerstreut. Statt dessen dringen nun Hunderte von Polizisten in den Hof ein in der Absicht, ihn zu räumen.

»Obwohl wir da nur eine lächerliche Versammlung von kaum 600 Leuten zustande brachten, gerieten die anderen darüber in Panik«, erinnert sich Cohn-Bendit im *Großen Basar*, »erst jetzt wurde ich mir der Wirkung von Nanterre wirklich bewußt. Sie hatten sicher Angst, wir würden die Sorbonne besetzen: sobald jemand versuchte, uns irgend etwas zu verbieten, antworteten wir mit einer Besetzung.« Die Demonstranten verhandeln mit der Polizei über einen friedlichen Abzug. Doch werden die Studenten von der Ordnungsmacht hintergangen. Kaum haben sie den Hof verlassen, werden sie auf der Rue de la Sorbonne aufgefordert, in bereitstehende Polizeiwagen einzusteigen, allen voran die Anführer, unter ihnen Cohn-Bendit, zur Überprüfung der Personalien auf dem Präsidium, heißt es. Interessanterweise werden übrigens nur Männer festgenommen: »... weil die Mädchen natürlich keinen Agitationskern für eine spontane Demonstration bilden konnten«, kommentiert Cohn-Bendit ironisch in seinem wenige Monate später erscheinenden Buch *Linksradikalismus – Gewaltkur gegen die Alterskrankheit des*

Kommunismus. »Teufel, leben wir denn in einer frauenfeindlichen Welt?«

Die Menge ist empört angesichts der heimtückischen Täuschung und fordert die Befreiung der Kommilitonen. Die Polizisten fühlen sich bedrängt und stoßen die Protestierenden zurück. »Nieder mit der Repression!« wird nun skandiert. Es kommt zu Handgreiflichkeiten, die Polizei setzt Knüppel und Tränengas ein. Innerhalb kürzester Zeit sind nicht nur die Demonstranten, sondern auch unbeteiligte Passanten und zwei naheliegende Cafés eingenebelt. Um 17.30 Uhr fliegt der erste Pflasterstein. Ein Polizist bricht, am Kopf getroffen, im Streifenwagen zusammen. Unter seinen Kollegen verbreitet sich das Gerücht, er liege im Sterben. Die Gewalt nimmt zu. Demonstranten und Passanten – da wird jetzt nicht mehr differenziert – werden über den Boulevard St. Michel ins Quartier Latin hineingetrieben. So mancher Ahnungslose steigt aus der Metro, das Gas treibt ihm die Tränen in die Augen, er weiß überhaupt nicht, wie ihm geschieht.

Derweil sitzt »Dany le Rouge« auf dem Kommissariat und hat keinen Schimmer von dem, was da draußen vor sich geht. 574 Personen sind festgenommen worden. Die Wachhabenden glauben, einer der Ihren sei umgebracht worden. Der vom ersten Pflasterstein getroffene Polizist liegt tatsächlich im Koma, erholt sich aber nach einigen Tagen von seinen Verletzungen. Die feindselige Atmosphäre beschreibt Cohn-Bendit im *Großen Basar:* »Auf dem Polizeikommissariat wurde die Luft immer dicker, und die Bullen wurden immer wütender. Irgend etwas mußte im Gange sein! Gegen zwei Uhr morgens begann mir das zu stinken. Ein Bulle pflanzt sich vor mir auf und sagt: ›Das wirst du bezahlen, mein Kleiner. Schade, daß du nicht mit deiner Sippschaft in Auschwitz verreckt bist, dann brauchten wir es heute nicht zu tun.‹ Im Morgengrauen haben sie mich dann schließlich wortlos freigelassen. Aber diese Nacht im Kommissariat habe ich sehr, sehr große Angst gehabt.«

Sabine Stamer

Während sich Cohn-Bendit in Polizeigewahrsam befindet, beraten Innenminister Christian Fouchet und Polizeipräfekt Maurice Grimaud über sein Schicksal. Grimaud, der sich während der gesamten Mai-Auseinandersetzungen eher beschwichtigend zeigt und meint, das Ganze sei eigentlich mehr eine Angelegenheit der Universität und nicht der Polizei, rät zur Zurückhaltung. Solange der Disziplinarrat sein Urteil nicht gefällt habe und solange man Cohn-Bendit nichts Handfestes vorwerfen könne, solle besser nichts unternommen werden, zumal man ihn für die Straßenschlacht nicht zur Verantwortung ziehen könne, da sie erst nach seiner Festnahme erfolgt sei. Er wolle keinen Märtyrer schaffen. Fouchet dagegen favorisiert – ebenso wie Erziehungsminister Alain Peyrefitte – ein härteres Durchgreifen. Hätte man einige von Cohn-Bendit angeführte Studierende relegiert, so schreibt Fouchet in seinen Memoiren, wäre die Ordnung schnell wieder hergestellt gewesen. Zunächst aber geschieht nur dies: Cohn-Bendit wird einfach freigelassen, während acht Studenten nach ihrer Festnahme auf dem Hof der Sorbonne in einem Schnellgerichtsverfahren zu Gefängnisstrafen auf Bewährung verurteilt werden.

Der Rektor der Sorbonne weiß sich nach den Zwischenfällen nicht anders zu helfen als der Dekan in Nanterre. Er läßt die Universität – zum ersten Mal in ihrer Geschichte – schließen. Die Sorbonne wird von Polizeikräften umstellt. Die Studierenden fordern den Abzug der Polizei und die Wiedereröffnung der Universität. Die Gewerkschaft der Hochschullehrer SNESup (Syndicat National de l'Enseignement Supérieur) ruft zur Unterstützung dieser Forderungen alle Lehrenden an der Uni zum Generalstreik auf. »Die ›Reklame‹, die die Regierung für die Handvoll ›Wirrköpfe‹ aus Nanterre gemacht hat, kehrt sich gegen sie selbst«, freut sich Cohn-Bendit in seinem Buch *Linksradikalismus*. Die folgenden Aktionen werden von einem Bündnis organisiert, an dessen Spitze sich im Laufe der Tage ein Führungstrio herauskristallisiert: Alain Geismar für die SNESup, Jacques Sauvageot für die Studentengewerkschaft UNEF und Daniel Cohn-Bendit für die Bewegung 22. März.

Montag, 6. Mai 1968. Pünktlich um neun Uhr erscheinen Cohn-Bendit und die anderen geladenen Studenten vor dem Disziplinargericht in der Sorbonne. Als sie eintreten sollen, setzen sie sich demonstrativ auf die Erde und fordern, nicht einzeln, sondern gemeinsam vorgelassen zu werden. Der Disziplinarrat berät und akzeptiert schließlich die Bedingung. Die Internationale singend halten die Studenten daraufhin Einzug. »Wir haben uns vier Stunden lang gut amüsiert«, bagatellisiert Cohn-Bendit später die Verhandlung. Das Gericht kommt an diesem Tage zu keiner Entscheidung und wird auch nie eine fällen. Auf Initiative Dekan Grappins wird die Angelegenheit später begraben.

Draußen auf der Straße stehen dagegen die Zeichen wieder auf Sturm. Einige hundert Studierende demonstrieren verbotenerweise ihre Solidarität und werden von 1500 Polizisten sofort auseinandergetrieben. Die Menge der Protestierenden wächst schnell an und blockiert die Kreuzung Boulevard St. Michel / Rue des Écoles, die unter Einsatz von Tränengas unverzüglich geräumt wird. Ein Demonstrationszug formiert sich, der bald 4500 Teilnehmer zählt. Friedlich ziehen sie durch die Stadt, vorbei am Palais du Luxembourg, dem Sitz des Senats, der bezeichnenderweise kaum wahrgenommen wird. Man ist nicht gekommen, um die Macht zu fordern, höchstens um die Mächtigen herauszufordern. »Wir haben damals keinen Moment daran gedacht«, erinnert sich Cohn-Bendit im März 1998. »Wir wußten instinktiv: Hier passiert etwas Neues, das hat nichts mit den alten revolutionären Kategorien zu tun. Das hat mir auch die Leichtigkeit gegeben, etwas ganz anderes darzustellen als den verbissenen Revolutionär, der nur die Macht will. Ich hatte es mehr auf die Köpfe der Leute abgesehen als auf die Macht.«

Sabine Stamer

Der Senat bleibt also unbehelligt. An der Seine entlang geht es zurück zur Sorbonne. Die ist nach wie vor abgeriegelt. Wieder kommt es zu gewaltsamen Zusammenstößen mit Polizisten. Auf dem Boulevard St. Germain errichten die Studenten die ersten Barrikaden. Autos werden quer auf die Straße geschoben, eine Straßenbaubaracke geht in Flammen auf, das Straßenpflaster wird aufgerissen, Steine fliegen durch die Luft, die von Tränengas geschwängert ist. Am frühen Abend bildet sich außerhalb des Quartier Latin erneut eine Demonstration, diesmal mit nahezu 6000 Teilnehmern. Sobald sich der Zug der Sorbonne nähert, kommt es wieder zur Straßenschlacht.

Am Abend darauf sind es schon mehrere Zehntausend, die dem Demonstrationsaufruf folgen und skandieren: »Libérez nos camérades!« (»Befreit unsere Kameraden!«), »Nous sommes tous des groupuscules!« (»Wir sind alle kleine Minderheiten!«), »Nous sommes tous des juifs allemands!« (»Wir sind alle deutsche Juden!«). Denn fast beschwörend suchen die Gegner der Rebellen die Schuld für die Aufstände bei einer kleinen, radikalen Minderheit und wünschen sich nichts sehnlicher, als daß diese isoliert bleiben möge von der breiten Masse. Ein deutscher Jude als Anführer symbolisiert: Ein Außenseiter, fremder Einfluß gefährdet unsere Ordnung. Auch die *l'Humanité*, Zeitung der kommunistischen Partei, qualifiziert Cohn-Bendit als »l'anarchiste allemand«. »Et juif, et juif!« ergänzt die amüsierte Menge, als das Parteiblatt auf einer der Kundgebungen in diesen Tagen zitiert wird. Cohn-Bendit seinerseits zeigt sich großmütig. Als der kommunistische Poet Louis Aragon von der Menge ausgelacht und ausgepfiffen wird, verschafft er ihm Gehör: »Hier hat jeder das Recht zu sprechen, mag er auch ein Verräter sein.«

An diesem Abend schiebt sich der Zug über die Champs-Élysées auf den Arc de Triomphe zu. Das hatte Paris noch nicht erlebt: eine linke Massendemonstration auf der majestätischen Prachtstraße, traditionell bevorzugte Defilierstrecke der Rechten. Die Gewerkschaften CGT[1] und CFDT[2] solidarisieren sich mit den Anliegen der Studierenden, die in erster Linie den Abzug der Polizei aus dem Quartier Latin, freien Zugang zur Sorbonne und Straffreiheit für alle an den Aktionen Beteiligten fordern. Niemand hat ein weitgestecktes Ziel, keiner eine Strategie. Was machen wir morgen? lautet die Frage; weiter wagt man nicht zu denken.

Doch die Regierung bleibt hart, der Ministerrat hält es nicht einmal für nötig, darüber zu debattieren. Es sei unmöglich zuzulassen, daß sich die Gegner der Universität in der Universität selbst installierten, befindet Frankreichs Präsident Charles de Gaulle. Die Gewaltakte auf der Straße könnten nicht geduldet werden. Auf diese Weise sei noch niemals ein Dialog erreicht worden. Währenddessen weilt Premierminister Georges Pompidou im Iran und in Afghanistan. Noch wenige Tage zuvor erschienen ihm die Ereignisse nicht brisant genug, um seine Reise in den Nahen Osten abzusagen.

Vermittlungsversuche zwischen der Staatsmacht und ihren Herausforderern scheitern. Am 8. Mai kündigt Alain Geismar, Sprecher der Hochschullehrergewerkschaft SNESup, an: »Heute abend werden wir in die Sorbonne ziehen!« Die Bewegung werde sich nehmen, was man ihr verweigere. 20 000 Menschen folgen dem Aufruf. Die Gewerkschaftsvertreter, gewohnt, die Führung zu übernehmen, müssen sich gefallen lassen, daß sich vor ihnen eine zweite Demonstrationsspitze aufbaut: eine Reihe von Studenten, die sich – geschützt mit Motorradhelmen – fest unterhaken. Als der Sprecher der CGT auf der Kundgebung für das Bündnis mit der Arbeiterbewegung wirbt, wird er ausgepfiffen. Die radikalisierten

1 Confédération Générale du Travail, unter Einfluß der kommunistischen Partei
2 Confédération Démocratique du Travail, ursprünglich christliche Gewerkschaftsbewegung, die sich zunehmend radikalisierte

Sabine Stamer

Demonstranten suchen zwar das Bündnis mit der Arbeiter-
basis, wollen sich aber von dem Gewerkschaftsapparat nicht
mehr bevormunden und vereinnahmen lassen.

Wie vorherzusehen war, ist die Sorbonne abgeriegelt. Was
viele nicht erwartet haben, trifft ein: Die Demonstration wird
ordnungsgemäß aufgelöst. Ordner der UNEF bilden Ketten,
um Zusammenstöße zwischen Polizei und Demonstranten zu
verhindern. Viele Demonstranten sind wütend, ihr Ziel war die
Sorbonne. Sie fühlen sich von den Gewerkschaftsführern ver-
raten, auch von den Gewerkschaftern Geismar und Sauvageot,
die sie doch eigentlich vorwärts führen sollten, anstatt die Bewegung zum Stillstand zu bringen. »Das mußte ja so kommen«, macht Cohn-Bendit in der *BBC* seinem Ärger Luft, »die
Organisationen haben uns einmal mehr verkauft.« Als er von
seinem Fernseh-Interview zurückkommt, so berichtet er im
Großen Basar, sieht er auf der Straße viele Leute weinen: »Tausende von Leuten fühlten sich betrogen. Geismar, Sauvageot
und andere mehr hatten sich hinter ihrem Rücken abgespro-
chen.« Daniel Cohn-Bendit bringt zur Sprache, was viele empfinden: »Wir wollen nicht mehr auf Almosen und Geschenke
warten. Wir wollen nicht, daß man über unser Schicksal bestimmt, wir wollen selbst entscheiden. Selbst wenn man uns
das Paradies verspräche, würden wir es ablehnen. Denn wir
wollen es uns nehmen.«

Auf einem Treffen der Organisationen und Aktionsgruppen
am nächsten Morgen greift Cohn-Bendit zu einer List. Er plädiert für eine weitere Demonstration und behauptet einfach,
100 000 Flugblätter seien bereits gedruckt, um so die Zögern-
den zu mobilisieren. Als sich am frühen Abend des 10. Mai an
die 20 000 Menschen auf dem Place Denfert Rochereau versammeln, ist zunächst keine Polizei in Sicht. Die Demonstration ist nicht verboten, doch ist die Stadt an diesem Tag in
erlaubte und gesperrte Zonen unterteilt. Viele Schüler sind
dieses Mal erschienen; der Protest weitet sich aus. Über 80

Prozent der Pariser Bevölkerung stehe hinter den Forderungen der Studierenden, ermittelt eine Umfrage. Was nun? Wohin soll es gehen? Es gibt kein Konzept. Auf dem Platz wird in Grüppchen wild durcheinander diskutiert. Dany steht oben auf der Statue, die den Platz schmückt. Jahre später schüttelt er über sich selbst den Kopf: »Ich kletterte mit dem Megaphon auf den Löwen und machte den Vorschlag, über die Demonstrationsroute zu diskutieren. Als ob man das mit 20 000 Leuten diskutieren könnte!«

Der Zug setzt sich in Bewegung Richtung Santé, ein Gefängnis, in dem einige Genossen sitzen. Die Bewegung 22. März hat beschlossen, daß es diesmal keinen Ordnungsdienst geben soll. »An der Kreuzung Boulevard Saint Michel stellte ich mich mit dem Megaphon auf eine Bank: ›Es gibt keinen Ordnungsdienst. Jede Reihe ist für sich selbst verantwortlich. Ihr seid euer eigener Ordnungsdienst.‹ Das hatte es noch nicht gegeben! Die Leute fühlten, daß bei der Sorbonne etwas passieren würde. Unversehens war mir auf dieser Demonstration eine organisierende Rolle zugefallen.« Friedlich zieht die Demonstration an der Sorbonne vorbei bis zum Jardin du Luxembourg. Ratlosigkeit. Wohin jetzt? Schließlich geben Cohn-Bendit und Sauvageot die Parole aus: »Kameraden, wir halten das Quartier Latin, koste es, was es wolle!«

Niemand denkt ernsthaft daran, die Sorbonne zu besetzen. »Wir umzingeln die Bullen!« ruft »Dany le Rouge« und hat damit eine – für ihn typische – Idee, die ihm heute noch zu gefallen scheint: »Die Bullen zu umzingeln, bedeutete für mich nur eine Machtdemonstration, die lächerliche Situation zu schaffen, daß die Bullen in der Sorbonne eingeschlossen waren und wir sie belagerten – ein Cowboy- und Indianer-Spiel.«

Um 21.15 Uhr entsteht die erste Barrikade aus Autos, Baugittern, gefällten Bäumen und Pflastersteinen. Einen Aufruf zum Barrikadenbau gibt es nicht. Sie entstehen spontan, ohne rechten Plan und ohne Sinn. Mit dem Megaphon in der Hand klappert Cohn-Bendit die ganze Nacht unermüdlich die Barrikaden ab. »Jeder machte irgend etwas, ohne genau zu wissen, was«, erinnert er sich später. »In der Rue Gay-Lussac standen plötzlich zehn Barrikaden hintereinander! Militärisch gesehen hatte das überhaupt keinen Sinn, aber alle hatten Lust, Barrikaden zu bauen.« Es geht um das Symbol. Und wenngleich wohl niemand so vermessen ist, die Französische Revolution kopieren zu wollen, so mag doch mancher an die folgenreichen Barrikadenkämpfe der heldenhaften Ahnen denken.

Die Lage ist zum Zerreißen gespannt, es riecht nach Eskalation. »Die Stimmung war geteilt. Die einen wollten den Putz, die andern nicht. Ich war dagegen, die Sorbonne anzugreifen. Offen gesagt, hatte ich große Angst«, gesteht Cohn-Bendit im *Großen Basar.* Er versucht zu beruhigen, läßt sich am häufigsten auf den Barrikaden dicht an der Sorbonne, direkt gegenüber der Polizei blicken. Die Leute sprechen ihn an und erwarten von ihm Rat. »Auf eine sehr komische Weise spielte ich die Rolle des Koordinators.« Er zieht herum und gibt mehr oder weniger kluge Verhaltensmaßregeln: »Paß vor allem auf, daß wir den Rücken frei haben!« oder: »Paßt auf, daß zwischen den Barrikaden nie mehr als 200–300 Leute sind; wenn die Bullen angreifen und ihr müßt euch zurückziehen, gibt es sonst ein Massaker.«

Live-Übertragungen im Fernsehen gibt es noch nicht. Die Informationen werden vor allem über zwei Radiosender, *RTL* und *Europe 1,* weitergetragen, deren Reporter das Geschehen ununterbrochen kommentieren wie ein spannendes Fußballspiel. Währenddessen lehnen sich die Anwohner aus den Fenstern und verfolgen das Schauspiel mit eigenen Augen, viele mit großer Sympathie für die Barrikadenbauer, sie reichen ihnen zu essen und zu trinken. Es ist wie ein großes Volksfest. Dany fühlt sich pudelwohl. »Diese Nacht hat viele Psychoanalytiker arbeitslos gemacht«, schwärmt er im *Großen Basar.* »Tausende von Leuten spürten die Lust, miteinander zu reden und zu lieben. In dieser Nacht wurde mein Optimismus in bezug auf die Geschichte geboren. Nachdem ich diese Stunden erlebt habe, werde ich nie mehr sagen: Es ist unmöglich!«

So muß das Leben im Paradies sein, nach der Revolution: Die Menschen fühlen sich frei und unabhängig, vereint und stark ... »Wir waren nicht mehr Tausende von Individuen, die die Diktatur der modernen Gesellschaft ablehnten oder hinnahmen, sondern eine einzige protestierende Kraft«, schwärmt Cohn-Bendit im *Linksradikalismus.* »Das Ziel des Kampfes war dagegen unbedeutend. Es ging gar nicht mehr um die Universität. Dieses Gefühl der Stärke und Einheit schuf hinter den Barrikaden eine Feststimmung. Nichts war natürlicher in diesen Momenten kollektiver Enthemmung als die neue Einfachheit der Beziehungen zwischen den Demonstranten, besonders zwischen Jungen und Mädchen. Alles wurde einfach. Die Barrikaden waren keine Mittel der Selbstverteidigung mehr, sie wurden zum Symbol der Freiheit. Deshalb bleibt diese Nacht vom 10. zum 11. Mai für alle, die dabei waren, unvergeßlich.« Er selbst erhält Gelegenheit, ungewöhnliche Freundschaften zu schließen. Drei Zuhälter aus der Nachbarschaft kommen zu ihm und wollen ihn beschützen. Seine Leibwächter begleiten ihn durch die Nacht. »Immer wenn jemand mich anpflaumte, tönten sie: ›Laß den in Ruhe, er hat etwas Wichtiges zu tun.‹ Das war ein Spaß!« (*Großer Basar*) Doch daß der Spaß schnell in katastrophalen Ernst umschlagen könnte, ist dem ausgelassenen, fröhlichen Dany durchaus bewußt.

Zufällig trifft er zwischen den Barrikaden seinen Professor aus Nanterre, Alain Touraine. Ein Taktiker, denkt er, aber ein ehrlicher, mit dem man reden kann. Touraine gelingt es, Kontakt zu Jean Marie Roche, dem Rektor der Sorbonne, aufzunehmen. Der empfängt eine dreiköpfige Verhandlungsdelegation, zu der auch Cohn-Bendit gehört. Geismar und Sauvageot

Sabine Stamer

wollen nicht mitkommen. »Ich war an diesem Abend der einzige, der verhandeln konnte, ohne daß alle ›Verrat!‹ schrien. Ich repräsentierte den linken Flügel der Bewegung.« Der Rektor weiß nicht, wer da als Studentenvertreter kommt, er erkennt Cohn-Bendit nicht. Doch die Polizisten, die Anweisung haben, ihn durchzulassen, identifizieren ihn sehr wohl. »Niemals hatte ich so haßerfüllte Gesichter gesehen wie ihre, als sie mich erkannten.«

Roche will wissen, was er tun kann. »Ganz einfach«, erwidert der unerkannte Studentenführer. »Sie lassen die Bullen abziehen und öffnen die Sorbonne; ich werde drei, vier Bands organisieren, und es gibt eine Fête. Weiter wird nichts geschehen. Die Leute werden tanzen, trinken und glücklich sein.« Bevor der erstaunte Rektor antworten kann, wird er ans Telefon gerufen. Am Apparat ist Innenminister Fouchet, der wissen will, ob Roche allen Ernstes mit Cohn-Bendit verhandele. Der Ahnungslose streitet ab. »Aber haben Sie da nicht einen rundlichen Rothaarigen vor sich?« fragt Fouchet, der das groteske Gespräch in seinen Memoiren verewigt. Mit »Dany le Rouge« wird nicht verhandelt! »Ganz traurig« sei Roche zurückgekommen, beschreibt Cohn-Bendit den weiteren Hergang. Die Verhandlungen sind gescheitert. Es ist 0.45 Uhr, als die Delegation die Universität verläßt.

Nun wird auch Polizeipräfekt Maurice Grimaud, der sich in den vergangenen Tagen eher moderat gezeigt hatte, ungeduldig. Er will seinen Mannschaften die endlose Warterei und Unentschiedenheit nicht länger zumuten. Also gibt der Innenminister Anordnung, die Barrikaden einzureißen. Und damit beginnt einer der gewalttätigsten Polizeieinsätze, den die V. Republik je erlebt hat. Um 2.31 Uhr geht die Polizei zum Angriff über. UNEF-Sprecher Jacques Sauvageot, der davon nichts mitbekommt, gibt *Europe 1* gerade ein Interview, als Dany angerannt kommt: »Scheiße, Scheiße, es ist wichtig! Gib mir das Mikro! Schnell!« Ohne zu zögern, überläßt Sauvageot ihm das Mikrophon. »Hört zu«, erklärt Cohn-Bendit aufgeregt, »ich nehme das Mikro, weil ich von der ersten Barrikade komme. Die Polizei wirft in diesem Augenblick Tränengasgranaten. Es ist offensichtlich, daß die Demonstranten sich nicht lange halten können. Bis zu diesem Moment ist die Besetzung des Quartier Latin ohne Zwischenfälle verlaufen. Es ist die Polizei, die provoziert hat, indem sie mit Tränengasgranaten angreift.«

Gegen fünf Uhr geben auch die letzten Kämpfer ihren Widerstand auf. Bilanz dieser Nacht: mehrere hundert Verletzte. »Ich war wirklich erschlagen«, schreibt Cohn-Bendit im *Großen Basar*, »und ich glaubte, daß es aufrichtig ist, wenn ich sage, daß ich diese Auseinandersetzung nicht gewollt habe. Das Ende war ziemlich schlimm, ich habe einige brutale Szenen mitbekommen und mir war klar, daß ich mich an diesem Tag nicht erwischen lassen durfte. Ich hätte wohl ziemliche Dresche bekommen.«

Am Vormittag des 11. Mai bietet sich im Quartier Latin ein Bild der Verwüstung: verbrannte, noch qualmende Autos, verstreute Schuhe und Kleidungsstücke, Glassplitter, das Straßenpflaster ist großflächig aufgerissen. »Sous les pavés la plage ...«, unter dem Pflaster liegt der Strand ...

Als »Barrikadennacht« werden diese Stunden vom 10. auf den 11. Mai 1968 in die Geschichte eingehen. Selbst die Kommunistische Partei solidarisiert sich nun mit den Aufständischen. Aus Protest gegen den Polizeieinsatz rufen die Gewerkschaften ihre Mitglieder zu einem Generalstreik auf, und zwar nach einigem Zögern für den 13. Mai. Ein geschichtsträchtiges Datum, denn am 13. Mai 1958 läutete ein Militärputsch in Algier das Ende der IV. Republik ein; es symbolisiert den Beginn der V. Republik und die erneute Machtübernahme Charles de Gaulles. Jede politische Aktion an diesem Tag muß als ernsthafte Herausforderung verstanden werden. Pompidou eilt vorzeitig aus Afghanistan zurück nach Paris.

Der Generalstreik wird überall befolgt. In ganz Frankreich wird am 13. Mai demonstriert. »Dany le Rouge« hoch oben auf dem Dach des Gare du Nord: »Wir sind nicht gekommen, um den Rücktritt von einigen Ministern zu fordern, sondern um die Revolution zu machen!« ruft er aus. In Paris formieren sich zunächst zwei Demonstrationszüge, einer der Studierenden und einer der Arbeiter. Der Erfolg der Mobilisierung ist überwältigend: zwischen 300 000 Menschen (so schätzt die Polizei) und einer Million sind dem Aufruf gefolgt. »Ein Reporter fragte uns, wie hoch wir die Zahl der Teilnehmer schätzten. Geismar und ich antworteten gleichzeitig: ›Eine Million.‹ Seitdem waren es eine Million. Als wenn man an der Spitze einer Demonstration sehen könnte, wie viele Demonstranten noch hinter uns sind.« Die Zahl der Teilnehmer ist in jedem Fall beeindruckend, doch die Protestbewegung ist gespalten.

Als die Züge aufeinandertreffen, stellt sich die Frage, wer die Führung übernimmt. Der Generalsekretär der CGT, Georges Séguy, sichtet zu seiner Überraschung den Star der Bewegung 22. März in der ersten Reihe zwischen Geismar und Sauvageot. Mit »diesem Individuum« neben sich will er nicht losmarschieren. Doch Geismar und Sauvageot bleiben unerbittlich: »Ohne Cohn-Bendit gehen wir nicht los.« Séguy bleibt keine andere Wahl, dieses eine Mal muß er den Querkopf an der Spitze dulden. Für Cohn-Bendit ist es der »Tag der Rache«, der eine seiner schönsten Erinnerungen bleiben wird. »Ich bin glücklich, heute mit stalinistischem Gesindel im Schlepptau einen Umzug gemacht zu haben«, verkündet er am Abend auf einer Veranstaltung.

Rund 10 000 Menschen ziehen nach der offiziellen Beendigung der Demonstration weiter, erst zum Eiffelturm, dann zur Sorbonne. In dieser Nacht holen sich die Studenten ihre Universität zurück. Niemand hält sie auf, die Polizei tritt an diesem Tag nicht in Erscheinung. Die Sorbonne wird besetzt.

Cohn-Bendit erklärt, daß Vorlesungen erst wieder stattfinden könnten, nachdem Innenminister Fouchet und Polizeipräfekt Grimaud zurückgetreten seien.

Daniel Cohn-Bendit ist der Held dieser rebellischen Tage. Sicher, es ist immer wieder die Rede vom Führungstrio, doch haben Sauvageot und Geismar längst nicht jene Ausstrahlung und Wirkung. »Dany le Rouge« hat Charisma, er hat Feuer, er kann Reden halten, ähnlich den Plädoyers seines Vaters: aufputschend und gleichzeitig einfühlsam, mit gewaltigen Worten zarteste Visionen beschreibend. Er spürt, er weiß, was die Menschen in der Menge wollen, er spricht es aus, besser als sie selbst es hätten formulieren können. Er ist tatsächlich die Stimme der Bewegung und gibt als solche wesentlich die Richtung an. Viele haben ihn noch nie gesehen, nur gehört, er sei rothaarig, doch seine Stimme, die kennt jeder aus dem Radio.

»Danton« nennt man ihn – wie jenen sinnenfreudigen individualistischen Volkstribun der Französischen Revolution, dem die Askese fremd war, der gerne fürstlich speiste, nachdem er sich für die Hungernden und die Armen von Paris eingesetzt hat, selbstgefällig und ausschweifend bis zu seinem bitteren Ende auf der Guillotine, das von seinem enthaltsamen, berechnenden Gegenspieler Robespierre herbeigeführt wurde. Cohn-Bendit fühlt sich durchaus treffend charakterisiert: »Ich war der revolutionäre Lebemann, der Leben und Revolution verbinden wollte, statt das Leben der Revolution zu opfern.« Und wer ist der Robespierre jener 68er Tage? Das seien die maoistischen und trotzkistischen Gruppen, befindet er, die wollten den »Weltgeist« spielen.

Nach den gewaltigen Aktionen des 13. Mai 1968 bringen die Sozialisten und Kommunisten im Parlament einen Mißtrauensantrag gegen die Regierung ein. Am Abend werden die ersten Fabriken von Arbeitern besetzt. Eine Welle von Massenstreiks und Fabrikbesetzungen rollt in den nächsten Tagen über das Land. Die Arbeiter solidarisieren sich und setzen ihre

Forderungen mit auf die Tagesordnung. Die verhafteten Studenten werden freigelassen. Staatspräsident Charles de Gaulle kommt frühzeitig von einem Staatsbesuch in Rumänien zurück. Am 19. Mai legt ein fast hundertprozentiger Generalstreik Frankreich komplett lahm. Nichts geht mehr: kein Zug, keine Metro, keine Post, kein Telefon. Fabriken, Büros, Schulen und Hochschulen – alles wird boykottiert und bestreikt. Fußballspieler besetzen den Sitz ihres Nationalverbands, Lehrer das Büro ihrer Gewerkschaft. Der Traum der radikalen Linken scheint sich erfüllt zu haben: Studentenschaft und Arbeiterklasse verbrüdern sich in der Aktion.

In diesen Tagen kommt es zu einer historischen Begegnung: Daniel Cohn-Bendit trifft Jean-Paul Sartre. Und es ist nicht der große Philosoph, der Antworten auf die das Land bewegenden Fragen liefert. Nein, Sartre ist der Fragende, der sich aufklären lassen möchte von jenem 23jährigen Studenten, den noch vor wenigen Wochen kaum einer kannte. »Wie analysieren Sie diese Bewegung, die Sie selbst entfesselt haben?« will er wissen. Antwort: »Sie hat ein Ausmaß angenommen, das wir am Anfang nicht voraussehen konnten. Aber jetzt heißt unser Ziel: Sturz des Regimes. Ob dieses Ziel erreicht wird, hängt freilich nicht von uns ab. Wäre es wirklich das Ziel auch der Kommunistischen Partei, der CGT und der anderen Gewerkschaften, so gäbe es kein Problem: Das Regime würde in 14 Tagen zu Fall kommen, weil es der Kraftprobe mit den Arbeitern nicht gewachsen wäre.« Das Gespräch wird am 20. Mai 1968 im *Nouvel Observateur* veröffentlicht und schlägt haushohe Wellen. Doch »Dany le Rouge« wird kaum mehr Einfluß haben auf die weitere Entwicklung im revolutionierten Frankreich.

Höhenrausch und Absturz – Die Ausweisung

Ganz Frankreich befindet sich im Generalstreik, Jean-Paul Sartre tritt im größten Hörsaal der Sorbonne auf, doch Daniel Cohn-Bendit befindet sich nicht in Paris, er besucht seinen Bruder im bretonischen Saint-Nazaire. Hier an der rauhen Atlantikküste hat sich Gaby mit seiner Jeanne niedergelassen. Sie haben inzwischen zwei Kinder. Auch Saint-Nazaire ist von der revolutionären Stimmung erfaßt. Die Eisenbahner streiken bereits. Gemeinsam mit politischen Freunden bilden die Brüder am Strand Arbeitsgruppen, um die Werftarbeiter zu agitieren.

Eine Gruppe von Psychiatern aus der Gegend fragt, wie sie die Bewegung unterstützen könnten. »Wir haben irgendeine alberne Geschichte aus dem Hut gezaubert, nach dem Motto: Es gibt Genossen im Knast. Wir brauchen Geld, um die Anwälte zu bezahlen«, erzählt Cohn-Bendit später einem Freund, dem Journalisten Jean-Marcel Bouguereau. »Wenn nicht, dann könnten sie auch auf die Straße kommen und ein paar Pflastersteine werfen. Innerhalb von zehn Minuten haben die enorm viel Geld zusammengesammelt. Wir haben den Zaster genommen, und ich habe gesagt: ›Laßt uns fressen gehen in der Coupole.‹ So haben wir einen Teil des Geldes verschwendet. Den Rest haben wir den Anwälten gegeben.«

Cohn-Bendit, den kein schlechtes Gewissen plagt, erzählt die Geschichte einem Freund seines Bruders, der schlichtweg entsetzt ist und ihn ermahnt, als Leitfigur trage er nun historische Verantwortung. Doch das schert den bewunderten Vorkämpfer der Bewegung kein bißchen. »Ich erinnere mich, daß ich ihm antwortete: ›Hör zu, Symbol für was, das ist mir total egal.‹ Also, das war meine geistige Verfassung. Man kann nicht sagen, daß ich mich sehr ernst nahm.«

Eigentlich hat Cohn-Bendit eine Einladung nach West-Berlin, wo er am 21. Mai, also zehn Tage vor Verabschiedung der Notstandsgesetze, im Audimax der Freien Universität als Sprecher der Bewegung 22. März auftreten soll. Nun sitzt er in Saint-Nazaire fest. Die ganze Zeit streicht ein Fotograf von *Paris Match* um ihn herum, bietet zu guter Letzt an, ihn mit dem Auto nach Berlin zu begleiten. »Der Typ knipste die ganze Zeit. Ich ging auf alles ein: Schnappschuß in Berlin, mit einem Koffer vor dem Brandenburger Tor. Völliger Schwachsinn, sich darauf einzulassen, vier Tage mit einem Journalisten zusammenzusein, um Fahrtkosten zu sparen«, ärgert sich Cohn-Bendit ein paar Jahre später über sich selbst.

Auf dem Höhepunkt der Revolte verläßt »Dany le Rouge« also das Land. Sein letzter Besuch in Berlin liegt gar nicht lange zurück, hier hat er vor wenigen Monaten erst – noch als unbekannter Student – an einer großen Demonstration teilgenommen, nach der Tet-Offensive in Vietnam. Jetzt gefällt er sich in seiner Wichtigkeit, wie er einige Jahre später im *Großen Basar* freimütig zugibt: »Die Vorstellung, nun als ›Führer‹ nach Berlin zurückzukehren und in der Uni zu sprechen, faszinierte mich stark.«

Auch dem Korrespondenten der *Frankfurter Rundschau* fällt auf, daß Cohn-Bendit seine »Rolle als Triumphator sichtlich zu genießen« scheint. Deutlich hebe sich seine »dynamische und zielstrebige Denkweise« von den theoretischen Tiraden der Berliner Wortführer ab, vermerkt der Berichterstatter und ergänzt bewundernd: »Mit einem klar aufgebauten Vortrag, ohne Manuskript und Notizen gehalten, blieb der ›neue Danton‹ seinem Ruf nichts schuldig. Frappierend, wie er, minutenlang durch technische Ansagen abgelenkt, genau an jener Stelle des Satzes fortfuhr, an der er unterbrochen worden war.«

Es ist nicht Eitelkeit allein, die den »Rebellenführer« nach Berlin treibt. Er will weg aus dem brodelnden Paris. Er ist auf der Flucht, auf der Flucht vor seiner Rolle, vor dem, was andere in ihm sehen, auf der Flucht vor der Verantwortung. Er ist zum Motor der Bewegung geworden, doch nun scheint sich Frankreich immer schneller, immer stürmischer zu bewegen und unkontrollierbar zu werden. Keiner weiß, wo das hinführen soll. Warum sollte ausgerechnet er nun die Richtung bestimmen und das Ziel vorgeben? Diese Aufgabe überforderte ihn.

»Ich wurde Ende Mai mit meiner Rolle nicht mehr fertig«, sagt Cohn-Bendit heute. »Das muß man sich mal vorstellen: Ich war 23. Ich war zwar jemand, der eine große Schnauze hat und vieles artikulieren kann, aber dann innerhalb von fünf Monaten zu einer Persönlichkeit des Weltgeschehens zu werden … Mein Verhältnis zu den Menschen hat sich total geändert. Die Frauen haben mich anders angeguckt. Ich war plötzlich jemand, der interessant war.« Und um Mißverständnissen vorzubeugen, fügt er schnell noch hinzu: »Nicht daß ich vorher uninteressant war.« Er will zur Ruhe kommen. Die Bedeutung des Augenblicks ist ihm nicht klar. »Ich war sehr, sehr desorientiert. Deswegen sage ich heute oft: Das war meine Rettung, die Ausweisung.«

Von Berlin aus geht es sofort nach Amsterdam, wo er – wie er selbst sagt – einen »Spruch losläßt«, der schwerwiegende Folgen haben wird: »Die Bewegung muß die alte Welt hinwegfegen und eine neue Welt errichten. Die französische Trikolore ist dazu da, zerrissen und in eine rote Fahne verwandelt zu werden!« Das französische Innenministerium nimmt diesen

Sabine Stamer

kraftmeierischen Aufruf zum Vorwand, um ihm seine Aufenthaltsgenehmigung zu entziehen. »Urgence absolue!«, »Höchste Dringlichkeit!«, heißt es. Die Maßnahme wird sofort vollstreckt, ohne vorherige Ankündigung, ohne nähere Begründung. Cohn-Bendit darf nicht zurück nach Frankreich. Nun geht der Medienrummel erst richtig los. Alle wollen mit »Dany le Rouge« sprechen, ihn interviewen, mit ihm Sendungen machen. »Ich fing langsam an durchzudrehen. Ich verlor jeglichen Sinn für die Realität, selbst für meine eigene Person. Ich wurde ein Star mit allem, was das im Showbusineß bedeutet.«

Am Abend des 22. Mai ziehen in Paris 4000 Studierende durch das Quartier Latin, um gegen das Einreiseverbot zu demonstrieren: »Wir sind alle deutsche Juden!« Dany gewährt derweil einer *BBC*-Journalistin Audienz, weil sie ihm gefällt, und wird in Deutschland von Teach-in zu Teach-in gereicht. Am 24. Mai versucht er, eskortiert vom SDS-Bundesvorsitzenden Karl Dietrich Wolff und rund 1000 Demonstranten, den Grenzübergang Goldene Bremm bei Saarbrücken zu passieren. Der französische Staat fährt schweres Geschütz gegen seinen vermeintlichen Feind auf: Die Polizei ist mit Karabinern, Tränengas und Wasserwerfern ausgerüstet, unterstützt von Berittenen und Hundestaffeln.

Die Demonstranten lassen sich zu einem Sit-in nieder, während Cohn-Bendit, begleitet von zwei Freunden, im Grenzhaus verhandelt. Schließlich läßt man ihn nach Forbach fahren, wo ihm offiziell mitgeteilt wird, daß er auf Anordnung des französischen Innenministers Christian Fouchet wegen Gefährdung der öffentlichen Ordnung das Land nicht mehr betreten dürfe. Der so Belehrte weigert sich, die schriftliche Anweisung zu unterschreiben und wird endlich zum Grenzübergang zurückgebracht. Doch anstatt nun sofort auf anderen Wegen nach Paris zurückzukehren, um der Regierung dort zu zeigen, daß sie noch längst nicht Herr der Lage ist, verdrückt sich Dany erstmal mit der hübschen *BBC*-Journalistin – sehr zum Ärger seiner Genossen, die dafür überhaupt kein Verständnis aufbringen wollen.

Mit schwarzgefärbten Haaren und Sonnenbrille gelangt er vier Tage später in die französische Hauptstadt, schleicht sich durch einen Hintereingang in die Sorbonne. »Da wollten sie mich erst nicht reinlassen. Ich mußte meinen Paß zeigen, die wollten es nicht glauben«, erinnert er sich lebhaft, als sei es erst gestern gewesen. Sicher hat er die Geschichte auch schon hundertmal erzählt. »Die Sorbonne war voll, die haben was diskutiert, ich weiß nicht was, völlig belangloses Zeug, wie immer in den Diskussionen. Der Student, der moderierte, sagte: ›Jetzt will ein spanischer Genosse ein Grußwort an uns richten.‹ Da hat alle Nase lang jemand was gesagt. Die Leute haben erst mal nicht reagiert. Aber als ich meine Brille abnahm, wurde es total still. Und dann haben die Leute geschrien: ›Die Grenzen sind uns egal!‹ und alle waren unheimlich happy.« Die Bewegung triumphiert, und der gefeierte Dany hat Tränen in den Augen. Per Rundfunk verbreitet sich die Nachricht wie ein Lauffeuer, innerhalb einer Stunde ist der Hof der Sorbonne brechend voll. »Das war auf der einen Seite unheimlich begeisternd für mich, auf der andern Seite hat es mir Angst gemacht. Ich habe das später beschrieben mit dem Gefühl stalinistischer Macht. Es war völlig irrational, was sich da abgespielt hat, mit was sich die Leute identifiziert haben, mit meiner Person.« Im Siegestaumel hält der schwarzhaarige Dany eine enthusiastische Rede. »Aber in Wirklichkeit wußte ich gar nicht, was ich sagen sollte«, gesteht er im *Großen Basar.* »Der Witz bestand darin, daß ich überhaupt nach Paris zurückgekommen war, und vielleicht hätte ich lieber schweigen sollen oder einfach sagen, daß ich es dufte finde, wieder da zu sein. Statt dessen habe ich eine lange Rede gehalten und gesagt, daß die Regierung zerschlagen werden müsse.«

Doch gerade jetzt scheint de Gaulle wieder Fuß zu fassen. Er ist soeben zurückgekehrt von einer geheimnisvollen Reise, deren Zweck noch heute Anlaß zu Spekulationen bietet. Wollte er sich der militärischen Unterstützung seines früheren Kampfgefährten General Jacques Massu gegen die Rebellen versichern? Oder suchte er dessen Schutz und war bereit zum Rücktritt? Was immer er ursprünglich vorhatte, am 30. Mai tritt der französische Staatspräsident entschlossen vor die Mikrophone, löst die Nationalversammlung auf und kündigt Neuwahlen an. Die Rede wird von allen Rundfunkstationen übertragen. Unmittelbar nach diesem entschlossenen Appell an die Bürger strömen 400 000 Menschen zu seiner Unterstützung auf die Champs-Élysées. »Frankreich den Franzosen!« skandieren sie, »Nieder mit dem Marxismus!« und »Cohn-Bendit nach Dachau!«.

Cohn-Bendit verbringt derweil die meiste Zeit in seinem Versteck, das er nur ab und zu verläßt, um Pressekonferenzen abzuhalten. Einmal wagt er sich sogar auf eine Demonstration gegen die geplanten Neuwahlen, läßt sich kurz für ein Pressefoto in der ersten Reihe blicken und taucht wieder unter. Viel mehr kann er nicht tun; man würde ihn entdecken. »Ich hatte meine Fähigkeit verloren, politisch zu intervenieren.« Da es so offensichtlich nicht weitergehen kann, beschließt er mit seinen politischen Freunden, seine Rückkehr nach Deutschland zu organisieren.

Die Genossen haben sowieso langsam die Nase voll von dem Starkult und wollen ihm endlich klarmachen, »daß ich nicht Brigitte Bardot bin. Das war inzwischen notwendig.« So verläßt er Frankreich nicht nur, weil die Regierung ihn ausweist, sondern auch, weil die Genossen ihn zurückweisen. Er ist nicht mehr Teil der Bewegung, er hat sich losgelöst, er steht außen vor oder drüber, wie immer man das sehen will. Sein heißer Draht zu den Medien funktioniert nun besser als die Verbindung zu den Kampfgefährten. Er befindet sich, wie er später selbst sagt, im »Höhenrausch«. Eine Weile noch wird er orientierungslos durch die Lüfte trudeln, bis er schließlich abstürzen oder, könnte man auch sagen, auf den Boden der Tatsachen zurückfinden wird.

Die Schauspielerin Marie-France Pisier verhilft ihm in ihrem kleinen Cabriolet zur Flucht nach Frankfurt am Main. Wieder ein Coup, der von den Zeitungen ausgeschlachtet wird. Er jettet durch Europa, hält politische Reden, vergnügt sich zwischendurch mit Marie-France Pisier auf Sardinien. »Zwei Wochen lang lebten wir dort in einem teuren Hotel, was ich heute unter keinen Umständen mehr machen würde«, beichtet er im *Großen Basar*, wobei man annehmen darf, daß dies kein Schwur fürs Leben war.

»Das hatte überhaupt keinen Sinn. Ich war ein Bürokrat geworden. Ich hatte ein persönliches Interesse daran, ein Star zu bleiben, ein materielles Interesse; das Highlife gefiel mir. Mit dem Flugzeug nach London, nach Italien, dann Amsterdam, Berlin: der Duft der großen weiten Welt. Hier zahlte das Fernsehen, dort ein Verleger, hier eine Einladung von einer Gruppe, dort von einem Verband.« Ruhelos rast er durch die Welt, als stilisierter Held, aus dem Land geworfen, ein entwurzelter Emigrant – wie seine Eltern. So fühlt er sich jedenfalls und empfindet die Geschichte als Kreislauf, den es zu durchbrechen gilt.

In London verursacht er einigen Wirbel. Zunächst gibt es Ärger, weil sein Visum nur auf drei Tage ausgestellt ist, dann geht auch noch eine Morddrohung gegen ihn ein, woraufhin ihm ein Schwarm von Reportern, Fotografen und Bewachern auf Schritt und Tritt folgt wie ein Kometenschweif. »London, Metropole des europäischen Schaugeschäfts, hat die brillanteste 24-Stunden-Schau erlebt, die in den letzten Jahren von einem Alleinunterhalter dargeboten worden ist«, kommentiert *Die Welt* am 14. Juni 1968: »Die ›Ein-Mann-Schau Daniel Cohn-Bendit‹ war ohne Zweifel die eindrucksvollste politische Burleske, die seit langem in England zu besichtigen war.« Begleitet von seinem Kometenschweif und einigen Genossen

Sabine Stamer

macht sich Cohn-Bendit zu einem Besuch am Grab von Karl Marx auf, wo er sich mit erhobener Faust, die »Internationale« singend, ablichten läßt. Innenminister James Callaghan, der die Aufenthaltsgenehmigung inzwischen auf zwei Wochen ausgeweitet hat, gibt seiner Hoffnung Ausdruck, daß Mr. Cohn-Bendit in England noch einiges lernen könne, und wenn es nur der Text der »Internationale« sei, den er offensichtlich nicht ganz beherrsche.

Frankfurt, neben Berlin seinerzeit Zentrum der deutschen Studentenbewegung, wird Stützpunkt für seine rastlosen Unternehmungen. Hier schlüpft er in der Wohnung seines alten Schulfreundes Jürgen Wickert unter, der sich an diese Zeit als »höchst amüsant und gleichzeitig höchst belastend« erinnert. »Alle möglichen Leute riefen an, Sartre, Rowohlt usw. ... Es kamen die abenteuerlichsten Personen, auch Journalistinnen, die sich auf die unglaublichste Weise an ihn heranmachten. Die ganze Welt schien sich um unsere kleine Wohnung zu drehen. Geschirrspülen und Müll wegbringen, das blieb natürlich an meiner Freundin hängen, denn wir hatten Wichtigeres zu tun.«

Es soll ja auch bloß eine Übergangslösung sein. Bald wird er, da ist er sich sicher, nach Paris zurückkehren, in ein paar Wochen, spätestens in ein paar Monaten. So lange will er sich lieber keine Ruhe gönnen, sonst liefe er Gefahr, den Verlust, die Einsamkeit zu spüren, dann machte sich die Traurigkeit bemerkbar. Seine Heimat ist und bleibt Frankreich. Ist es nicht erst zehn Jahre her, daß er kaum ein Wort Deutsch sprach? In Frankreich ist er aufgewachsen, dort gehört er hin. Er vermißt seine Freunde, seine Genossen, und ahnt gleichzeitig, daß er in Paris den Bruch mit den einstigen Kampfgefährten nur noch stärker empfinden würde. Außerdem: Charles de Gaulle, der noch vor wenigen Wochen beinahe kapituliert hätte, ist inzwischen als absoluter Sieger aus den Wahlen hervorgegangen und hat die Linke vernichtend geschlagen.

Zuspruch und Aufmunterung erfährt Cohn-Bendit von der jüdischen Philosophin Hannah Arendt, die vor Jahrzehnten mit seinen Eltern befreundet war und inzwischen in den Vereinigten Staaten lebt. In einem Brief bietet sie ihm ihre Unterstützung an: »Ich möchte Dir nur zwei Dinge sagen«, schreibt sie, »erstens, daß ich ganz sicher bin, daß Deine Eltern, und vor allen Dingen Dein Vater, sehr zufrieden mit Dir sein würden, wenn sie noch lebten. Und zweitens, daß, falls Du in Ungelegenheit gerätst und vielleicht Geld brauchst ... wir immer bereit sein werden, nach Möglichkeiten zu helfen.« Ihrem philosophischen Lehrer Karl Jaspers teilt sie mit, sie kenne den »roten Dany«, er sei »ein ausgesprochen guter Kerl«.

Cohn-Bendits persönliche Verbundenheit mit Hannah Arendt wird ergänzt durch eine politische Übereinstimmung, die um so enger wird, je mehr er mit Linken in Deutschland konfrontiert ist. Sie verkörpert für ihn letztlich das, was diese nicht hören wollen. »Alles, was ich an den deutschen Linken immer gehaßt habe, konnte ich argumentativ mit Hannah Arendt untermauern.« Zum Beispiel, daß sie sich nicht eindeutig dazu durchringen können, den Totalitarismus jeglicher Couleur, auch den kommunistischen, abzulehnen. Er selbst ist davon überzeugt, »daß die Elemente und Formen totalitärer Herrschaft im Nationalsozialismus und im Stalinismus durchaus vergleichbar sind«. Eine These, die in linken Kreisen, vom SDS bis zur Sozialdemokratie, nicht auf Gegenliebe stößt. Die deutschen Linken fürchten, Kritik am Kommunismus werde den Kapitalismus stärken und außerdem die Spannungen zwischen Ost und West verschärfen.

Er will einfach nicht akzeptieren, daß die politische Unterdrückung in der DDR tabuisiert wird, weil eine offene Kritik von den Rechten ausgenutzt werden könnte. »Auf die Frage ›Wer ist verantwortlich für den Antikommunismus?‹ gibt es nur eine einzige Antwort: die Kommunisten!« So lautet seine

Devise. Für ihn ist klar – Kapitalismus hin, Revolution her –: die Bundesrepublik ist der bessere der beiden deutschen Staaten. Er, der durch die Konfrontation mit der französischen kommunistischen Partei und durch linke Kapitalismuskritik geprägt ist, ist erstaunt und entsetzt über die halbherzigen Aussagen, die der SDS zum Stalinismus trifft. »Für mich war jede Haltung unverständlich, die leugnete, daß beide Formen von Herrschaft – Sozialismus oder Kapitalismus –, so wie wir sie damals gesehen haben, gleich entsetzlich oder verwerflich waren«, erklärt er in einem Vortrag über Hannah Arendt.

Zusammen mit seinem Bruder Gaby und ein paar Ghostwritern vom Rowohlt-Verlag zieht er sich im Sommer 1968 an den Bodensee zurück, um mit heißer Nadel einen Rowohlt-aktuell-Band zu stricken über Entstehung und Verlauf der Studentenbewegung. *Linksradikalismus – Gewaltkur gegen die Alterskrankheit des Kommunismus* wird das Buch betitelt. Es ist nicht zuletzt auch eine Abrechnung mit dem Bolschewismus und den stalinistischen Einflüssen auf die französische Studentenbewegung.

So wie dieses werden fast alle seine Bücher entstehen: Dany quatscht, Ghostwriter oder Co-Autoren erledigen die schriftliche Feinarbeit. Langes Sinnieren über Formulierungen gehört weder zu seinen Vorlieben noch zu seinen Stärken. Er hat das auch nicht nötig. Kaum macht er den Mund auf, sprudeln die Sätze nur so hervor, nicht unbedingt perfekt arrangiert, aber fast immer packend und mitreißend. Selbst seine politischen Feinde staunen über seine rhetorische Versiertheit. Je zahlreicher das Publikum, desto größer seine Überzeugungskraft und seine Ausstrahlung. Unbescheiden, wie es seine Art ist, analysiert er 1975 seine eigene Begabung: »Auf Versammlungen erwartet man von mir eher einen Einfall, eine Intervention, die eine neue Wendung bringt, als eine ausgefeilte Rede. Deswegen gibt es von mir Zitate, keine Reden. Wenn ich rede, ist mir aufgefallen, ist der Anfang immer nicht schlecht, in der

Mitte verfranse ich mich in meinen Gedanken, und am Schluß ist es dann meist wieder sehr gut: Ich weiß, worauf ich hinaus will.«

An seiner Arbeitsweise wird sich auch später nichts ändern. Selbst im basisdemokratisch organisierten *Pflasterstrand* findet er immer einen Dummen, der seine Ergüsse in die Maschine tippt. Nein, so sei das natürlich falsch ausgedrückt, korrigiert er. Ein Kollektiv müsse eben die unterschiedlichen Fähigkeiten der einzelnen berücksichtigen. Er besäße eine verbale Kreativität: »Indem ich das so produzier', kommt's am besten 'raus.« Und wie das manchmal »'rauskommt«: Kauderwelsch könnte dagegen als grammatikalisch einwandfreie Schriftsprache durchgehen. Er beherrscht mehrere Sprachen – Französisch, Deutsch, Englisch, Italienisch, Spanisch –, aber keine wirklich perfekt, am ehesten noch Französisch, denn damit ist er aufgewachsen.

Ein Deutschlehrer würde vermutlich Schwindelanfälle bekommen, wenn er ihm genauer zuhörte: »Meine Schwäche ist, daß in dieser extrovertierten Art eine Selbstdisziplinierung sehr schwierig ist. Und damit mir was dann fehlt. Nicht zu schreiben ist ja auch 'ne mangelnde Selbstdisziplin, aber es muß eben 'raus. Und den Schmerz und die Schwierigkeit jetzt, den Schmerz auszuhalten, bis ich das niederschreibe, das habe ich nicht.« Kein Wunder, daß er stöhnend abwehrt, wenn man ihn bittet, gehaltene Vorträge in eine schriftliche Form zu bringen. So manche vorbereitete Rede hält sich etwas mehr an Dudens Grundregeln, doch jeder Talkshow-Auftritt beweist die Suggestivkraft verschachtelter Fehlkonstruktionen. Was soll's? Der Beifall bleibt deswegen nicht aus.

Mit den abgehobenen, akademischen SDS-Debatten tut er sich allerdings schwer. »Dany hatte Probleme mit dem deutschen Bierernst«, bestätigt sein alter Schulfreund Jürgen Wickert, »den anderen ging es immer um die Ewigkeit, ihm manchmal einfach um die Leberwurst. Diese schrecklich

Sabine Stamer

schweren Debatten im Kolbheim in zigarettenverquaster Luft, die waren nichts für ihn. Er rauchte nicht, er trank nicht.«

Während man oben verbissen politisiert, wird unten im Kolbkeller ausgelassen geschwoft. Und wenigstens da kommt sein Charme an. »Es muß im Frühjahr '69 gewesen sein«, erinnert sich Linda de Voss, eine politische Weggefährtin, »daß wir da mal miteinander getanzt haben. Er hat dauernd Stories erzählt vom Mai 68, und ich war vollkommen begeistert und eingenommen von diesem interessanten Mann.« War er ein Frauenheld? »Dazu sag ich nichts«, wehrt sie ab. »Es ist ja immer relativ. Es gab schlimmere, viel schlimmere.«

Unter den politischen Wortführern Frankfurts, unter Männern also, gilt Daniel Cohn-Bendit als intellektuelles Leichtgewicht in einer Debatte, die geprägt ist von der Kritischen Theorie der Frankfurter Schule, geprägt von Intellektuellen wie Hans-Jürgen Krahl, die sich einschüchternde Duelle mit den Professoren Theodor W. Adorno und Jürgen Habermas liefern. Erst nachdem Krahl 1970 bei einem Autounfall tragisch verunglückt, kann Cohn-Bendit in der Frankfurter Szene Boden gewinnen. Solange bleibt er ein Außenseiter. Am Anfang macht ihm das nichts aus. Er redet, wie ihm der Schnabel gewachsen ist, polemisiert gegen den hochgezüchteten Jargon und lebt ohnehin in dem Glauben, bald nach Frankreich zurückzukehren. Dort hat er eine Freundin, die er alle zwei Wochen einmal sieht. Bei einem seiner illegalen Besuche in Paris entdeckt er, daß ehemalige Genossen seine Wohnung besetzt und alles, was nicht niet- und nagelfest war, geklaut haben. Während sein Traum von der Rückkehr zerfällt, wird ihm immer deutlicher, daß er in Deutschland wenig politischen Einfluß hat. Er sieht sich mehr und mehr als »Witzbold« der akademischen Diskurse.

Obwohl er sich politisch isoliert fühlt, ist er neben Hans-Jürgen Krahl und Karl Dietrich Wolff einer der bekanntesten

Sprecher des SDS in Frankfurt, denn die Medien lieben ihn nach wie vor, und er weiß das zu genießen. Sein Buch über den Linksradikalismus erscheint im Herbst 1968; als junger Star stolziert er über die Frankfurter Buchmesse. Der Friedenspreis des Deutschen Buchhandels soll dieses Jahr an den senegalesischen Staatspräsidenten und Schriftsteller Léopold Sédar Senghor verliehen werden. Rund 2000 Demonstranten protestieren dagegen vor der Paulskirche. Sie werfen Senghor vor, mit den Kolonialisten zu paktieren.

»Eins! Zwei! Drei!« rufend versucht Dany mit einem Hechtsprung die polizeilichen Absperrungen zu überwinden. Er wird im Würgegriff davongetragen und festgenommen. »Das war wirklich ein Schock für mich, wieder im Knast zu sein«, schreibt er im *Großen Basar*, »nach zwei, drei Tagen sah ich mich schon ein halbes Jahr im Knast sitzen. Ich lag auf meinem Bett, konnte nicht schlafen und mußte ständig weinen.« In einem Schnellverfahren wird er wegen Aufruhrs, Landfriedensbruchs, Beamtennötigung und schweren Hausfriedensbruchs zu acht Monaten Haft, ausgesetzt zu drei Jahren auf Bewährung, verurteilt. Nach Berufung und Revision wird das Verfahren 1970 endgültig eingestellt.

Er heiße Kuron-Mozelewski, antwortet Cohn-Bendit im Berufungsverfahren auf die Frage nach seinem Namen. Da ist ihm wieder etwas eingefallen; so bringt er zwei in Polen verurteilte Demonstranten ins öffentliche Gespräch. Als er nach seinem Einkommen gefragt wird, wedelt er stolz mit seinem letzten Kontoauszug: 101 543 Mark vom Rowohlt Verlag. Zischen aus dem Publikum. Schnell, bevor die Unmutsäußerungen sich steigern können, verkündet er: »Das Geld ist für die Genossen!« Hat er es wirklich irgendwelchen Genossen gespendet? Antwort heute: »Nö, glaube ich nicht, habe ich nicht.«

Seine Verteidigungsreden im Gerichtssaal sind theatralisch-agitatorisch, oft zeigt er sich witzig bis provokativ, wird auch mal ausfallend, doch können sich selbst die Hohen Gerichte seiner Wirkung nicht ganz entziehen. Am Ende des Berufungsverfahrens zeigt sich der Landgerichtsdirektor überzeugt, daß der »hochintelligente, von Eitelkeit nicht freie Herr Cohn-Bendit bald zu einem geordneten Leben findet«.

Cohn-Bendit ist inzwischen eingeschriebener Student am Soziologischen Seminar der Johann-Wolfgang-Goethe-Universität, Heimat der Frankfurter Schule, die unfreiwillig die theoretischen Grundlagen für die studentische Revolte formuliert hat. Theodor W. Adorno und Max Horkheimer, die ihr Hauptwerk *Dialektik der Aufklärung* bereits während des Nationalsozialismus verfaßt haben, kehren 1949 aus dem kalifornischen Exil zurück. Ihre Kritische Theorie ist eine Bestandsaufnahme der kapitalistischen Gesellschaft, ein Versuch, den Marxismus an moderne Verhältnisse anzupassen. Sie findet unter gemäßigten Linken viele Anhänger, stößt bei der sich radikalisierenden Studentenbewegung aber zunehmend auf Ablehnung und Zynismus. Den Stein aufzuheben, unter dem das Böse lauere, dazu hatte Adorno aufgefordert. Die Studenten heben 1968 die Steine auf und – werfen.

Nach der Verabschiedung der Notstandsgesetze im Juni 1968 richtet sich der Protest der Außerparlamentarischen Opposition, der APO, gegen die »Büttel des autoritären Staates«, wie es in einem Flugblatt heißt. Gemeint sind die Professoren des Fachbereichs, neben Adorno und Habermas Alexander Mitscherlich und Ludwig von Friedeburg. Die seien, so meinen die Studierenden, nur kritisch in der Theorie und angepaßt in der Praxis, das habe man gründlich satt. Sie fordern mehr Mitbestimmung über Forschung und Lehre, selbstorganisierte Kurse und Seminare. Dann kommt es zur Besetzung des Seminars in der Myliusstraße, das nun in »Spartakus Seminar« umgetauft wird. Die Professoren bemühen sich um einen Kompromiß, wenden sich jedoch entschieden gegen die Aktionsformen der Protestler und Parolen wie »Zerschlagt die

Wissenschaft!«. Nach zehn Tagen lassen sie das Institut von der Polizei räumen.

Jürgen Habermas, Dozent an Adornos Fachbereich, wirft den Studenten »linken Faschismus« vor. 25 Jahre später wird Daniel Cohn-Bendit, einst beteiligt an der Besetzung des Instituts, ihm recht geben.

Die Hochschule als Wissenschaftsstätte liegt Cohn-Bendit wie vielen seiner Kommilitonen damals nicht so sehr am Herzen. Hat er denn in Frankfurt tatsächlich studiert? »Nee, ich war bei zwei Veranstaltungen von Friedeburg. Ich habe immer die These vertreten, daß ich meine Doktorarbeit 68 auf der Straße gemacht habe und daß mich niemand einstellen wird, weil ich noch einen Abschluß mache in irgend etwas.« Die Professoren aus Nanterre schicken ihm netterweise sein Zwischendiplom, das er aufgrund der Ausweisung nicht auf normalem Wege erwerben konnte, ohne Prüfungen frei Haus. Damit er weiterhin Anspruch auf die Waisenrente hat, muß er Student sein. Und so beobachtet ihn im April 1969 ein Reporter der *Frankfurter Rundschau*, wie er sich noch fix immatrikuliert, bevor er mit anderen SDSlern die Studierenden in der Warteschlange zum Boykott der Einschreibung aufruft.

Für ihn ist die Uni Diskussionsforum und politisches Betätigungsfeld. Der Kampf um die Struktur von Lehre, Forschung und Studium ist nur ein Vehikel im Kampf um die Struktur der künftigen Gesellschaft. Nicht wenige Studenten haben nach einiger Zeit allerdings ihre gesellschaftliche Vorreiterrolle satt. Als Cohn-Bendit und Krahl für einen mehrere Semester andauernden Streik plädieren, verlangen Studierende der Erziehungswissenschaft auf ihrer Vollversammlung: »Soziologen raus!« und meinen damit nicht zuletzt den Vielredner Dany: »Wir brauchen den Kapitalisten Cohn-Bendit und seine Soziologen nicht!« Naja, ihm ist sowieso klar, daß der Glaube an einen Sieg in diesem Kampf Illusion ist.

Auch sonst ist dies ein grauer Winter für ihn. Seine Anwälte scheitern in Paris, die Ausweisung wird gerichtlich bestätigt. Er aber kann sich mit seinem neuen Leben einfach nicht abfinden, hat unsägliches Heimweh, vor allem nach seinen Freunden. So kauft er sich ein Flugticket nach Paris und kündigt in einem Interview mit der Zeitung *Combat* an, er werde mit ordentlichen Papieren und ungefärbten Haaren erscheinen, um mit den Behörden über sein Einreiseverbot zu sprechen: »Ich nehme das Flugzeug der Air France, das in Rom am Samstag um 15.25 Uhr startet und um 17.25 Uhr in Orly landet. Ich kündige meine Absicht öffentlich an, weil ich nicht heimlich zurückkommen will. Ich kehre legal zurück. Ich will, daß man die Ausweisung aufhebt. Ich habe Lust, wieder dort zu leben, wo ich die meiste Zeit gelebt habe. Eine einzige Sache zählt: Ich will in Frankreich wieder ein normales Leben aufnehmen, und die einzige Möglichkeit für mich, diesem Mythos zu entfliehen, der um meinen Namen kreiert wurde, ist, wieder in dem Milieu zu leben, wo ich immer gelebt habe.« Daniel Cohn-Bendit will wieder Soziologie-Student in Nanterre werden.

Bei seiner Ankunft ist der Flughafen in Alarmbereitschaft. Es wimmelt von Polizei. Von der Besucherterrasse aus wird jeder Winkel des Rollfeldes durch Ferngläser beobachtet. Nach der Landung wird das Flugzeug sofort umstellt und durchsucht, bevor irgend jemand aussteigen darf. Der französische Staat fürchtet, das einfallsreiche Enfant terrible habe sich am Ende doch wieder irgendeine List ausgedacht. Nachdem alle anderen Passagiere das Flugzeug verlassen haben, geleiten zwei Polizisten den heimwehkranken Rückkehrer zu einer schwarzen Limousine. Doch fährt diese nicht zum Flughafengebäude, sondern schnurstracks zu einem anderen Flieger, der kurz darauf Kurs auf München nimmt. Über einen Freund läßt er den wartenden Journalisten eine Nachricht auf der Rückseite seiner Bordkarte zukommen: »Ich glaube, die Staatsmacht wird schnell erkennen müssen, daß es sich hier nicht um eine symbolische, öffentlichkeitswirksame Geste handelt, sondern daß ich wirklich nach Frankreich zurückkehren will, und ich werde zurückkehren. Jenseits der Symbolik wird eines Tages das Interesse der Öffentlichkeit abnehmen, der Marktwert Cohn-Bendits wird sinken, und dann werde ich zurückkommen.«

Vorläufig aber sinnt er nach neuen Möglichkeiten, seine französischen Freunde und Genossen wiederzutreffen, und kommt auf die Idee, gemeinsam mit ihnen und keinem Geringeren als Jean-Luc Godard einen »linken Western« zu drehen. Alle Türen stehen ihm offen. »Nach den Ereignissen im Mai 68 konnte ich mir plötzlich eine Reihe von Träumen erfüllen, wie sie die meisten Menschen haben. Zum Beispiel einen Film zu machen – davon träumt jeder«, schwärmt er im *Großen Basar*. Revoltierende Minenarbeiter, die die Waffen gegen ihre Aufseher richten, schweben ihm vor. Er träumt davon, auf diesem Wege die Hollywood-begeisterten Massen zu erreichen. Würde man vor einem Fabriktor eine Leinwand aufstellen, anstatt Flugblätter zu verteilen, hätte man dann nicht sofort eine Traube von interessierten Arbeitern um sich herum? Unglaublich, daß die revolutionären Organisationen »auf der Stufe des Papiers stehengeblieben« sind! Warum eigentlich hat die *Ligue Communiste* in Paris ein Lokal, Büros, eine Druckerei, aber kein Kino?

Aus dem alternativen Western wird nichts. Eine »Schnapsidee«, findet Cohn-Bendit heute. Denn weder er noch die anderen beteiligten Genossen haben auch nur die geringste Ahnung von der Kinematografie. Und Godard hat einfach seine eigenen Ideen. Also erfüllen sie mit Müh und Not die Anforderungen des Vertrags und verprassen die Gage – nicht ganz, einen Teil geben sie an politische Gruppen weiter. »Godard gegenüber war das eine ziemlich Sauerei. Er hatte erwartet, daß es wenigstens zu Diskussionen, zu einem Meinungsaustausch

Sabine Stamer

käme, wir waren unfähig dazu. Wir verlebten das Geld vom Film wie verwöhnte Kinder reicher Eltern.« Godard vollendet den Film im Alleingang. Er kommt später unter dem Titel *Ostwind* heraus und hat mit den Vorstellungen der Genossen nichts mehr gemein. Und so bleibt auch Danys Traum von einem Monumental(was sonst?)-Film über den Aufstand von Kronstadt unerfüllt, obwohl er doch das Drehbuch schon längst im Kopf hat. Fertig zum Diktat sozusagen.

Eine Liebesgeschichte zwischen einem bolschewistischen Matrosen und einer jungen Anarchistin sollte es werden, skizziert er die Idee im *Großen Basar*: »Diese Identifikation von Frauen mit den Anarchisten ist für mich immer sehr witzig: Das entspricht ihrer Art, ganz direkt an politische Probleme heranzugehen. ›Wir haben nichts zu essen, wir wollen entscheiden! Was soll das ganze Gerede: Die russische Revolution wird von der Partei der Bolschewiki verkörpert? Die russische Revolution, das sind die Männer und Frauen, die in ihr leben.‹ Und er würde darauf sagen: ›Das stimmt, aber die Weißen greifen in der Ukraine an und bedrohen Leningrad. Man muß die Nahrungsmittel auf ganz Rußland aufteilen.‹« Die Idee kam ihm während einer Vorführung von *Doktor Schiwago*. Da hat er vor Wut geweint und so laut »Scheiße!« gebrüllt, daß er fast aus dem Kino geflogen wäre.

Im Verlauf dieses Sommers in Italien treffen sich die Brüder Cohn-Bendit und einige Freunde mit Jean-Paul Sartre und Simone de Beauvoir, die sie für eine Mitarbeit bei der Monatszeitschrift *Les temps modernes* gewinnen wollen. Die jungen Revoluzzer sind zurückhaltend. Zeitschrift sei nicht sein Ding, wehrt Dany ab, er schreibe nicht gerne. So sitzen sie an einem lauen Sommerabend in Rom auf der Piazza Navona, plaudern über den Sinn und Unsinn politischer Zeitschriften, über Gott und die Welt und natürlich auch über den Pariser Mai, der mittlerweile ein Jahr zurückliegt. Und dann, um halb elf schon, drängt de Beauvoir zum Aufbruch, da Sartre am nächsten Morgen schreiben müsse. Der aber würde gerne noch weiterplaudern und den schönen Abend genießen. Eine halbe Stunde Verlängerung gewährt sie ihm ausnahmsweise.

So die Version der Brüder Cohn-Bendit, die überrascht und sauer sind, als sie einige Jahre später lesen, wie sich Simone de Beauvoir in ihrem Buch *Alles in allem* an dieses lauschige Beisammensein erinnert. Die jungen Leute schienen ihr nervös und untereinander zum Teil verfeindet. Jeder habe seine eigene Rolle während des Pariser Aufstands hervorgekehrt, während man sich gegenseitig Veteranenmentalität vorgeworfen habe. Die Cohn-Bendits meinen, es sei in Wirklichkeit Sartre gewesen, der immer wieder über alte Zeiten habe reden wollen. Und sein persönlicher Eindruck vom großen Philosophen-Paar darüber hinaus? »Ach, Sartre war niedlich, und sie war für mich unerträglich, aber ich habe eine gute Freundin, die die ganz toll findet und meint, sie könnte auch anders sein.«

Vielleicht aber war de Beauvoirs Gespür für die Atmosphäre ganz so falsch nicht. Denn immerhin merkt Cohn-Bendit selbst in diesem Sommer, daß sich seine Beziehungen zu den Genossen von der Bewegung 22. März langsam aber sicher auflösen. Trotzdem wünscht er nichts sehnlicher, als endlich wieder frei nach Frankreich reisen zu können.

1974 schreibt er an den aktuell gewählten Staatspräsidenten Giscard d'Estaing. Vergeblich. Ehemalige Widerstandskämpfer, katholische Organisationen, Hunderte von Persönlichkeiten aus dem Universitätsbereich und die Liga für Menschenrechte setzen sich für ihn ein. Ohne Erfolg. Eine Generalamnestie für die 68er-Ereignisse hat längst alle Beteiligten von juristischer Verfolgung befreit. Die Länder der Europäischen Union haben inzwischen einen Vertrag unterzeichnet, der ihren Bürgern freizügige Bewegung in allen Mitgliedsstaaten gewährt. Doch für den deutschen Juden Daniel Cohn-Bendit gilt das alles nicht.

Nicht einmal für ein öffentliches Rede-Duell mit dem ehemaligen Polizeipräsidenten von Paris, Maurice Grimaud, darf er französischen Boden betreten. Er wird aus Genf zugeschaltet. Grimaud bedauert, daß Cohn-Bendit nicht an seiner Seite sitzt. Bald wird man den zehnten Jahrestag der Revolte feiern. Danys Bruder Gaby setzt noch mal alle Hebel in Bewegung und findet viele prominente Unterstützer, unter ihnen sogar Georges Séguy, Führer der Gewerkschaft CGT, der sich im Mai 1968 nichts Schlimmeres vorstellen konnte, als mit »Dany le Rouge« in einer Reihe zu demonstrieren. Zehn Jahre danach sei eigentlich die Zeit der Versöhnung gekommen, befindet auch Jean-Paul Sartre in *Le Monde*. »Sonst müßte Cohn-Bendit einen wirklich großen öffentlichen Fehler begangen haben. Welchen? Denkt man etwa, er habe das Mai-Ereignis gemacht, wie ein Bildhauer eine Statue macht?«

Vielleicht wäre eine Aufhebung des Einreiseverbots just zu diesem Zeitpunkt zu symbolträchtig gewesen. Zudem stand auch noch die Entscheidung eines Gerichts aus, das Cohn-Bendits Anwälte angerufen hatten. Jedenfalls läßt Giscard d'Estaing erst im September 1978 durchsickern, daß »das Problem Cohn-Bendit nicht ungelöst bleiben werde«. Und dann wird es noch Dezember, bis das Einreiseverbot endlich aufgehoben ist. Dany will sofort nach Frankreich und beschließt, Weihnachten im Ferienhaus seines Bruders in den Pyrenäen zu verbringen.

»Es war die Hölle!« schreibt Gaby Cohn-Bendit über das erste Wiedersehen auf französischem Territorium. »Dany konnte nicht die Nase hinausstecken, ohne in die Teleobjektive, die die hohen Äste der Bäume dekorierten, zu blicken. Er hat dieses Weihnachten 1978 in schrecklicher Erinnerung behalten und kam erst beinah 20 Jahre später wieder zu uns in die Berge.« Als sei der erste Heimatausflug nicht schon genug vermasselt, wird er anschließend auch noch in Paris von einer Gruppe junger Faschisten tätlich angegriffen. Sie verfolgen ihn, als er ein Restaurant verläßt, und traktieren ihn – schon am Boden liegend – mit Faustschlägen und Fußtritten. Schlimmeres wird verhütet, weil ein Passant eingreift.

Die Freude an der neugewonnen Bewegungsfreiheit können ihm die ersten negativen Erfahrungen nicht verderben. Allerdings denkt er mittlerweile gar nicht mehr daran, nach Paris zurück zu ziehen. Er hat sich verliebt, und das mildert den Aufprall nach dem Höhenflug. Nun, 1978, ist diese erste deutsche Liebesbeziehung zwar längst in die Brüche gegangen, doch hat sie ihm dennoch geholfen, sich in Frankfurt einzuleben. Jetzt ist er einfach froh, daß er beides haben kann: Frankfurt – Paris und zurück.

Seelendiebstahl –
Der unjüdische Jude

Eines Abends, Dany ist etwa acht Jahre alt, will er partout nicht einschlafen. »Gute Nacht!« sagt ihm seine Mutter mehrmals, doch er bleibt aufrecht und steif im Bett sitzen: »Heute nacht schlafe ich nicht!« Warum denn nicht, will Herta wissen. Dany erklärt, der Rabbi habe während des Religionsunterrichts erzählt, daß Gott den Menschen nachts die Seelen wegnehme, um sie ihnen am folgenden Morgen wieder zurückzugeben. Zwar glaubt der Junge nicht, daß Gott bösartig sei und die Seelen stehlen wolle, doch könnte es nicht vorkommen, daß er einmal unabsichtlich vergessen würde, so ein Seelchen zurückzugeben, zumal doch so viele Menschen auf der Welt leben? Und wenn es sich zufällig um seine, Danys, Seele handele, dann würde er eines Morgens nicht mehr aufwachen. Davor hat er große Angst und hat deswegen beschlossen, lieber nicht mehr zu schlafen.

Diesen Religionsunterricht besucht er nie wieder, und auch keinen anderen. Ohnehin ist er erst ein-, zweimal dort gewesen; mehr an religiöser Erziehung wird er für den Rest seines Lebens nicht genießen. Das jüdische Milieu ist ihm dennoch vertraut, er besucht einen jüdischen Kindergarten und verbringt seine schulfreien Tage in der jüdischen Schule, wo Herta arbeitet. »Zwar hat meine Mutter immer in jüdischen Kreisen

gelebt, ich hab' aber von der Pubertät an nie in jüdischen Kreisen verkehrt und mich nie für jüdische Kreise interessiert«,
antwortet Cohn-Bendit der Zeitschrift *Semit* auf die Frage, wie
er es mit dem Judentum halte.

Als sein Großvater väterlicherseits, Alex Cohn, im Ersten
Weltkrieg eingezogen wurde, fragte man ihn zunächst mal
nach seiner Religion. »Jude!« antwortete er mit Bestimmtheit.
Da herrschte ihn der Feldwebel an: »Wenn Sie sich nicht innerhalb von fünf Minuten eine anständige Religion aussuchen,
dann kommen Sie zu den Atheisten.« Das wäre gar nicht so
verkehrt gewesen, denn religiös ging es bei den Cohns eigentlich nicht zu. Einmal im Jahr, zu Yom Kippur, besuchte die
Familie traditionell die Synagoge, öfter nicht. Zu Weihnachten
gab es immer einen Weihnachtsbaum. Der erstaunten Groß-
mama, also Danys Urgroßmutter, erklärte man, der sei nur
wegen des Personals da. Kein Wunder also, daß Danys Vater
Erich ein vollkommen ungläubiger Jude ist.

Seine Mutter hingegen würde gerne mehr auf die Ein-
haltung der Bräuche achten. Der Haushalt ihrer Eltern wurde
koscher geführt. Man wahrte die jüdischen Traditionen, wenn
auch mit Abstrichen. Manchmal ging Vater Albert am Samstag
in die Synagoge, manchmal ins Geschäft. Als Kinder spielten
Herta und ihre Schwester Alice zu Hause katholische Prozes-
sion mit viel Pomp, ohne daß jemand daran Anstoß nahm.
Als Jugendliche revolutionierte Herta den koscheren Haushalt, indem sie ihre Freundinnen mit Schinkenbrötchen bewir-
tete. Das wurde geduldet, solange diese nicht mit den koscheren Nahrungsmitteln in Berührung kamen. In Berlin wurde
Albert Mitglied eines jüdischen Wohltätigkeitskomitees; die
drei Kinder engagierten sich später in einer zionistischen
Organisation.

Gerne hätte Herta Danys Bar Mizwa gefeiert, doch selbst
die Aussicht auf Geschenke kann den eigenwilligen Jungen
nicht überzeugen, sich beschneiden zu lassen. Der Vater ist auf

seiner Seite. »Wir sind eben jüdisch, wie wir rothaarig sind«, stellt sein Bruder Gaby fest. Daniel Cohn-Bendit selbst ist überzeugter Atheist jüdischer Abstammung. Sein Alltag ist vom Judentum in keiner Weise geprägt. »Ich bin sehr unjüdisch. Meine Frau ist nicht jüdisch, ich gehe nicht in die Synagoge, ich bin nicht beschnitten, mein Sohn ist nicht beschnitten, ich bin nicht religiös.«

Hat Bélas Geburt ihn vielleicht veranlaßt, seine eigentlichen Wurzeln freizuschaufeln, sich vielleicht doch seiner jüdischen Herkunft und der Traditionen zu besinnen? »Nee, überhaupt nicht!« Er könnte ihm auch nicht viel vermitteln, da er sich doch kaum auskennt in der jüdischen Kultur. Die Geschichte der Juden, ihre Verfolgung, das kann er weitergeben, erzählen, warum seine Eltern fliehen mußten, warum seine Großmutter umgebracht wurde. Béla war noch nie in einer Synagoge. Er war auch noch nie in einer Kirche. »Ich erzähle ihm nichts von Chanukka, also laß mich in Ruhe mit Weihnachten!« legt er seiner Frau regelmäßig nahe. Doch das ist mehr Koketterie. Also wird Heiligabend bei ihm zu Hause gefeiert? »Ja«, antwortet er unwirsch, »Weihnachten werden Geschenke verteilt, jaja.« Kein geschmückter Tannenbaum? »Doch, einen Weihnachtsbaum machen die [!] auch. Aber da bin ich immer zurückhaltend.«

Solange es Antisemiten gebe, betont er, bleibe er trotz aller Ungläubigkeit ein Jude, geprägt von der Erfahrung seiner Eltern, die von den Nazis verfolgt wurden. Auch wenn er das lange Zeit verdrängt hat und wenn es für ihn keinen zentralen Stellenwert einnimmt, die Öffentlichkeit sieht ihn seit 1968 als Juden. Tausende von Studenten protestierten damals schon in Paris, wie bereits erwähnt, gegen seine Ausweisung mit der Parole: »Wir sind alle deutsche Juden!« Und auf der anderen Seite forderte ein Pulk von Antisemiten auf der gaullistischen Demonstration: »Cohn-Bendit nach Dachau!«

Als Dany achtzehn ist, während er die Odenwaldschule besucht also, meldet Herta ihn auf einem billigen Frachter für eine Reise nach Israel an, wo er in einem Kibbuz arbeiten soll. »Ich fand nämlich, daß Dany sich für einen Juden sehr wenig für jüdische Probleme interessiert, und ich bin der Meinung, daß es wichtig ist, Israel kennen und eventuell schätzen zu lernen«, schreibt sie an den Schulleiter.

Cohn-Bendit gefällt das Gemeinschaftsleben im Kibbuz. Auf dieser Reise, so sagt er später, habe er ein Gefühl dafür bekommen, wie notwendig Israel nach dem Holocaust als jüdisches Refugium sei – und wie gefährdet. Das Schiff, auf dem er anreist, steuert versehentlich gen Ägypten und befindet sich plötzlich in feindlichen Gewässern. Die israelischen Passagiere sind sehr aufgeregt, wissen sie doch, daß sie im Feindesland Ägypten mit längeren Gefängnisstrafen rechnen müssen. »Wenn ein Jude Israel besucht«, erklärt Dany in seinem Reisebericht für die Schülerzeitung, »kann er also nicht als einfacher Tourist betrachtet werden. Es begegnet ihm eine Vielfalt von Problemen, die seine Betrachtungsweise stark beeinflussen.«

Die israelischen Jugendlichen, die er im Kibbuz trifft, können nicht verstehen, daß er in Europa bleiben will, obwohl Israel ihn so dringend brauche. Er wiederum kann sich absolut nicht vorstellen, in Israel zu bleiben. »Ich bin weder für noch gegen Israel«, formuliert er 1992. »Ich will nicht in Israel leben, kann aber abstrakt verstehen, warum gerade nach 1945 eine Menge Juden nach Israel wollten ... Ich bin weder Zionist noch Antizionist. Ich bin ein Nicht-Zionist.« Für ihn bildet die Diaspora die ideale Heimat.

Als im Juni 1967 der Sechstagekrieg ausbricht, studiert Cohn-Bendit bereits in Nanterre bei Paris und besucht nun erstmals eine pro-israelische Versammlung. »Es war fürchterlich, lauter chauvinistische und nationalistische Juden. Da bekam ich zum ersten Mal den jüdischen Rassismus zu spüren: Genauso ziehen die Deutschen über die Türken her oder die Franzosen über die Nordafrikaner. Als ich zu erklären versuchte, daß die Israel-Frage kein Problem der nationalen Einheit sei, wurde mir fast der Schädel eingeschlagen. Keiner war in der Lage, die Sache wirklich zu diskutieren. Meine Identität als Jude ging in die Brüche«, beschreibt er das Erlebnis ein paar Jahre später im *Großen Basar*.

1969 reist Cohn-Bendit ein zweites Mal nach Israel, nun schon als Prominenter. Am Flughafen wird er vorzugsweise abgefertigt, der Zollbeamte bittet ihn um ein Autogramm. Man bringt ihm, dem kleinen rothaarigen Juden, der Charles de Gaulle das Zittern lehrte, viel Sympathie entgegen, denn schließlich hatte der französische Staatspräsident ein Embargo gegen das Land verhängt. In der arabischen Welt dagegen gilt Cohn-Bendit als erklärter Feind. »Der zionistische Agent Cohn-Bendit ist in Tel-Aviv eingetroffen ...«, meldet *Radio Kairo*.

Er selbst hält sich eng an die Genossen der Matzpen, der einzigen linken antizionistischen Organisation in Israel. Matzpen vertritt das Selbstbestimmungsrecht aller Völker im Nahen Osten. Mit ihnen diskutiert er seine Position für die geplanten Veranstaltungen. Heraus kommt dabei, so faßt er es im *Großen Basar* später ironisch-abfällig zusammen: »Die übliche Show, daß sich alle lieben und so.« Übersetzt heißt das, er spricht sich sowohl gegen einen jüdischen als auch gegen einen palästinensischen Staat aus, gegen jegliche Aggression und für einen sozialistischen Nahen Osten, der von Arbeiter- und Bauernräten regiert wird.

Agitation für den Frieden wird – so kurz nach dem Sechstagekrieg – in Israel noch weit weniger gebilligt als heute, pazifistische Äußerungen werden wütend niedergeschrien. Die Genossen von der Matzpen werden auf offener Straße bespuckt. Emigranten aus Deutschland halten ihm vorwurfsvoll ihre KZ-Nummern entgegen und wollen wissen, was er denn nach 1945 gemacht hätte. Andere erklären die Palästinenser schlichtweg für unfähig, einen Staat zu lenken. Überall, wo er hinkommt, ist die Stimmung feindselig und prekär.

Die aufgeheizten ausweglosen Diskussionen hinterlassen bei ihm einen traumatischen Eindruck. Früher als vorgesehen reist er, desillusioniert und erschöpft, aus Israel ab. »Ich hatte eine Lektion über elitäres Verhalten und Rassismus erhalten ... Es ist manchmal schwierig, sich die Nazi-Ideologie von der Herrenrasse vorzustellen – hier in Israel ist sie ständig und überall gegenwärtig und greifbar. Eine ganze Generation von Jugendlichen hält sich für die Herrenrasse. ... Das hat mich so stark beeindruckt, daß ich schließlich keine Reden mehr halten konnte und wollte«, resümiert er im *Großen Basar* enttäuscht.

Im Gegensatz zu ihm stellen sich viele europäische Linke eindeutig auf die Seite der Palästinenser, zumal die Vereinigten Staaten, der »imperialistische Erzfeind«, pro-israelitisch agieren. Je länger der Konflikt schwelt, desto stärker manifestiert sich der Anti-Israelismus bei einem Teil der linken Bewegung. Bei einigen Terroristen, die ihre militärische Ausbildung in palästinensischen Lagern erhalten, ist er vom Antisemitismus kaum noch zu unterscheiden. Bei einer Flugzeugentführung selektieren sie 1976 in Entebbe unter den Geiseln Juden von Nicht-Juden.

Auch im Frankfurter Häuserkampf kommen antisemitische Stimmungen zum Ausdruck, denn einige der Spekulanten, gegen die sich die Bewegung richtet, sind Juden, unter ihnen der inzwischen verstorbene Ignatz Bubis. Nahezu in Vergessenheit geraten ist, daß das Westend, das Hausbesetzer Anfang der 70er Jahre vor der Zerstörung retten wollen, vor 1933 wesentlich durch ein jüdisches Bürgertum geprägt war. Mit dessen Vertreibung durch die Nazis begann bereits der Niedergang des Viertels, das dann als geeignetes Baugelände für Hochhäuser auserwählt wird, u. a. weil viele Hauseigentümer umgebracht worden oder ins Ausland geflüchtet sind. Jene Großbanken, die federführend bei der »Arisierung« jüdischen Grundbesitzes waren, sind jetzt die Hauptprofiteure der Zer-

Sabine Stamer

störung des Westends. Doch sie bleiben im Hintergrund, sind als anonyme Großinstitutionen weniger greifbar als einzelne namhafte Spekulanten.

Der Antisemitismus im Kampf für die Erhaltung des Westends kam allerdings mehr aus der rechten Ecke, meint Cohn-Bendit heute. Da mischen einige deutsche Bürger mit, denen es nur recht ist, daß sie nun alte Vorurteile aufpolieren können. Für sie ist die Zeit wieder reif, sie wollen endlich die »Juden wegjagen«. Auf seiten der Linken wird gedroht: »Bubis, du Gangster, bald bist du weg vom Fenster!« Für solcherart Parolen 30 Jahre nach Auschwitz schämt sich so mancher im nachhinein. Cohn-Bendit erinnert sich an ein Plakat, das eine italienische Migrantengruppe produziert hatte: »Die Schweine von heute werden die Schinken von morgen sein«, stand darauf zu lesen. »Das war im Zusammenhang mit der deutschen Geschichte und der Herkunft der Spekulanten in Frankfurt eine Entgleisung. Da haben wir sofort dagegen gehalten.«

Zu den alten Freunden seiner Familie hat er in jenen Tagen wenig Kontakt. Doch denen entgeht natürlich nichts. Auch Gisela von Seefeld, die einstige Freundin seines Vaters, erfährt von Danys Revoluzzer-Karriere. Auf seine Pariser Taten ist sie noch recht stolz: »Mensch, der macht da einen Radau, der stürzt den de Gaulle noch. Ich fand das ganz toll.« Doch der Frankfurter Radau wird mit Skepsis betrachtet: »Und ausgerechnet am Jom Kippur haben die da im Grüneburgweg diese Villa beschmissen. Da haben selbst die liberalsten Juden gesagt: Wenn ich Cohn heiße, ist das eine Schweinerei, am höchsten Feiertag!«

Cohn (oder Cohen), das ist nämlich nicht irgendein jüdischer Name, sondern einer, der ausweist, daß man abstammt von den hohen Priestern, den Cohonitern. Ausgerechnet ein Cohn probt nun an diesem Tag, der der Versöhnung gewidmet sein soll, den Aufstand. »Und das war ganz nah an der Synagoge noch dazu. Sich mit dem Steinewerfen so demonstrativ vom

Judentum zu entfernen, das wäre ja sogar seinem Vater noch heilig gewesen«, meint Gisela von Seefeld. »Er kann sein Judentum nicht verlassen, selbst wenn er das wollte. Das hat schon Tucholsky gesagt: Austreten geht nicht.«

Daß an jenem Tag ausgerechnet Jom Kippur gefeiert wurde, das wird Dany damals gar nicht gewußt haben. Er möchte mit der jüdischen Gemeinde noch weniger zu tun haben als sein Vater. »Ich will mich nicht einfach eingemeinden lassen!« betont er heute noch. Nirgends? »Ja, das ist das Problem.« Als die Gemeinde allerdings 1985 in Frankfurt gegen die Aufführung von Rainer Werner Fassbinders Theaterstück *Der Müll, die Stadt und der Tod* den Aufstand probt, da freut er sich: »Das war deren Coming-out. Ich weiß noch, wie sie mich 68 gewarnt haben: Dany, vorsichtig, nicht nach vorne, die Deutschen mögen das nicht, wenn die Juden so nach vorn treten. Deswegen fand ich toll, daß die jüdische Gemeinde zu einer politischen Identität gefunden hat. Das war ihr Coming-out, die haben ihre gesellschaftliche Funktion wahrgenommen als Gemeinde.«

So triumphiert er, obwohl er Fassbinders Stück ganz anders beurteilt: »Ich fand nicht, daß Fassbinder ein antisemitisches Stück geschrieben hat. Ich fand, daß er im Grunde genommen etwas Richtiges artikuliert hat, nämlich daß die Juden eine Distanz zu dieser Gesellschaft haben, aus der heraus sie sagen: ›Warum jammern mir die Deutschen was vor? Damals als wir ins KZ geholt wurden, habt ihr auch nicht gejammert!‹ Ich finde, Fassbinder hat ein richtiges Problem dargestellt aus der Gefühlswelt von Juden gegenüber den Deutschen.« Dementsprechend befürwortet Cohn-Bendit die Aufführung des Theaterstücks. Gleichzeitig begrüßt er, daß Frankfurter Juden bei der Uraufführung die Bühne besetzen. Ein Dilemma? Nicht für Daniel Cohn-Bendit. Diese Ambivalenz verpaßt ihm erst den richtigen Adrenalinstoß, der seine unkonventionellen Ideen herauskatapultiert. Man solle das Stück doch um die

Sabine Stamer

Besetzer herum uraufführen. »Das wäre top, das wäre grandios gewesen!« Aber leider finden die Schauspieler diesen Einfall gar nicht großartig. Das Stück wird in Frankfurt nie öffentlich aufgeführt.

Das Magazin *Theater heute* allerdings ist seinerzeit von seiner Intervention begeistert: »Am Abend der nicht stattgehabten Premiere sprach die Sprache des Theaters, mit der Menschlichkeit und dem Geltungsdrang aller großen Schauspieler, nur Daniel Cohn-Bendit. Der noch immer sprühende, jugendlich bewegte Veteran der 68er Revolte machte sich im Besitz seiner dialektischen Redemacht zum Anwalt *beider* Seiten und versuchte, aus dem Zuschauerraum noch Brücken der Verständigung zu schlagen zwischen Empörten und Beschämten, zwischen Ratlosen und Rechthabern, zwischen Publikum und Bühne. Der rotgrüne Dany – die großen Worte berufen nicht viel – zeigte sich als wahres Kind des weisen Nathan und hatte das Gespür für den vernunftübergreifenden Konflikt zwischen Moral und Ästhetik: als er gleichermaßen Verständnis zu beschwören suchte für die legitime Irrationalität des Künstlers Fassbinder und die eines Demonstranten, der seine Jugend nicht in germanistischen Seminaren, sondern in deutschen Konzentrationslagern verbracht hatte.«

Als Cohn-Bendit 1989 Dezernent für multikulturelle Angelegenheiten wird, bekommt er verstärkt zu spüren, daß er Jude ist. Ein Jude kümmert sich um die Belange von Nicht-Deutschen, das ist manchem zuviel, und so erreichen ihn Beschimpfungen wie »Du gottverdammtes rotes Judenschwein ...«. Solche Schmähungen, gar Drohungen erhält er häufiger.

Cohn-Bendit legt es geradezu darauf an, die Kritik von beiden Seiten auf sich zu ziehen, und so verkündet er, wohl wissend, daß er damit »schockieren« wird, er wolle die Debatte um die Flüchtlinge »aus der deutschen Geschichte herauslösen«. Einen Trennungsstrich ziehen also zwischen Holocaustopfern damals und Asylbewerbern, Einwanderern heute. Rational diskutieren, anstatt mit dem ewigen Schuldkomplex zu argumentieren, dafür spricht er sich aus: »In 50 Jahren ist der Schlußstrich eh gezogen, schon biologisch. Die Frage ist, ob wir anständig diesen Übergang der Generationen vollziehen und in unserem Gedächtnis einprägen, was da passiert ist, oder ob wir einen Schein-Nichtschlußstrich haben und uns damit in die eigene Tasche lügen.«

»Wir halten nichts davon, die Deutschen unter antifaschistische Quarantäne zu stellen, wie es vielen Linken seit Jahrzehnten am liebsten wäre«, schreibt er in dem 1993 gemeinsam mit Thomas Schmid veröffentlichten Buch *Heimat Babylon*, »auch deswegen nicht, weil der Generalverdacht gegenüber den auf ewig für völkisch angesehenen Deutschen selbst wieder völkisch wäre und weil es immer falsch ist, auf rechte Tabus mit linken Tabus zu antworten.« Er kritisiert, daß die Schuld als Merkmal deutscher Identität dazu zwingt, jungen Menschen ein schlechtes Gewissen einzuimpfen, allein weil sie als Deutsche geboren wurden. Eine solche Erziehung habe die »perverse Auswirkung«, daß deutsche Jugendliche über den Nationalsozialismus nichts mehr hören wollten.

»Man muß den Leuten einfach sagen, wie es war«, empfiehlt er im Sinne von Hannah Arendt. »Man muß abwarten können, was die Menschen mit dieser Kenntnis anfangen, ohne zugleich schon mitzuformulieren, was sie daraus machen müssen. Damit nimmt man ihnen nur die Möglichkeit, ihre eigene Auseinandersetzung zu führen«, meint er und spottet über die »linken Masochisten«, die Daniel Goldhagen[1] anhängen, weil sie sich um so edelmütiger fühlten, je schärfer einer Deutschland angreife.

Er ist Jude, wie er rothaarig ist und wie er Deutscher ist, eine

---

1 Daniel Goldhagens Buch *Hitlers willige Vollstrecker* löste 1996 eine Debatte darüber aus, ob der Holocaust ein typisch deutsches Phänomen sei.

Sabine Stamer

Laune der Natur, ein Zufall. Deutscher ist er auch aus purem Eigennutz, ohne sentimentale Bindungen, einfach, weil er nicht zum Militär wollte. »Eine Bedeutung jedenfalls hatte diese Staatsangehörigkeit für mich damals nicht.« Und heute auch nicht, so scheint's. So fehlt ihm auch gänzlich jene Schwere, die deutschen Dichtern, Denkern und Politikern zu eigen sein soll, wenn sie über ihr Verhältnis zu ihrem Land nachdenken: »Weder quäle ich mich, wenn ich über Deutschland rede, noch verfalle ich pflichtschuldigst in tiefen Ernst. Ich fühle mich, im Unterschied zu den meisten Deutschen, auch nicht genötigt, an Deutschland zu leiden.«

Deutschland ist für ihn ein Land wie jedes andere auch, im Guten wie im Schlechten: »Auch wenn ich mit Deutschland hart ins Gericht gehe, will ich alles andere als den Eindruck erwecken, man könne dort nicht leben. Im Gegenteil. Man kann ohne weiteres in Deutschland leben. Und wer will, soll es nur tun.« So widerspricht er auch in aller Öffentlichkeit dem ehemaligen israelischen Präsidenten Ezer Weizman, der in Berlin sein Unverständnis dafür bekundet hatte, daß Juden heute wieder in Deutschland leben könnten. Daß sich ein israelischer Politiker derart äußert, findet Cohn-Bendit »unmöglich«.

Er hat auch keine schwerwiegenden Bedenken, als sich die beiden deutschen Staaten wiedervereinigen. Irgendwie scheint es ihm geradezu gleichgültig zu sein. Hat er sonst zu vielen Fragen des politischen Zeitgeschehens etwas beizutragen, meist lautstark und keineswegs kurz angebunden, so sucht man fast vergeblich nach Kommentaren zu einer der wichtigsten Debatten. Einmal macht er von sich reden, weil er ausgerechnet am 17. Juni 1990 statt des Tags der Deutschen Einheit ein Fest der Vielfalt organisieren will. Ansonsten scheint ihn nur ein Aspekt dieses historischen Ereignisses zu berühren. »Natürlich, als die Mauer fiel, da hatte ich Tränen in den Augen. Wenn Gefängnismauern fallen, ist das immer schön, ob das in Portugal ist, ob das Mandela ist oder ob es die Mauer in Berlin ist. So habe ich das gesehen, eine Gefängnismauer bricht zusammen. Das fand ich erfreulich.«

Und warum hat er sich in die politische Auseinandersetzung kaum eingemischt? »Ich habe gesagt, es ist eigentlich egal, was wir dazu meinen, es ist völlig uninteressant. Die Wiedervereinigung ist gelaufen. Die Menschen in der DDR wollen sie, die wollen keinen eigenständigen demokratischen Staat, die wollen der Bundesrepublik Deutschland beitreten. Nur wegen der D-Mark, haben welche geantwortet. Aber das ist mir egal, welche Begründung die Leute geben. Wenn sie es wollen, dann müssen wir das selbstverständlich akzeptieren.«

Ganz am Anfang hätte er lieber zwei deutsche demokratische Staaten gesehen, doch Angst gemacht hat ihm die Wiedervereinigung nie: »Ich fand das absurd, dieses Großdeutschlandsyndrom von 1945 zu mobilisieren, denn Deutschland war eingebettet in der Europäischen Union. Das hat keinen Sinn ergeben.« Gern hätte er Bonn als Hauptstadt behalten; eine Republik, die sich selbst zurücknimmt, das hätte ihm gefallen. »Diese provinzielle Bundesrepublik, das fand ich ganz angenehm. Aber jetzt ist es Berlin, ist mir auch egal.«

1993 dreht Cohn-Bendit für den Norddeutschen Rundfunk ein Feature über Juden in Frankfurt. *Angst im Rücken hat jeder von uns* lautet der Titel, der schon verrät, daß die meisten Interviewten Übergriffe befürchten und sich nicht wirklich heimisch fühlen in Deutschland. Er stellt immer wieder dieselbe Frage »Als was fühlst du dich? Als Jude? Als Deutsche? Als Frankfurter? Als deutsche Jüdin? Oder vielleicht als Jüdin in Deutschland?« Er insistiert, von jedem will er wissen: »Wer bist du?« Bemerkenswert, weil er doch selbst schon seit Jahrzehnten eine abgeklärte Standardantwort auf diese Frage bereithält, die auch ihm selbst immer wieder gestellt wird: »Ich bin ein Bastard!« Ist es vielleicht doch nicht so einfach, ein Bastard zu sein? Sucht er in den

Sabine Stamer

Antworten der Befragten neue Hinweise auf seine eigene Identität?

Nie hat er eine nationale Erziehung erhalten – wie sollte er auch, als Jude in der Diaspora? Nein, als Deutscher fühlt er sich nicht, als Franzose auch nicht. Er fühlt sich als Europäer und als Frankfurter. »Ich bin ein Bastard!« Basta! Ein »feiner« Bastard, fügt er manchmal hinzu, um Mißverständnisse zu vermeiden, oder gar ein »kluger« Bastard.

Austern für alle – Spontifex Maximus im Rhein-Main-Sumpf

Irgendwann im Jahre 1970 zieht Cohn-Bendit in ein Haus, das noch deutsche Geschichte schreiben wird, in die Bornheimer Landstraße 64, ein großes, marodes Eckhaus im Frankfurter Nordend. Berühmt wird diese Adresse erst 30 Jahre später, 2001, weil der deutsche Außenminister Joschka Fischer 1973 just dort die RAF-Terroristin Margrit Schiller beherbergt oder wenigstens mit ihr gefrühstückt haben soll. Schon zu jener Zeit genießt das Haus bescheidenen Ruhm, findet es doch sogar auf touristischen Stadtrundfahrten Erwähnung: »Und dort wohnte Daniel Cohn-Bendit.«

Fünf der sechs Wohnungen des Hauses werden von Wohngemeinschaften verwohnt, eine davon ist die »Männer-WG«, die Dany und Joschka ihr Zuhause nennen. Gegenüber auf demselben Stockwerk die Frauen-WG, in der Danys Freundin, Barbara Köster, eine engagierte Feministin, wohnt. Paare in ein und derselben Wohnung, das gehört nicht zum guten Ton in diesen Tagen, wo alles Althergebrachte über den Haufen geworfen wird. Eine Zweierbeziehung auf engem Raum, das wäre ja fast wie eine etablierte Ehe. Also wohnt Barbara gegenüber, kommt eines Nachts nach Hause und findet jemanden in ihrem Bett. Das ist so ungewöhnlich nicht, Offenheit und Gastfreundschaft sind Programm in dieser Szene.

Sabine Stamer

Der Mensch in Barbaras Bett entpuppt sich als Margrit Schiller, was keineswegs Aufregung verursacht, nicht nur weil die Grenzen zwischen linksradikaler und terroristischer Szene fließend sind, sondern vor allem, weil Schiller 1973 noch gar nicht zu den gesuchten RAF-Mitgliedern zählt. Unmöglich, meint Cohn-Bendit, damals im Haus für seine Neugier bekannt, den Überblick zu behalten, wer wann wo mit wem schlief. Die Betten seien immer voll gewesen. Die Frankfurter Staatsanwaltschaft, ihrerseits neugierig, leitet sogar ein Ermittlungsverfahren gegen Joschka Fischer ein, um nachträglich die Verhältnisse in den Wohngemeinschaftsbetten zu klären. Das Verfahren wegen Falschaussage des Außenministers wird bald eingestellt, weil viele Zeugen seine Version, Schiller habe nicht in *seiner* Wohnung übernachtet, bestätigen.

Die Berliner *tageszeitung (taz)* wirft im Zuge dieser öffentlichen Diskussion Licht auf »das Haus des Schreckens«. Sie ist bestens informiert, gehörte die Reporterin doch selbst zu seinen Bewohnern: »Das Haus ist zwar nicht besetzt, aber dennoch weitgehend befreites Gebiet: gemeinsam arbeiten, gemeinsam leben. Abgeschlossene Wohnungstüren gibt es nicht. Zum einen klemmen sie sowieso, weil die Schlösser beschädigt sind, zum anderen liegt im Hausflur ein nützliches Mitbringsel aus Frankreich. Das Austernmesser kommt als Türöffner zum Einsatz, wenn zum Beispiel im ersten Stock niemand zu Hause ist, im zweiten aber gerade eine Prise Salz, ein Buch oder ein Bett für einen durchreisenden Gast gebraucht wird. Freier Zugang für alle.«

Das Austernmesser hat Gaby aus Frankreich mitgebracht, und wenn er zu Besuch ist, dient es häufig seinem ursprünglichen Zweck, die frisch von der bretonischen Küste importierten Luxusmuscheln zu öffnen. Familie K., die einzigen bürgerlichen Bewohner des Hauses, hat nicht bloß sprichwörtlich die Nase voll vom Knoblauchgeruch der italo- und frankophilen Wohngemeinschaftsküche. Doch Dany hat die Gourmet-

Streifzüge mit seinem Vater nicht vergessen und bringt ein bißchen Savoir-vivre in die Bude. Austern schlürfen – das ist doch keine Schande, wie die verknöcherten K-Gruppen glauben machen wollen. Der Skandal ist nur, daß nicht alle im Luxus leben.

Und so lernt auch Joschka, Sohn eines Metzgers und in engem kleinbürgerlichen Milieu aufgewachsen, zu goutieren, was das Leben Schönes bietet. Für ihn eröffnet sich eine ganz neue Welt. Er bewundert den revolutionserprobten und welterfahrenen Dany zutiefst. Es wird Jahre dauern, bis aus dem Fan ein gleichberechtigter Partner wird. Cohn-Bendit wird solange der Bekanntere von beiden bleiben, bis Fischer ehrgeizig und besessen durch grüne Partei, Ämter und Instanzen immer weiter nach oben marschiert, und er wird ihn neidlos ziehen lassen, weil das sein Leben nicht sein kann.

Auf der letzten Versammlung des Sozialistischen Studentenbundes unternimmt Cohn-Bendit einen ultimativen Versuch, die bereits in Agonie befindliche Organisation zusammenzuhalten. Er appelliert, doch wenigstens den Stand der zahlreichen örtlichen Gruppen zu erforschen. Vergeblich, der einst einflußreiche Studentenverband hat seine Schuldigkeit getan und muß von der historischen Bühne abtreten. Er bringt es nicht einmal zu einer ordentlichen Selbstauflösung. Die Reste der Bewegung verstricken sich in marxistisch-leninistischen Parteigründungsinitiativen.

Aus der antiautoritären Fraktion des Frankfurter SDS entsteht die Betriebsprojektgruppe, später in Revolutionärer Kampf, kurz RK, umbenannt. Animiert durch eine Welle »wilder« Streiks im September 1969 will sie sich an das Proletariat heranwagen. Die Arbeiterklasse, so glaubt man damals, muß und wird die Umwälzung der Gesellschaft in Gang setzen. Der RK, eine Gruppe von rund 30 Leuten, überwiegend Studenten, setzt mehr auf spontane politische Aktionen als auf Theorie, er ist eindeutig anti-stalinistisch und versteht sich als Gegenbewegung zu den straffen, dogmatischen K-Gruppen. Wobei er natürlich selbst ein Produkt der Organisierungswelle jener Zeit ist und in der Praxis keineswegs so frei von Hierarchien, wie der Anspruch es verlangt. Nur wird man hier nicht durch Wahl, sondern quasi auf natürlichem Wege zum Häuptling, also durch Lautstärke und Durchsetzungsvermögen.

Es versteht sich von selbst, daß Cohn-Bendit nicht in der zweiten Reihe steht. »Der Dany gehörte immer zu den Bestimmenden aufgrund seiner Haltung«, erinnert sich Linda de Voss, eine damalige Genossin, »dieses Emotionale, Aufrührerische und Mitreißende, Charismatische, das hatte er damals schon. Aber er hatte auch etwas Überrollendes. Man fühlte sich oft an die Wand gedrückt durch diese vehemente Argumentation.«

Cohn-Bendit und seine Wohngemeinschaft gehören zu den Gründungsmitgliedern des RK. Heimlich und unerkannt müssen sie arbeiten, denn offene Agitation wird weder von der Betriebsleitung noch von den Betriebsräten geduldet. Mit gefälschten Papieren und Lebensläufen stellen sich die Genossen »beim Opel« (so der Jargon damals) in Rüsselsheim vor und werden – es herrscht Arbeitskräftemangel – tatsächlich eingestellt. Sie bilden die »Innenkader« der Gruppe.

Dany ist von der Arbeitspflicht befreit; der rothaarige Rebell ist zu auffällig für klandestine Unterwanderungsaktionen. Mit anderen »Außenkadern« ist er zuständig für Flugblätter und Betriebszeitungen. Da sie wohl insgeheim schon ahnen, daß die Mehrheit der deutschen Arbeiter nicht gerade revolutionsbereit ist, richten sie sich vor allem an die ausländischen Arbeiter. Dany hält Kontakt zu ausländischen Organisationen, vor allem zur italienischen Lotta Continua.

Seinen WG-Genossen Dieter Rauch, heute Lehrer und Theater-Regisseur, verschlägt es zusammen mit Joschka Fischer zum Motorenbau: »Ich bin damals jubelnd von einem Vorstellungsgespräch in die Wohnung zurückgekommen und habe gesagt: ›Ich bin am Band!‹ Das muß man sich heute mal vorstellen! Der Betriebsleiter hat versucht, mich zu überzeugen, doch lieber in eine Reparaturabteilung zu gehen, da ich doch ganz intelligent sei. Aber nein, ich wollte ans Band und habe dem vorgemacht, nee, mit dem Rechnen, das sei mir viel zu kompliziert, das könne ich nicht, ich würde mir nur das Band zutrauen. Das war eine ganz tolle Zeit. Wir sind immer morgens um vier aufgebrochen zur Frühschicht. Die andern, die nicht im Betrieb gearbeitet haben, wie Dany, waren sehr solidarisch, haben uns das Frühstück gemacht. Wir wurden wirklich auf Händen getragen. Innen-Kader zu sein war eine Auszeichnung. Es war eben eine bestimmte Zeit.«

Ein gutes Dutzend Leute findet sich zur Arbeit am Band bereit. »Wir haben ganz schön malocht. Es war hart für so Intellektuelle wie unsereinen«, erinnert sich Dieter Rauch. Während es der später als Kabarettist bekannte Matthias Beltz sage und schreibe sechs Jahre bei Opel aushält, wird Joschka Fischer bereits nach einigen Monaten fristlos entlassen. Auf einer Betriebsversammlung ruft er zum Streik auf, anschließend entwickelt sich ein Tumult vor dem Podium – und das war's dann.

Von ihrem wahren Leben in Frankfurt erzählen die Innen-Kader den meisten Kollegen am Band natürlich nichts. Was? Wohngemeinschaften, freier Sex, lange Haare? Die Arbeiter würden sie nicht mehr ernst nehmen. Und mal ehrlich, die Genossen sind froh, daß sie nicht noch ihre Freizeit mit dem Proletariat teilen müssen. Das »Abenteuer« Betriebsarbeit gestaltet sich reichlich schwierig. Obwohl ihm ein Jahr intensiver Vorbereitung vorausgegangen ist, obwohl es neben der »A-Gruppe« des RK, die sich über Kapitalverflechtung, Tarifrunden und Bilanzen die Köpfe zerbricht, noch eine »B-Gruppe« gibt, die sich mit der subjektiven Seite des Arbeiter-Daseins beschäftigt, nämlich mit Familie, Medizin und sonstigen Problemen des täglichen Lebens, springt der Funke einfach nicht über. Die revolutionäre Liebe der Aktivisten bleibt unbeantwortet. So stellt Cohn-Bendit beim Flugblatt-Verteilen fest: »Es ist mir leichter gefallen, mit Jugendlichen oder Emigranten zu sprechen als mit erwachsenen deutschen Arbeitern.«

In dieser eher frustrierenden Lage wird von manchem mit Spannung zur Kenntnis genommen, daß es im Frankfurter Westend zu brodeln anfängt. Im Rahmen der geplanten City-Erweiterung haben einige Spekulanten begonnen, alte Westend-Villen aufzukaufen. Vorsätzlich lassen sie sie leerstehen und verfallen, um sie dann abzureißen und sterile, aber lukrative Bürohochhäuser zu errichten. Dagegen hat sich, von der Linken nicht beachtet, eine Bürgerinitiative gebildet, der der Gedanke an grundlegende gesellschaftliche Umwälzungen allerdings fernliegt. Sie wollen schlicht und einfach das schöne alte Stadtviertel vor der Abrißbirne retten. Im Herbst 1970 wird das erste Haus besetzt.

Die revolutionären Kämpfer liebäugeln mit der neuen Bewegung. Eine seit langem leerstehende Villa im Grüneburgweg weckt ihre Phantasien. »Wir sind da häufiger vorbeigegangen«, erzählt Dieter Rauch, »und jeder von uns hatte schon gesagt: Oh, ich will dieses oder jenes Zimmer, ich will das Erkerchen, dieses Türmchen da haben ...« Doch noch sehen sie ihren Platz an der Seite des Proletariats; Hausbesetzungen gelten als Abweichung vom revolutionären Weg. Bis im Herbst 1971 eine kleine Initiativgruppe aus dem Umfeld des Revolutionären Kampfes die Villa tatsächlich besetzt. Das ist noch keineswegs eine politische Tat, sondern eine persönliche Überlebensstrategie. Ihnen wurde die Wohnung gekündigt, eine passende neue hatten sie nicht finden können.

»Am Anfang war der RK dagegen, auch der Dany ganz vehement«, weiß Linda de Voss, »weil das nicht politisch genug sei und zu subjektivistisch. Das wird immer unterschlagen. Im Grüneburgweg, da stand der Dany am Anfang noch auf der Straße und hat gerufen, wir sollen rauskommen. Erst als das so eine große Bewegung in Gang setzte, hat sich der RK schließlich für Hausbesetzungen ausgesprochen.«

Doch Cohn-Bendits untrügliches Gespür für Trends und Stimmungen sorgt noch am selben Tag dafür, daß er sich einreiht in eine Kette von Sympathisanten, die das besetzte Haus vor der Polizei beschützen wollen. Die Beamten haben Order, das Haus umgehend zu räumen. Es kommt zu einer erbitterten Straßenschlacht, aus der auch Cohn-Bendit mit Blessuren hervorgeht, da er versucht, mit bloßen Händen eine Rauchbombe aufzufangen. Es gibt zahlreiche Verletzte auf beiden Seiten, 24 Personen werden festgenomen. Die Innen-Kader sind ganz enttäuscht, daß draußen die »action« ohne sie abging. Diese Besetzung läutet eine neue Phase ein: den Frankfurter Häuserkampf.

Ein paar Tage danach ruft ein Aktionskomitee Hausbesetzer Frankfurt zu einer Demonstration gegen Mietwucher und Bodenspekulation im Westend auf. Als sich der Zug durch die Bockenheimer Landstraße bewegt, gehen im Haus Nummer 111 plötzlich die Rolläden hoch, Fahnen werden gehißt, Musik ertönt. Das Haus, das dem Immobilienmakler Ignatz Bubis gehört und ebenfalls abgerissen werden soll, ist besetzt. Die Demonstration wird zum Straßenfest bis in die frühen Morgenstunden umfunktioniert, um der Polizei den Zugriff zu vereiteln. Der vorgestern noch skeptische Cohn-Bendit steht nun auf dem Balkon und begeistert die Massen mit einer feurigen Rede. Aus der letzten Reihe ist er sofort nach vorne gesprintet, um sich an die Spitze der Bewegung zu stellen. Ein ganzer Häuserblock an der Ecke Bockenheimer Landstraße/Schumannstraße ist nun in der Gewalt der Besetzer. Hier wohnt ab jetzt der »Häuserrat«, von hier aus werden die weiteren Aktionen geplant. Ignatz Bubis bringt seine Familie wegen massiver Drohungen im Ausland in Sicherheit.

Nach und nach verlassen die Genossen den Opel-Betrieb, der Revolutionäre Kampf löst sich im Häuserkampf auf. Dazu bedarf es keines Mitgliederbeschlusses. Es passiert einfach so, ganz spontan.

Die Frankfurter Spontis werden geboren, irgendwo, irgendwann in dieser Zeit. Eine Geburtsurkunde gibt es ebensowenig wie ein Programm, denn schließlich wird hier keine Organisation oder Partei gegründet. Von denen will man sich gerade absetzen und die spontanen Entwicklungen sowie die Bedürfnisse der Aktivisten berücksichtigen. Nicht nur die Gesellschaft, auch das eigene Leben soll verändert werden.

Im März 1973 kommt es zu einer weiteren heftigen Straßenschlacht um ein besetztes Haus im Kettenhofweg. Zwischen 5000 und 8000 Teilnehmer zählt eine darauf folgende Solidaritätsdemonstration; die Hausbesetzerbewegung erhält Unterstützung wie nie zuvor. Als der Räumungsbescheid gegen die Besetzer-Hochburg in der Bockenheimer Landstraße ergeht, kündigt Cohn-Bendit an, daß man das Zentrum der Bewegung auf keinen Fall kampflos preisgeben werde. Die Besetzer verbarrikadieren Türen und Fenster, kommen und gehen nur noch über den Balkon. Monatelang sind die Nerven zum Reißen gespannt. Doch als eines frühen Februarmorgens die Polizei zur endgültigen Räumung anrückt, kann sie das Gebäude kampflos übernehmen. Sie überfällt die Besetzer im Schlaf. Schon Stunden später liegt auf dem Grundstück nur noch ein Trümmerhaufen.

Cohn-Bendit selbst hat – genausowenig wie andere bekannte Spontiführer – nicht in der Bockenheimer Landstraße gewohnt, wohlweislich, denn die Köpfe der Bewegung will man nicht gefährden. Er quartiert sich 1973 in der Niedenau 51 ein. Jahrelang wird das Gründerzeithaus besetzt gehalten, eine leise, unspektakuläre Besetzung ohne gewalttätige Auseinandersetzungen. Die Bewohner erhalten nach einiger Zeit einen Nutzungsvertrag und verlassen es 1982 anstandslos.

Hier wohnt Cohn-Bendit mit sechs Freunden und drei Kindern, seiner großen Ersatzfamilie. »Ewig und drei Tage lang

war die Hütte voll mit irgendwelchen Fans aus Paris«, weiß
Gerhard Knöss alias »Mike« noch, »vor allem zu Buchmesse-
Zeiten war die Niedenau immer belagert von Franzosen.« Er
weiß auch noch, wie sich seine Freundin häufig beschwerte,
»daß der Dany morgens immer durch die Zimmer ging, nackt,
und alle mit Küßchen begrüßte. Sie hat sich geekelt. Dann
kam auch noch sein Bruder und machte das gleiche, weil alles
so freizügig war. Die saßen dann manchmal nackt beim Frühstück ...«

Begibt er sich in aller Frühe – so wird aus seinem Domizil in
der Bornheimer Landstraße berichtet – zum Zeitungskiosk
gegenüber, streift er sich wenigstens einen Bademantel über.
Noch Jahrzehnte später werden Freunde und Ex-Freunde seine umfassende morgendliche Zeitungslektüre (internationale
Auswahl natürlich) bewundernd erwähnen. »Dany und ich
sind immer früher als die andern aufgestanden«, erzählt Dieter
Rauch, der ebenfalls in der Niedenau wohnte. »Wenn wir
abends gefeiert hatten, war die Küche ein absolutes Chaos,
und wir haben nie gedacht: Das machen wir nicht für die andern weg. Das haben wir weggeputzt. Also im Chaos doch
einen gewissen Ordnungssinn.«

Nächtelang redet man sich die Köpfe heiß, über alles wird
diskutiert, über Politik, Beziehungen und Sex. Eine Kommune
wie in Axel Springers Bilderbuch also. Eine kurze Zeit lang
sozialisieren sie auch ihre Autos und werfen alles Geld in einen
Topf, wobei Cohn-Bendit zu den Besserverdienenden gehört.
Er erhält – zusätzlich zu seiner Waisenrente – Honorare durch
journalistische Arbeiten und Interviews. Die Wohngemeinschaft ist für ihn die einzig wahre Lebensform, jedenfalls noch
1975, als er dies im *Großen Basar* erläutert: die Kontrolle des
Kollektivs – eine Wunderwaffe gegen Konsumterror, Verein-
samung und Chauvinismus. Das Kollektiv bietet sozialen und
emotionalen Rückhalt, es entscheidet, ob man diese Stereoan-
lage oder jenes teure Kleid wirklich kaufen muß, wer das Auto

Sabine Stamer

am dringendsten braucht; es zwingt, Liebesprobleme öffentlich zu machen.

Heute ist kaum vorstellbar, daß ein Individualist wie Daniel Cohn-Bendit jemals davon geschwärmt hat. Damals war für ihn unvorstellbar, daß sich die Zeiten jemals ändern werden: »Für uns alle ist der Prozeß des Zusammenlebens nicht mehr rückgängig zu machen. Man kann nicht mehr sagen: ›Ihr werdet sehen, in fünf Jahren, wenn ihr älter seid, werdet ihr anders leben.‹ Wir fangen schon an uns vorzustellen, wie man mit 50 Jahren gemeinsam lebt.«

Danys neue Freundin, Beate Schuh, wohnt nicht in der Niedenau. Die Beziehung wahrt die Distanz, die die Szene damals fordert. Die Verbindlichkeit hält sich in Grenzen. »Es gab keine regelmäßigen Abmachungen, Termine oder Stunden, wo man sich sah«, erinnert sich Beate Schuh, »es war immer spontan. Wir sahen uns, wenn er mal die Zeit oder ich mal die Luft hatte. Das war sehr prägend, daß eine tägliche Kontinuität nicht gegeben war. Heute fänd' ich das unbefriedigend. Aber so war das damals, nicht nur bei uns.«

Außerdem muß Beate ihren Freund mit der Öffentlichkeit teilen: »Nicht daß die da standen, wenn wir aus der Haustür kamen. Aber er war immer für die Presse und andere da, wenn sie fragten: Dany, was denkst du ...? Insofern gab es draußen kein Privatleben. Deswegen war es in New York so schön, weil keiner ihn angesprochen hat. Selbst auf einem Zeltplatz auf Korsika hat ihn jemand erkannt und eingeladen. Das ist anstrengend. Er hat auch davon profitiert. Ihm standen alle Türen offen. Wenn er mit jemandem Kontakt aufnehmen wollte und er da anrief, dann wußten die sofort, wer er ist. Der Preis ist hoch, aber die Lust daran ist auch hoch.«

Sieben Jahre bleiben sie zusammen, die ganze Zeit über wohnen sie getrennt. In Beates Frauen-Wohngemeinschaft wird die Idee geboren, einen Frauenbuchladen zu gründen – von Daniel Cohn-Bendit. »Nach außen hin war das nie bekannt, daß das ursprünglich Dany ausgesprochen hatte«, erzählt Beate Schuh. »Es war klar, daß die Idee aus unserer Wohnung kam, aber nicht, daß er das dort vorgeschlagen hat. Das ist typisch für ihn, daß er solche Ideen so schnell entwickelt. Er hat, glaube ich, eine hohe Begabung, Dinge, die in der Luft sind, aufzugreifen und zum Thema zu machen.«

Ein »Softie« sei er nie gewesen, urteilt sie, dazu war sein Führungsanspruch schon immer zu ausgeprägt. Doch: »Wie kann man sich einer Sache erwehren? Indem man sie sich einverleibt. Das konnte er damals sehr gut. Das ist bei ihm fast so wie ein Reflex.« Und so ist Cohn-Bendit, der sich nachsagen lassen muß, ein »Macker« und ein »Chauvi« zu sein, gleichzeitig der Frauen größter Freund. Er stellt gerne heraus, wieviel er vom anderen Geschlecht gelernt hat und wie sehr er den Machismo ablehnt.

Als Beate und Dany sich 1974 kennenlernen, arbeitet er noch in der Kindertagesstätte der Universität. Mit den Kleinen zeigt er sich viel geduldiger als mit Erwachsenen, ist bei weitem nicht so unnachgiebig und energisch, wenn sie nicht so wollen wie er. Es handelt sich um einen alternativen Kindergarten. Er führt die Zwei- bis Fünfjährigen auf Demonstrationen zur Solidarität mit Hausbesetzern, singt mit ihnen Lieder gegen Spekulation, er erzählt ihnen Geschichten von kleinen Indianern, die »Roter Popo« und »Hängende Zunge« heißen. Es macht ihm Spaß. Seine Freunde sind perplex, insbesondere die Besucher aus Frankreich können nicht fassen, wo ihr einstiger revolutionärer Held nun gelandet ist. Im Kindergarten!? Familienleben, Erziehung, Beziehung – solche vorgeblich privaten Themen finden in die politische Diskussion der französischen Linken kaum Eingang. In Frankreich, meint Cohn-Bendit, habe man den Eindruck, Linksradikale hätten keine Kinder.

»Anfangs war ich voll Energie«, erzählt er im *Großen Basar* unter der Überschrift »Little Big Man« aus seiner Kindergartenzeit. »Ich habe ungeheuer viel gespielt, habe mich mit den Kindern rumgeprügelt, kurz, ich habe mich vollständig mit ihnen identifiziert. Dann habe ich erkannt, daß ich das Bedürfnis hatte, unbedingt von ihnen akzeptiert zu werden. Ich wollte, daß die Kinder mich gern haben, und ich habe alles getan, daß sie von mir abhängig wurden. Bei den Kindern ist mir bewußt geworden, daß dieses Bedürfnis, den anderen von mir abhängig zu machen, tatsächlich in allen meinen Beziehungen vorhanden ist.« Und weiter heißt es: »Mein ständiger Flirt mit allen Kindern nahm bald erotische Züge an. Ich konnte richtig fühlen, wie die kleinen Mädchen von fünf Jahren schon gelernt hatten, mich anzumachen. Es ist kaum zu glauben. Meist war ich ziemlich entwaffnet.«

Die Diskussionen über den Umgang mit Sexualität in der Kindertagesstätte sind intensiv und endlos. Freimütig und unbedarft berichtet der damals 30jährige Cohn-Bendit über seine Erfahrungen: »Es ist mir mehrmals passiert, daß einige Kinder meinen Hosenlatz geöffnet und angefangen haben, mich zu streicheln. Ich habe je nach den Umständen unterschiedlich reagiert, aber ihr Wunsch stellte mich vor Probleme. Ich habe sie gefragt: ›Warum spielt ihr nicht untereinander, warum habt ihr mich ausgewählt und nicht andere Kinder?‹ Aber wenn sie darauf bestanden, habe ich sie dennoch gestreichelt. Da hat man mich der ›Perversion‹ beschuldigt.« Doch eine Mehrheit der Eltern verteidigt ihn, und so wird er nicht entlassen.

Über 25 Jahre später werden diese Passagen aus seinem 1975 veröffentlichten Buch weltweit Furore machen, zitiert von Medien in London, Paris, Rom und anderswo, ausgegraben von Bettina Röhl, Tochter von Ulrike Meinhoff und Klaus Rainer Röhl, die sich – offensichtlich eine Art persönlicher Vergangenheitsbewältigung – auf einem unaufhaltsamen Feldzug gegen Außenminister Fischer und sein Umfeld befindet. Sie wolle zeigen, was für ein Typ Cohn-Bendit wirklich sei, offenbart sie dem französischen Magazin *Express*. Ein Kinderschänder also, ein geiler APO-Opa, der sich an seinen Schützlingen vergriff?

In Deutschland greift zunächst nur die *Bild*-Zeitung das Thema auf, was gleich dazu führt, daß der ehemalige Außenminister Klaus Kinkel in einem öffentlichen Brief Rechtfertigung fordert vom Europa-Abgeordneten Cohn-Bendit, zumal er ihn bisher [!] für jemanden gehalten habe, der mit einem solchen Thema sorgfältig umgehe. »Einige Zeilen dieser Reflexion sind, heute gelesen, unerträglich und falsch«, antwortet Cohn-Bendit dem besorgten Kinkel umgehend. »Hätten wir damals mehr über sexuellen Mißbrauch gewußt, hätte ich sie nicht geschrieben.«

Die deutschen Medien scheinen zunächst nicht so recht auf die Story einsteigen zu wollen. In Paris dagegen bringt der *Express* die Geschichte groß heraus. *Express*-Leser dürfen per Internet abstimmen, ob sie Cohn-Bendits Verhalten entschuldbar finden oder nicht. Alle anderen französischen Zeitungen steigen darauf ein, jede mit dem ihr eigenen Blick. Die linke *Libération* bringt ein mehrseitiges Spezial, in dem sie auch die eigene unkritische Berichterstattung über Pädophilie selbstkritisch unter die Lupe nimmt.

Pädophile sahen sich in den 70er Jahren – sowohl in Frankreich als auch in Deutschland – durch die Enttabuisierung der Sexualität ermuntert, gerade in linken Kreisen für die Legalisierung sexueller Beziehungen zwischen Erwachsenen und Kindern zu werben. Sie veröffentlichten ihre Position in *Libération* ebenso wie im *Pflasterstrand* und auf grünen Parteitagen. Letztendlich aber wurden sie durch die erstarkende Frauenbewegung aus diesem Milieu vertrieben.

Daniel Cohn-Bendit allerdings hat sich schon früh gegen die Legalisierung der Pädophilie ausgesprochen. Er ist erklärtermaßen kein Pädophiler. Pädophilie setzt ein sexuelles Interesse des Erwachsenen am Kind voraus, und selbst die nun inkriminierten Passagen legen das mit keinem Wort nahe. Das

Kapitel »Little Big Man« beschreibt keine sexuellen Beziehungen, es beschreibt pädagogisches Verhalten bzw. Fehlverhalten. Doch da es reißerischer klingt und manchen Medien auch politisch in den Kram paßt, wird das pädagogische Zeugnis von vielen Zeitungen zum pädophilen Bekenntnis umgedeutet.

Eltern verfassen gemeinsam mit ihren seinerzeit von Cohn-Bendit betreuten Kindern (inzwischen um die 30 Jahre alt) eine öffentliche Erklärung: »Dany war über einige Jahre Bezugsperson unserer Kinder und zeichnete sich besonders dadurch aus, daß er die Bedürfnisse der Kinder sehr ernst nahm. Wir wissen, daß er niemals die Persönlichkeitsgrenzen unserer Kinder verletzt hat. Im Gegenteil, er hat sie geschützt. Wir waren und sind uns sicher, daß wir ihm vollkommen vertrauen können.« Die Eltern weisen auf den Stand der gesellschaftlichen Diskussion über kindliche Sexualität in den 70er Jahren hin.

Kindesmißbrauch war damals noch ein Fremdwort, das Problembewußtsein reduzierte sich auf den fremden bösen Mann, der mit einem Lolli an der Ecke lauern könnte. Jean-Paul Sartre, Simone de Beauvoir und andere Intellektuelle forderten die Abschaffung des Paragraphen über die Verführung Minderjähriger, ohne auch nur auf den Gedanken möglichen sexuellen Mißbrauchs zu kommen. Erst Anfang der 80er Jahre schaffte die Frauenbewegung eine Öffentlichkeit für mißhandelte und mißbrauchte Kinder und machte darauf aufmerksam, daß die Täter zumeist aus dem Familien- und Bekanntenkreis stammen.

Die Debatten in den Kinderläden waren geprägt vom Wunsch nach sexueller Befreiung. Man kämpfte (das scheint heute Jahrhunderte her) gegen vorsintflutliche Sexualfeindlichkeit nach dem Motto: »Hände auf die Bettdecke! Onanieren führt zu Rückenmarksschwund.« Während die Großmütter noch gestanden, daß sie erst in der Ehe aufgeklärt wurden, liefen deren Kinder, inzwischen selbst Eltern, nackt durch die Wohnung, duschten ungeniert vor ihrem Nachwuchs, und manche ließen sich auch beim Sex zuschauen. Im Kindergarten sprachen kleine Mädchen und Jungen vom »Bumsen« und »Vögeln«. Auch Kinder haben sexuelle Empfindungen, war die Erkenntnis jener Zeit. Keiner wußte so recht, wie damit nun umzugehen war, doch eins war zumindest im linken Milieu klar: Die Zeit der Denkverbote und Tabus war vorbei. »Es ist verboten zu verbieten«, so lautete eine der zentralen Parolen.

Der Kampf um die sexuelle Befreiung nahm zum Teil merkwürdige Formen an, die nicht zuletzt durch eine Reihe von linken Soft-Porno-Magazinen (so etwas gab es damals tatsächlich) dokumentiert werden. Eins dieser Blätter hieß *Das da* und wurde herausgegeben von Klaus Rainer Röhl, zu diesem Zeitpunkt bereits von Ulrike Meinhof geschieden. Das Kapitel »Little Big Man« aus Cohn-Bendits *Großem Basar* war für Klaus Rainer Röhl ein gefundenes Fressen; kurz nach Erscheinen des Buches druckte *Das da* die heute umstrittenen Passagen ab. Auf dem Titelbild des Magazins räkelt sich eine halbnackte Blondine mit Schmollmund und exponiertem Geschlecht. Gleich neben ihrem dürftigen Trägerhemdchen kündigt das Blatt an: »Interview mit Willy Brandt«.

Kaum jemanden regte das damals auf; die Frauenbewegung war, wie gesagt, gerade erst im Entstehen begriffen. Auch die 30 000 in Frankreich und Deutschland verkauften Exemplare vom *Großen Basar* führten Mitte der 70er Jahre zu keinem einzigen empörten Aufschrei. Heute dagegen wäre das Urteil von Eltern und Pädagogen sicherlich einhellig: Cohn-Bendit hätte als Erzieher die Kinder konsequent zurückweisen müssen.

Er lasse sich nicht öffentlich fertigmachen, wehrt sich Cohn-Bendit im französischen Fernsehen gegen die »Menschenjagd«. Zu Hause in Frankfurt steht das Telefon nicht mehr still. Alle wollen Kommentare. Die Welle des öffentlichen Interesses ist

Sabine Stamer

nun von Frankreich nach Deutschland zurückgeschwappt. Er fühlt sich in die Ecke gedrängt, zumal er sich fragt, wie er die ganze Geschichte seinem zehnjährigen Sohn erklären soll. Journalisten gegenüber behauptet er nun, der beanstandete Text sei reine Phantasie und habe mit der Wirklichkeit nichts zu tun. Was da geschrieben stehe, sei in Wirklichkeit nie geschehen. Er habe nur zuspitzen und schockieren wollen. Die Provokation scheint – wenn auch mit großer Verspätung – vollauf gelungen. Wenig glaubwürdig scheint allerdings, daß alles pure Erfindung gewesen sein soll. Wohl keine Debatte hat ihn je so mitgenommen. Für eine Woche sagt er sämtliche Interviews und öffentlichen Auftritte ab, statt – wie gewohnt – offensiv zu reagieren.

Damals, Anfang der 70er Jahre, stellen die Diskussionen um die richtige Sexualerziehung für Cohn-Bendit nur eins von vielen Problemen in der Kita dar. Acht Stunden im Kindergarten, nicht nur mit Spiel, sondern auch Radau und Randale, anschließend vier, fünf Stunden Politik am Tag ..., das ist kein Leben mehr. Nach einem halben Jahr schon schaltet er auf Halbtagsarbeit um. Nach eineinhalb Jahren wird ihm, der anfangs so euphorisch war, die strapaziöse Arbeit mit den Kindern lästig. Hat er sich zunächst mit ihren Problemen vollständig identifiziert, interessieren sie ihn nun nicht mehr, zumal seine Schützlinge fast alle einem bürgerlichen Milieu entstammen, das er sozial und politisch langweilig findet. »Wenn es wenigstens ausschließlich Kinder aus Wohngemeinschaften gewesen wären«, klagt er im *Großen Basar*, »hätte man testen können, was die Zerstörung von Eigentumswünschen, von Individualismus usw. wirklich heißt.«

Es ist Zeit für einen Wechsel, obwohl er die Erfahrung in der Kindertagesstätte keinesfalls missen möchte, und sei es auch nur, weil er dort selbst noch einmal Kind sein durfte.

Er findet einen neuen Job in der Karl-Marx-Buchhandlung, einem alternativen Betrieb, der sich in einem permanenten

Kampf um die Existenz befindet. Basisdemokratie am Arbeitsplatz hat ihre Nachteile, entdeckt er hier. »Von hierarchischer Struktur befreit, wird jede Laune und jede Unpäßlichkeit eines Kollektivmitglieds weitergegeben.« Kunden klagen über die Arroganz und Unzuverlässigkeit der Mitarbeiter im Buchladen, der sich trotzdem mit der Zeit zum Kommunikationszentrum der Sponti-Bewegung entwickelt.

Dabei haben die Spontis für die eifrigsten Jünger von Karl Marx, die verzweifelt versuchen, sich in diversen K-Gruppen zu organisieren, nur Hohn und Spott übrig. Mit einer Überdosis Waldmeisterparfüm treibt die Frauengruppe des Revolutionären Kampfes 1972 den vorherrschenden Kommunistischen Studentenverband (KSV) in die Bedeutungslosigkeit. Vor großem Publikum zeichnen sie den leninistisch-maoistischen Redner mit dem »Drei-Sterne-Orden für das Wichsen im Dienste des Volkes« aus und schlagen den KSV tatsächlich in die Flucht. Bereits im Abgang sprühen die Beleidigten dem vermeintlichen Drahtzieher der Aktion, Daniel Cohn-Bendit, noch eine Ladung Tränengas aus einer Spraydose ins Gesicht. Die Aktion ist Auslöser für eine grundsätzliche Veränderung der politischen Szenerie an der Frankfurter Universität. Von nun an gibt die Sozialistische Hochschulinitiative, auf Anregung des RK entstanden, den Ton an.

Cohn-Bendit, der ja auch den SDS gerne noch in letzter Minute gerettet hätte, gehörte zwar, wie es seine Art ist, zu den Lautesten, aber nicht zu den Feindseligsten, erinnert sich der damalige »Ortssekretär« des Kommunistischen Bundes Westdeutschland (KBW), Gerd Koenen: »Es gab trotz allem von Danys Seite aus immer noch ein paar fröhliche Grenzüberschreitungen. Er konnte sehr polarisierend sein, aber er hatte immer auch die Gegentaktik und wollte einen einvernehmen.« Eines Nachts läuft Koenen mit einigen anderen KBWlern, alle ziemlich angeheitert, fast vor ein Auto, »aus dem dann prompt Dany seinen Kopf streckte und sagte: ›Hey, was ist da los?‹ Er erkannte mich. Das paßte gar nicht in sein Bild, daß wir eine lärmende, betrunkene Clique waren. Er schrie mir zu: ›Du kommst auch noch zu uns!‹« In Verhandlungen um Aktionseinheiten der Frankfurter Linken zeigt sich Cohn-Bendit als Pragmatiker. Prinzipienreiterei, Festhalten an Parolen und Formeln, so erinnert sich Gerd Koenen, sei Dany »schnurzegal« gewesen. Dessen Devise lautete eher: »Die Bewegung ist alles, und das Ziel liegt im Dunkeln.«

Doch dann bekommt ein proletarischer KBW-Genosse Danys *Großen Basar* in die Finger und ärgert sich fürchterlich über dieses kleinbürgerliche, dekadente Subjekt, das bei Frau Henkel auf dem Sofa sitze und davon träume, an den Buffets der Reichen zu speisen. Unter der Überschrift »Cohn-Bendits Lob der Fäulnis« steigert sich der junge Bremer Arbeiter in der *Kommunistischen Volkszeitung* in seine Wut und beendet seine Abrechnung mit einer Drohung, die im Sponti-Milieu einschlägt wie eine Bombe: »Es gibt nur zwei Möglichkeiten. Entweder er [Cohn-Bendit] wird von der Arbeiterklasse eine nützliche Arbeit zugewiesen bekommen, etwa in einer Fischmehlfabrik in Cuxhaven, oder er wird während der Revolution durch die Massen an den nächsten Baum befördert.« Das KBW-Fußvolk wird dazu verdonnert, die phantasievolle Geschichte als Flugblatt unter die Massen zu bringen.

Die Spontis revanchieren sich im Handumdrehen. Während der gesamte KBW pflichtbewußt zu einer Demonstration gegen den § 218 ausgeflogen ist, entleeren sie mehrere Säcke voll stinkendem Fischmehl und halbvergammelter Fischköpfe in seinem Büro. Die Rache wirkt so nachhaltig, daß der KBW die so markierten Räumlichkeiten wenige Monate später verläßt.

Im selben Jahr steuert die Konfrontation zwischen dem Staat und der RAF auf ihren Höhepunkt zu. Einerseits bedrängt von staatlicher Seite mit dem Verlangen nach Distanzierung, andererseits bedrängt von RAF-Sympathisanten mit Solidarisierungsforderungen, ringen die Spontis nach Luft. Das

Klima ist angespannt, die Linke isoliert. Angst geht um vor Polizeieinsätzen, Hausdurchsuchungen oder Berufsverboten. Viele suchen einen Ausweg in der Gründung von alternativen Projekten oder in aufreibenden Selbsttherapiedebatten, die unter der Parole »Das Private ist politisch!« geführt werden.

In einem kleinen Bockenheimer Häuschen mit Bioladen im Parterre und Teestube im ersten Stock trifft sich – oben unterm Dach auf Matratzen und Maisstrohteppichen – eine wildgemischte Gruppe: Müsli-Liebhaber und RAF-Sympathisanten, Meditations-Freaks und Steinewerfer, schüchterne Studenten und dauerredende Selbstdarsteller: Es ist die Initiativgruppe für eine Sponti-Zeitung. Im Oktober 1976 wird der *Pflasterstrand* aus der Taufe gehoben; ein chaotisches Produkt aus chaotischer Produktion, das gesetzlich vorgeschriebene Impressum in chinesischen Schriftzeichen, für die nächsten Jahre ein gehaßliebtes Baby der Szene, dessen Pate, Daniel Cohn-Bendit, in den kommenden Jahren Hauptzielscheibe dieser Haßliebe sein wird. Er fungiert als presserechtlich Verantwortlicher, später als Chefredakteur und Herausgeber.

Der Titel *Pflasterstrand* soll erinnern an einen Slogan aus dem Pariser Mai 68: »Unter dem Pflaster liegt der Strand«. Das »Zentralorkan des Rhein-Main-Sumpfes«, die »Zeitung für Frankfurt, für Krankfurt, für Stadtindianer, für Exibitionisten, für Gestankfurt« – und was sie sonst noch alles für Untertitel ertragen mußte – druckt so ungefähr alles. Die ersten Ausgaben beschäftigen sich mit dem Atomkraftwerk in Brokdorf, der Sterilisation von Männern, dem Hungerstreik der RAF-Gefangenen, dem Kinderkriegen, gesunder Ernährung, Berufsverboten und und und. Startauflage: 2000 Exemplare. Jedem Artikel, jedem Leserbrief – manche geraten über das Niveau von Kneipengesprächen nur unwesentlich hinaus – ist eine gehörige Portion »Moralin« beigemischt. So undogmatisch man sich gibt, jeder zweite Satz ist moraldurchtränkt. Ein Sponti-Ablaßbrief sozusagen, zweimal monatlich für zwei Mark zu erwerben.

Im *Pflasterstrand* findet sich die Szene selbst wieder, unge-schminkt und ungefiltert. Kürzungen gelten als Zensur, Re-digieren als Todsünde. Es gibt keine Arbeitsteilung und keine Hierarchie. Alle machen alles, schreiben, tippen, layouten und drucken. »Wenn man nach getaner Arbeit die eigene Zei-tung bündelweise in seinen verrosteten VW-Käfer lud, um sie eigenhändig in den Szene-Kneipen zu verteilen – dann war dies vielleicht so etwas wie das Maximum an alternativem Glücksgefühl«, schwärmen Cohn-Bendit und der nachfolgen-de zeitgeistige Chefredakteur Matthias Horx in einem sehr veränderten *Pflasterstrand* mehr als ein Jahrzehnt später.

Mit diesem Blatt hat der »Spontifex Maximus« sich sein auf ihn zugeschnittenes Mittel geschaffen, um mit der Szene zu kommunizieren. So erhält er ein Stimmungsbild, erfährt, was die Leute denken, was er einarbeiten muß in sein Ideengebäu-de, worauf er sich stützen, worauf er bauen kann. Und anders-herum: So verbreitet er seine Ideen, setzt Akzente, steuert die Bewegung – soweit sie sich steuern läßt. Denn trotz all seiner Energie und Verve setzt er sich doch längst nicht immer durch. Er ist nicht der Chef im eigentlichen Sinne; das paßt weder zur Struktur seiner Umgebung noch zu seiner Person. Er ist tem-peramentvoll, er empört sich laut und kräftig, er kann ruppig werden, rücksichtslos, wenn er auf jemanden trifft, den er nicht ausstehen kann, aber er ist nicht autoritär. »Wie Reemts-ma sich ein Institut hält, so hielt Dany sich sein persönliches Hausblatt«, urteilt ein ehemaliger Frankfurter Mitstreiter.

In der Linken gelangt die Lokalpostille durch ihre Imper-tinenz und ihren hohen Spaßwert zu bundesweitem Ruhm. Im »Deutschen Herbst« 1977, als Hanns-Martin Schleyer von der RAF entführt wird und Andreas Baader, Gudrun Ensslin und Jan-Carl Raspe tot in ihren Stammheimer Zellen aufgefunden werden, steigt die Auflage des Szeneblatts über Nacht auf 5000. Sie schießt dann noch einmal in die Höhe, auf 7000, als im Februar 1978 Feministinnen die Redaktion besetzen aus

Empörung über die sexuellen Gewaltphantasien eines gewissen Siegfried Knittel, die der *Pflasterstrand* – wie es so seine Art ist – ungekürzt veröffentlicht hat. Provokation als Werbemittel, das wird von nun an zur Strategie.

Anfang der 80er Jahre ist es Zeit, aus dem Sponti-Heftchen eine »richtige« Zeitung zu machen, ein »Metropolen-Magazin«. Es gibt fortan journalistische Ressorts und Rubriken, ein Inhaltsverzeichnis und ordentlichen Spaltensatz. Es wird nicht mehr alles gedruckt, was mit der Post ins Haus flattert. Die Autoren zeichnen jetzt ihre Artikel mit vollem Namen, nur Cohn-Bendit zeichnet weiter mit »Dany«, wie er es schon getan hat, als andere noch unter Pseudonym oder anonym schrieben. Er sorgt auch dafür, daß der *Pflasterstrand*-Alltag nicht dem einer ganz normalen Redaktion gleicht.

»Oft hörte man ihn schon draußen auf der Treppe brüllen«, berichtet Hartwin Möhrle, ein ehemaliger Redakteur. »Als ich erst zwei, drei Tage in der Redaktion war, sagte mein Gegenüber: Wenn du ihn draußen auf der Treppe brüllen hörst, dann hast du zehn Sekunden Zeit, um dich zu entscheiden, ob du abhaust oder dableibst. Meistens hat er dann eine gute Idee und paralysiert alle dadurch, daß er sie jetzt diskutieren will. Und wenn man nach einer Stunde schon längst überzeugt ist und nur noch das letzte behelfsmäßige Argument dagegen hat, dann sagt er: ›Ok, vergiß es!‹ und ist wieder draußen. Das hat die Auseinandersetzung oft anstrengend gemacht. Häufig haben ihn bestimmte Dinge überhaupt nicht interessiert, und andere Dinge waren auf einmal so im Fokus, die hat er dann nach vorne gepuscht, daß man sich dem nicht entziehen konnte. Es war allerdings vieles dabei, wo man im nachhinein sagen muß, er hat doch recht gehabt.«

Ab Anfang der 80er Jahre zieren mehr und mehr Anzeigen das Anti-Konsum-Blatt; nicht alle passen sich ihrer Umgebung so phantasievoll an wie die eines Frankfurter Reisebüros: »Dany ist wieder da, nix wie weg … man merkt's, alles wird teurer, nur wir nicht ...« Die treue Leserschaft antwortet mit einem Aufschrei, wie sie nahezu jede weitere Professionalisierungsmaßnahme mit Empörung quittieren wird. Zu guter Letzt wird Cohn-Bendit als »Oberverräter« und »Axel Springer der Linken« tituliert.

Der Versuch, »alte« Leser zu halten und gleichzeitig neue, jüngere zu gewinnen, mißlingt gründlich. Spätestens ab 1983 ist die Sponti-Illustrierte so ungenießbar langweilig, wie die Szene unwiderruflich tot ist. Der *Pflasterstrand* verkommt zur Hauspostille der grünen Realpolitiker, sein einst abwechslungsreich-explosives Artikelgemisch reduziert sich auf ein einziges dauernd wiedergekäutes Thema: die Grünen und das Parlament. Als das ausdiskutiert ist (sprich: als die Realos die Fundis besiegt haben), gibt man sich inhaltsleer zeitgeistig und philosophiert schein-intellektuell über Urbanität und neue Städter in neuen urbanen Lebensräumen.

1989 wird mit dem Verkauf des *Pflasterstrand* an einen etablierten Verleger das Ende von Cohn-Bendits Hofpostille eingeläutet. Der Name bleibt, der Herausgeber auch, doch sonst soll alles anders werden – das funktioniert nicht. Ende 1990 wird das ehrwürdige Sponti-Blatt vom erfolgreicheren Stadtmagazin *Auftritt* geschluckt, heißt seither *Journal Frankfurt* und hat mit dem *Pflasterstrand* nichts mehr gemein. »Wir haben sie wirklich geliebt, die endlose dreizehnjährige PS-Zeit«, schreibt Cohn-Bendit, mittlerweile Dezernent für Multikulturelles, »und obwohl der abrupte Abschied mich 20 000 Mark kostet und ich dreizehn Jahre lang, ohne einen Pfennig zu bekommen, gearbeitet habe, bereue ich nichts. Im Gegenteil.«

Während er nach passenden Abschiedsworten für seine Kolumne sucht, reißt ihn eine Redakteurin aus seinen Gedanken, enttäuscht, daß ihr Artikel über Roma und Sinti aus Platzmangel nicht veröffentlicht wird. Und da sich Cohn-Bendit innerlich ohnehin schon längst von seinem Ziehkind verabschiedet hat – »Och, das war das Ende einer Epoche, das war schon fertig.« – widmet er den Rest seiner Kolumne nun den akuten Problemen der Sinti, Roma und sonstigen Ausländer. Das Ende vom *Pflasterstrand* – kein Grund zum Weinen? »Nö, nach zehn Jahren hatte ich auch keine Lust mehr. Mit der Auflösung der Szene war die Auflösung des *Pflasterstrand* eine logische Folge.«

Längst hat er ein neues politisches Abenteuer entdeckt: die Grünen und die Parlamente. Hat er in den 70ern noch presserechtlich verantwortlich gezeichnet für Parolen wie »Soll er uns doch am Arsch lecken, der Scheiß-Staat!«, so erscheint ihm in den 80ern nichts spannender und erfolgversprechender, als eben diesen Staat mitzuregieren.

Dany mit seiner Mutter Herta 1946/47

*Dany mit seinem
Vater Erich 1950/51*

Dany und sein Bruder Gaby am Strand von St. Nazaire im Mai 1968

Cohn-Bendit in seiner Studentenbude 1968

»Dany le Rouge« am 6. Mai 1968 in Paris

Cohn-Bendit bei einem Interview 1969/70

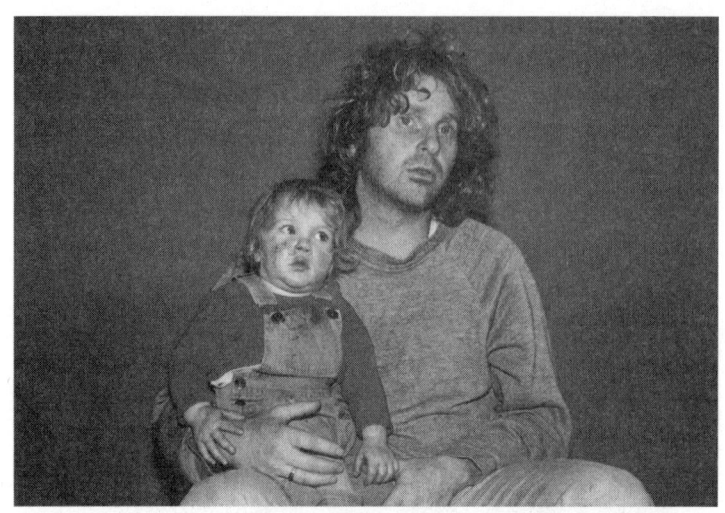

Cohn-Bendit im Frankfurter Kindergarten Anfang der 70er Jahre

*Cohn-Bendit in den
70er Jahren*

Cohn-Bendit verspielt

Cohn-Bendit 1977/78

Cohn-Bendit bei einer Rede Anfang der 80er Jahre

Cohn-Bendit in der »Pflasterstrand«-Redaktion 1986

Cohn-Bendit bei einer Rede 1987

Cohn-Bendit bei einer Rede im Oktober 1992

Cohn-Bendit mit seinem Sohn Béla (im Vordergrund) und Nico, dem Sohn von Ingrid, Mitte der 90er Jahre

Cohn-Bendit bei einer Rede heute

Die Gewaltfrage – Unter dem Pflaster liegt das Lächeln

»Wie viele Pflastersteine haben Sie denn geworfen in Ihrem Leben?«

»Ich hatte ja immer ein Megaphon in der Hand. Das ist zum Pflastersteinwerfen nicht praktisch.«

»Also wirklich keinen?«

»Nee, nee, kaum. Aber nicht, weil ich dagegen war. Ich hab's ja im *Spiegel* vertreten in meinem ersten Interview 1968: Ja, das gehört dazu. Die Straße ist gepflastert mit Steinen, und bei Demonstrationen sind sie da, um geworfen zu werden.«

»Kaum – das heißt, ab und zu haben Sie geworfen?«

»Ich bin der festen Überzeugung nein sogar. Und es gibt auch kein Bild von mir. Es gibt nur Bilder von mir mit Megaphon, aber nicht, weil ich dagegen war, sondern weil ich wirklich anders agiert habe auf Demonstrationen. Ich hab' immer auf Demonstrationen viel organisierender agiert.«

(Daniel Cohn-Bendit im Gespräch mit der Autorin im Februar 2001)

Ausgerechnet der Wortführer der Pariser Pflasterstein-Revolte, einst Symbolfigur der radikalen Linken, ausgerechnet der Erfinder und Herausgeber der Zeitung *Pflasterstrand,* ausgerechnet er hat nie einen Stein geworfen? »Ich will jetzt da keinen Heiligenschein, vielleicht war ich einfach auch zu

Sabine Stamer

feige«, betont er. Obwohl geistig kämpferisch und militant, suchte Daniel Cohn-Bendit nie die physische Auseinandersetzung.

Er habe nie, so Cohn-Bendit selbst, Haß gegenüber der Polizei als Institution empfunden. »Das heißt nicht, daß ich die Polizei geliebt habe, aber ich habe mir nie diese Position zu eigen gemacht, die Polizisten seien Schweine, hier Mensch – da Schwein, so habe ich nie gedacht.« Er ist stolz darauf, berühmt geworden zu sein durch sein aufmüpfiges, freches Lächeln, mit dem er sich den behelmten und bewaffneten Pariser CRS-Polizisten angriffslustig entgegenstellt. »Meine stärkste Waffe war mein Lächeln.«

Die aktuelle Gewalt-Debatte, die über die Revoltierenden der 60er und 70er Jahre hereinbricht, nachdem alte Fotos auftauchen, die zeigen, wie Putzgruppen-Mitglied Joschka Fischer auf einen Polizisten einprügelt, empfindet Cohn-Bendit als »schlimme Zeit«. »Die schwersten Wochen meiner politischen Laufbahn« nennt er sie sogar, nicht ahnend, daß die Pädophilie-Vorwürfe ihm persönlich wenig später noch weit größeren Kummer bereiten werden. Auf dem Prüfstand stehen zunächst die Gedanken, die Aktionen, die das Fundament seiner politischen Entwicklung und seines Engagements bilden. Er will sich der Auseinandersetzung mit dem eigenen Lebenslauf stellen, will abwägen, verteidigen, erklären und Selbstkritik üben: »Ich glaube, wir sollten uns schämen für einiges, was wir geschrieben haben und was einige getan haben.«

Anders als Fischer gehört Cohn-Bendit nicht zur sogenannten Putzgruppe, in der sich die Frankfurter Hausbesetzer während der 70er Jahre für den Kampf mit der Polizei rüsten. »Diese ganzen Helmsachen, ich fand das immer häßlich. Das war so eine Militarisierung nach außen. Ich habe Polizisten mit Helmen nicht gemocht. Ich habe nicht eingesehen, warum ich auch wie ein Polizist aussehen soll. Und diese ganze schwarze Montur, das war ja nicht nur der schwarze Helm, sondern schwarze Lederjacken, schwarze Hosen, schwarze Tücher, das Ganze war mir nicht geheuer. Ich hatte von meiner politischen Geschichte her die Überzeugung: Bewaffneter Kampf ist nur legitim gegen Totalitarismus, gegen Faschismus.«

Dennoch kann er kaum noch zählen, wie häufig er vor Gericht zitiert wurde: »Ich habe rund 20 Prozesse gehabt, bin aber nur einmal verurteilt worden, ich glaube, zu einer Geldstrafe wegen Nötigung eines Polizisten, und 16- bis 18mal freigesprochen worden.« Während der Verhandlungen sorgte er immer für Stimmung, weiß Gerhard Knöss zu erzählen, Freund aus jenen Tagen und damals Rechtsreferendar: »Sie sind immer mit heruntergelassenem Schild angekommen, die Richter, die Staatsanwälte. Der Dany hat es verstanden, die alle in seinen Bann zu schlagen, weil er halt nicht so ein verbissener Typ ist. Das war nie bedrohlich, sondern lustig.«

Durch sein eloquentes und undogmatisches Auftreten schafft es dieser Angeklagte sogar, die Gunst der Gerichte zu gewinnen. »Er ist uns allen sehr sympathisch erschienen, sehr charmant«, gibt Heidi Gauderer, die Anfang der 70er Jahre Beisitzerin in einem Berufungsverfahren gegen Cohn-Bendit war, zu. »Er hatte Ausstrahlung, aber sein Äußeres war, ich will mal sagen, ungepflegt. Es gibt so Menschen, die können dreimal am Tag duschen, und das ändert nichts, sie wirken immer noch, naja, schmuddelig. Aber sein Auftreten selber hat uns sehr gefallen.« Nicht jedem allerdings. Der damalige Vorsitzende des Schöffengerichts, Richter Rolf Schwalbe, hat seine eigene Erklärung, warum ihm Cohn-Bendit »in der Zeit der sogenannten Demonstrationen« so oft als Angeklagter vorgeführt und so selten verurteilt wird: »Er war ein sehr geschickter Stratege. Während die anderen in der vordersten Reihe waren, dirigierte er im Hintergrund. Er ließ die Truppen marschieren.« Einmal, so weiß Richter Schwalbe noch über den »exaltierten, sehr temperamentvollen« Angeklagten zu

Sabine Stamer

berichten, echauffiert der sich auf der Anklagebank derartig, ja, randaliert gar, daß er ihm drei Tage Ordnungshaft verpaßt, die er auch verbüßt.

Im aufgewühlten Frankfurt der 70er Jahre hält Knut Müller zehn Jahre lang als Polizeipräsident durch. Cohn-Bendit erscheint ihm damals als »Demagoge« und »Aufhetzer«, als »Krischer«, wie man auf hessisch sagen würde, ein Schreihals also. Eine harte Zeit für Knut Müller, der in seiner Funktion nicht nur Haßobjekt der linken Bewegung ist, sondern auch zusehen muß, wie sich seine beiden Töchter auf die andere Seite schlagen und in die Demonstrationen einreihen. Zu Hause schwärmen sie von Cohn-Bendits funkensprühenden Reden.

Dessen Protest und Aggressivität äußert sich im Verbalen. Darin liegt seine Stärke. »Cohn-Bendit hat bei solchen Auseinandersetzungen nie in der ersten Reihe gestanden, er hat große Reden geschwungen«, meint Knut Müller. Als Steinewerfer habe er Cohn-Bendit nie kennengelernt, ganz anders als Tom Koenigs oder Joschka Fischer, der das ja auch unumwunden zugebe. Müller erinnert sich an seine erste Begegnung mit Fischer als hessischem Umweltminister. »Eigentlich kennen wir uns ja schon seit vielen Jahren«, begrüßte ihn der Gewandelte, »wenn auch bisher nur auf Steinwurfweite.« Fischer selbst schreibt sich für jene wilden 70er Jahre die Rolle des »Kriegshäuptlings« zu, seinem Freund Dany dagegen die des »Friedenshäuptlings«.

Einen Friedensorden würde Müller dem einstigen Gegner nicht gerade verleihen: »Natürlich haben wir ihn beobachtet und hatten über ihn Erkenntnisse. Also wenn er in irgendeinem Café bei irgendeiner Demonstration gesessen hat und da strategische, taktische Anweisungen gegeben hat, dann haben wir das natürlich mitbekommen. Wenn es wirklich um körperliche Auseinandersetzungen ging, war er mehr der im Hintergrund, der die Fäden zog.« In Richtung Deeskalation? »Das kann ich nicht beurteilen. Er sieht seine Rolle heute so, und viele unterstützen ihn dabei ...« Doch hat Cohn-Bendit nicht immer in Cafés gesessen, mehr als einmal hat er selbst Prügel bezogen von der Polizei. Zurückgeschlagen habe er dann nicht, versichert er, bestimmt aber »abwehrende Bewegungen« gemacht.

Leute wie Cohn-Bendit sind letztendlich schuld an der Aufrüstung der Polizei, davon ist Müller überzeugt. Arglos und gänzlich ungeschützt erschienen die Polizisten noch zu den ersten Hausbesetzungen. Doch flogen ihnen dicke Steine auf die weißen Stoffmützen, und von da an rückten sie nur noch in der bekannten »Mondmontur« an. »Und wenn man dann die Demonstrationen gesehen hat, Polizisten mit diesen Riesenschilden, die Wasserwerfer auch mit Metallschilden. Es war ein grauenhafter Anblick für jemanden, der nur in friedlichen Zeiten leben wollte. Und dafür mache ich noch heute die Gruppierungen, deren führender Repräsentant Cohn-Bendit war, verantwortlich.«

Der Beschuldigte selbst hält es heute mit dem ehemaligen Chefredakteur der *Bild*-Zeitung, Peter Boenisch, der zu Beginn der Debatte, die im Jahre 2001 die 70er bewältigen soll, konstatiert, es seien eben aufregende Zeiten gewesen damals, und die Auseinandersetzung sei auf beiden Seiten nicht mit Glacéhandschuhen geführt worden. Cohn-Bendit ruft die Erlebnisse in Erinnerung, die seine Generation radikalisiert haben: eine mit Verboten und Tabus gepflasterte Umwelt, der Vietnamkrieg, der erschossene Benno Ohnesorg ... In Paris wäre fast das Militär gegen die Demonstranten zum Einsatz gekommen ... Das martialische Auftreten der Polizei provozierte falsche Assoziationen, analysiert er heute, nämlich die von der Faschisierung des Staats, die jede Art von Widerstand legitimiere.

Es war ein Fehler, gesteht er nunmehr, das Gewaltmonopol des Staats nicht anzuerkennen, doch auch das müsse aus dem Kontext heraus verstanden werden. Wie er damals dazu kam, dieses System als »Scheißstaat« zu bekämpfen, das kann er heu-

Sabine Stamer

te nicht mehr so recht nachvollziehen. »Es hat lange gedauert, bis ich davon runter war.« Der größte Fehler der Linken damals sei ihr »Mangel an demokratischer Sensibilität« gewesen, so sieht er es heute. Sein eigenes demokratisches Bewußtsein hat ihn als einen der ersten im Sponti-Lager dazu gebracht, sich entschieden gegen den Terrorismus der RAF und anderer Gruppen wie der Bewegung 2. Juni und der Revolutionären Zellen zu wenden.

Die erste Generation der Terroristen hat ihre Wurzeln im selben Milieu wie die Spontis, sie beruft sich auf den Antiimperialismus wie die Studentenbewegung. Es gibt viele Berührungspunkte zwischen gewaltbereiten Terroristen und revolutionshungrigen Spontis. Im Oktober 1968 sitzen Andreas Baader, Gudrun Ensslin, Thorwald Proll und Horst Söhnlein auf der Anklagebank der Großen Strafkammer des Frankfurter Landgerichts. Sie haben als Zeichen gegen den Konsumterror zwei Kaufhäuser in einer Einkaufstraße der Main-Metropole angezündet und werden nun wegen menschengefährdender Brandstiftung zu je drei Jahren Haft verurteilt. Das Gericht bescheinigt ihnen, sie seien keine kriminellen Charaktere und möchte ihnen »gewisse ideelle Motive« nicht absprechen. Die liberale Presse signalisiert in ihren Kommentaren Sympathien, ebenso die linke Szene. Noch.

Nach Verkündung des harten Urteils bricht im Gerichtssaal ein Tumult aus. Cohn-Bendit ruft aus dem Publikum: »Sie gehören zu uns!« Der Vorsitzende erteilt Anweisung, ihn aus dem Gerichtssaal zu entfernen. In diesem Moment hechten Baader und Söhnlein über die Barriere, der Saal wird geräumt, die Polizei greift ein. Panik und Chaos. Die Angeklagten werden wieder eingefangen, der Prozeß wird fortgesetzt. Dany und zwei weitere Zuhörer werden zu jeweils drei Tagen Ordnungshaft verdonnert. Ordnungshaft, weil er sich lauthals solidarisiert hat mit diesen Angeklagten, von denen zwei später zu den Gründern der RAF zählen werden.

Die RAF begnügt sich nicht mehr mit Sachschäden, sie hält Anschläge auf Menschen für gerechtfertigt. Mit kleineren Aktionen und Banküberfällen, die mehrere Polizisten und RAF-Mitglieder das Leben kosten, bereitet sie sich einige Jahre auf die große Offensive vor. Die erfolgt dann im Mai 1972 durch Attentate auf Einrichtungen der US-Army in fünf verschiedenen Städten. Vier Soldaten werden getötet, 38 Personen zum Teil schwer verletzt – die Strafe der RAF für die Verbrechen der amerikanischen Armee am vietnamesischen Volk.

Im Audimax der Frankfurter Universität lauschen im selben Monat 1200 Menschen einem Tonband, auf dem Ulrike Meinhof zu weiteren Gewalttaten auffordert. Viele Anwesende reagieren mit Pfiffen und Buhrufen. »Nur die Massen können die Revolution machen!« schreit Dany dazwischen. Wenige Tage später werden mit Andreas Baader, Holger Meins und Jan-Carl Raspe drei der am meisten gesuchten Terroristen festgenommen.

»Nee, befreundet war ich nicht mit ihnen«, betont Cohn-Bendit. »Ich habe sie gekannt. Ich habe sie alle ekelhaft gefunden. Auch 68 schon gab es ganz harte Auseinandersetzungen mit dem Baader. Ich fand ihn ekelhaft. Ich war immer radikal gegen diese Macho-Militanz und gegen diese militärische Militanz. Ein wichtiger Teil meiner Geschichte ist eine anti-totalitäre Position. Und für mich waren das – vom Habitus, vom Verhalten, vom Denken – totalitäre Menschen.«

Im Juni 1972 veröffentlicht die Gruppe Revolutionärer Kampf, in der Cohn-Bendit einer der führenden Köpfe ist, eine erste ausführliche Kritik an der RAF: »Die Politik der Bomben der RAF klärt nicht die Frage nach einer langfristigen revolutionären Strategie, weil sie nicht fragt, wie die Massen lernen, sich selbst zu wehren. Nicht die Bomben bringen das kapitalistische System in Gefahr, es ist erst dann in Gefahr, wenn die Massen es nicht mehr wollen und eine praktische Alternative sehen, wie sie ihr Leben verändern können.« Wie der Revolu-

Sabine Stamer

tionäre Kampf lehnt zwar die Mehrheit der linken Szene den Terror grundsätzlich ab, doch kommt es nicht zu einem klaren radikalen Trennungsstrich zwischen politischen Befürwortern und Gegnern der RAF-Strategie, denn die Haftbedingungen führen bald zu einer Solidarisierungswelle. Gegenüber dem Klassenfeind müsse man sich mit der RAF solidarisch zeigen, erklärt auch Cohn-Bendit auf einer Veranstaltung der Frankfurter Roten Hilfe (eine Organisation, die die Gefangenen unterstützt) im Dezember 1972, dies dürfe aber nicht dahingehend mißverstanden werden, daß man sich mit der Strategie der Gewalt identifiziere.

Am 9. November 1974 stirbt nach einem 50tägigen Hungerstreik der 33jährige RAF-Gefangene Holger Meins. In den Tagen darauf kommt es zu Protestaktionen nicht nur in der Bundesrepublik, sondern auch in anderen westeuropäischen Ländern. Die Linke ist aufgebracht und verzweifelt angesichts der unnachgiebigen Härte des Staats. In Berlin wird Kammergerichtspräsident Günter von Drenkmann am Eingang seiner Wohnung von Mitgliedern der Bewegung 2. Juni erschossen, weil er die Verbesserung der Haftbedingungen abgelehnt hat.

Bei der Beerdigung von Holger Meins ruft Rudi Dutschke, erklärter Gegner des Terrorismus, mit erhobener Faust aus: »Holger, der Kampf geht weiter!« Ein Symbol für die gespaltene Seele vieler Linker: Sie lehnen die Mordanschläge ab, aus persönlichen, aus moralischen, aus politischen Gründen, grundsätzlich oder weil sie gerade nicht opportun und sinnvoll erscheinen. Doch erleben sie die Aufrüstung des Staats gegen die Terroristen als Vernichtungsgefecht gegen sich selbst. Der martialische Feldzug der verwundeten Staatsmacht scheint in einer Hysterie alle, die diesen Staat ändern wollen, auf einmal mundtot machen zu wollen. Je mehr Wohngemeinschaften, linke Buchläden und Zeitungen von polizeilichen Razzien heimgesucht wurden, desto mehr fühlen sich die gewaltablehnenden Staatsfeinde solidarisch mit den Genossen von der RAF.

Nachrichten über Isolationshaft und psychologische Folter, zum Teil manipuliert durch die RAF und ihre Unterstützergruppen, tun ihr übriges. Die Linke kann sich dem Druck nicht entziehen, sie will Menschlichkeit demonstrieren. Eine Gesellschaft sei so human wie ihre Gefängnisse, diese Parole überzeugt viele, die eigentlich politisch mit der RAF nichts zu tun haben wollen. Klammheimliches Mitleid mit den Opfern der Terroraktionen mag auch so mancher spüren, doch wie kann man das als Linker in dieser Zeit laut sagen, ohne auf der anderen Seite der tiefen Kluft, die die Gesellschaft durchzieht, zu landen? Für Rechte wie Linke scheint es nur zwei Seiten zu geben: die Guten hier, die Bösen da. In der Mitte ein breiter Graben.

Cohn-Bendit, dem das Denken in Lagern und Schablonen von jeher zuwider ist, wendet sich in dieser problematischen Lage eindeutig gegen den Mord an Drenkmann. »Wenn man den Kapitalismus als eine Gesellschaft kritisiert, die das Individuum verachtet, die es in jedem Augenblick seines täglichen Lebens vergewaltigt«, schreibt er 1975 im *Großen Basar*, »dann geht in den Politisierungsprozeß der Revolutionäre das Bedürfnis nach Bestätigung des Individuums ein, also eine Absage an die Gewalt. Die revolutionäre Bewegung muß daher in all ihren Handlungen zeigen, daß sie eine ganz andere Vorstellung vom Wert des Individuums hat. Eine unmotivierte Handlung wie die Ermordung eines Richters entspricht der Gewaltlogik des Systems.«

Selbst Jean-Paul Sartre attestiert der Rote Armee Fraktion zunächst, sie sei eine revolutionäre Gruppe, habe vielleicht nur zu früh mit ihren Aktionen begonnen. Nach dem Tod von Holger Meins stattet Sartre Anfang Dezember 1974 dem in Stuttgart-Stammheim inhaftierten Baader einen Besuch ab. Es ist der 84. Tag seines Hungerstreiks. Cohn-Bendit, der

Sabine Stamer

eigentlich dolmetschen soll, wird der Zutritt zum Gefängnis verweigert, und so wartet er draußen. »Es war witzig, der Sartre kam raus aus dem Gefängnis, und ich war im Auto. Und er sagt: ›Der ist ja so doof!‹« Am Steuer des Wagens sitzt übrigens Hans-Joachim Klein, jener Mann, dem Cohn-Bendit später beim Ausstieg aus der Terror-Szene helfen wird. Auf einer anschließenden Pressekonferenz, die von Cohn-Bendit gedolmetscht wird, kritisiert Sartre die Haftbedingungen als »Form der psychologischen Folter«, distanziert sich aber gleichzeitig von dem Mord an Drenkmann und von Mord als Mittel des politischen Kampfs überhaupt.

Im Morgengrauen des 9. Mai 1976 wird Ulrike Meinhof an den Gittern ihres Zellenfensters erhängt aufgefunden. Sofort taucht die Vermutung auf, die 41jährige RAF-Kämpferin sei umgebracht worden. In mehreren bundesdeutschen Städten wird deshalb demonstriert, auch in Frankfurt. Dort kommt es zu schweren Auseinandersetzungen zwischen Demonstranten und Polizisten. Ein Polizeiwagen wird von einem Molotowcocktail getroffen, der Fahrer, Polizeiobermeister Jürgen Weber, steht in Flammen. Seine Verletzungen sind so schwer, daß zunächst Lebensgefahr besteht. Daniel Cohn-Bendit versichert, er sei nicht auf dieser Demonstration gewesen, da er von vornherein an eine Selbsttötung Ulrike Meinhofs geglaubt habe. Schon viel früher, so bedauert er im Mai 2001 in einem Interview mit dem *Spiegel*, hätte er Kontakt aufnehmen sollen mit dem verletzten Polizisten.

Nach den Ausschreitungen ermittelt eine Sonderkommission wegen Mordversuchs an Jürgen Weber. Aufgrund eines anonymen Telefonanrufs werden 14 Frankfurter Wohngemeinschaften von der Polizei und dem Mobilen Einsatzkommando, MEK, durchsucht. Zwölf Männer und zwei Frauen aus dem Umkreis der Gruppe Revolutionärer Kampf werden festgenommen, einer von ihnen ist Joschka Fischer. Polizeipräsident Knut Müller präsentiert am Abend im Hessischen Fernsehen einige Fotos von der erkennungsdienstlichen Behandlung, suggerierend, es handele sich um die Rädelsführer, die den Brandsatz geworfen oder wenigstens dazu angestiftet hätten. Müller bittet um Zeugenaussagen.

Cohn-Bendit engagiert sich in einem Komitee, das die Freilassung der festgenommenen Genossinnen und Genossen erwirken will. Er nennt den Polizeipräsidenten wegen seiner willkürlichen Unterstellungen einen Lügner, der »gangsterhaft« gehandelt habe. Die Verdächtigen werden bald wieder auf freien Fuß gesetzt, die wahren Täter nie gefunden. Müller erstattet Anzeige gegen Cohn-Bendit wegen Beleidigung. In einem ersten Verfahren wird dieser zu 60 Tagessätzen à 35 Mark verurteilt. Doch hebt die Berufungsinstanz das Urteil überraschenderweise wieder auf und liest dem Polizeipräsidenten obendrein noch die Leviten: Den Rechtsstaat könne man nur mit rechtsstaatlichen Mitteln verteidigen, tadelt der Kammervorsitzende, der es im übrigen begrüßt hätte, wenn Müller angesichts seines Fehlverhaltens einen Ansatz von Bedauern gezeigt hätte.

Der brennende Polizist versetzt der Sponti-Szene einen Schock. Sie beginnt sich entschiedener vom Umfeld der RAF abzugrenzen. In der aufgeheizten Atmosphäre ist es nicht ungefährlich, sich als Linker von der RAF zu distanzieren. Cohn-Bendit wird beschimpft als »Vertreter des Schweinesystems«, als »Bulle« und »Renegat«. Er wird bedroht, auch tätlich angegriffen. Eines Nachts fliegt sogar ein Molotowcocktail in die Redaktion des *Pflasterstrand* und verwüstet die Räumlichkeiten – Rache für den »Verrat an den Genossen und Genossinnen der RAF«. Die Kritik Joschka Fischers und Daniel Cohn-Bendits sei von der RAF mehr gefürchtet worden als der Fahndungsdruck der Polizei, erklärt Ex-Terrorist Peter-Jürgen Boock 25 Jahre später. Denn Leute wie sie stellten Fragen, denen die RAF lieber ausweichen wollte, die Frage etwa, warum die RAF die Diskussion verweigere oder wo der bewaffnete Kampf denn einmal enden solle.

Sabine Stamer

Wien, 21. Dezember 1975. Ein schwerbewaffnetes Terrorkommando namens »Arm der arabischen Revolution« überfällt die Konferenz der Organisation erdölproduzierender Länder (OPEC). Elf arabische Minister werden als Geiseln genommen. Die Terroristen kritisieren die Politik der OPEC-Staaten gegenüber Israel und den USA. Drei Menschen werden bei dem Überfall getötet: ein österreichischer Polizeibeamter, ein libyscher OPEC-Delegierter und ein irakischer Beamter. Zu den Terroristen gehört der Frankfurter Hans-Joachim Klein, der bei dem Überfall durch einen Bauchschuß schwer verletzt wird. Der Anführer des Kommandos, ein Venezolaner namens Iljitsch Ramirez Sanchez, genannt »Carlos«, handelt freien Abzug der Terroristen mit 33 Geiseln aus. Diese werden tatsächlich alle freigelassen. Die Terroristen stellen sich den algerischen Behörden und erhalten politisches Asyl.

Das Bild von Hans-Joachim Klein, wie er in Algier aus dem Flugzeug steigt, in blutverschmierter Kleidung, sich den verletzten Bauch haltend, geht um die Welt. Der 27jährige Klein, in der Frankfurter Szene »Klein-Klein« genannt, ist zunächst Mitglied der Organisation Rote Hilfe und wechselt später in den Revolutionären Kampf. Klein sei hilfsbereit, wird Cohn-Bendit 25 Jahre später vor Gericht aussagen, repariert zum Beispiel die Autos seiner Freunde und Genossen. Er sei liebevoll auf der einen Seite, aber hart und aggressiv auf der anderen. Als die Genossen des RK nun sehen, wie Klein in Algerien landet, sind sie schockiert.

Nur wenige Monate danach wendet sich Klein vom Terrorismus ab. Er schreibt dem *Spiegel* einen offenen Brief, in dem er seinen Ausstieg erklärt, sich von revolutionärer Gewalt distanziert und vor geplanten Anschlägen warnt. Es läuft ein Haftbefehl gegen ihn wegen dreifachen Mords. Er betont, er habe in Wien nicht geschossen und auch sonst niemanden umgelegt. Wegen seiner Abtrünnigkeit fürchtet er die Rache von Carlos und auch von deutschen Guerillakämpfern. Hilfesuchend wendet er sich an ehemalige Frankfurter Freunde und Bekannte: »Helft mir, sonst bringen die mich um.«

Daniel Cohn-Bendit gehört zu den ersten, die ihn unterstützen, eine Unterkunft suchen, Miete zahlen und einen Neustart ermöglichen. »Wir wollten zeigen«, erklärt er, »wenn ihr aussteigt, bedeutet das nicht, daß ihr in den Gefängnissen und in Isolationshaft landet.« Hätte man Klein nicht geholfen, davon ist er überzeugt, so hätte entweder Carlos ihn gekriegt, oder er hätte sich das Leben genommen.

Er macht aus seiner Hilfe von Anfang an keinen Hehl, schreibt ein offenes Nachwort für Kleins Buch *Rückkehr in die Menschlichkeit*, das 1979 bei Rowohlt publiziert wird. »Die nicht enden wollende Todesspirale, die von den Kleinkriegsstrategen auf beiden Seiten, Staat wie Guerilla, als unabänderlich, unverhinderbar dargestellt wird, kann nur durch einen den Kreislauf transzendierenden Standpunkt unterbrochen werden: den humanitären«, so Cohn-Bendit. Aus eben diesem Grund argumentiert er vehement gegen die Kronzeugenregelung, die seiner Meinung nach nur dazu beitrage, den Gruppenzusammenhang zu festigen. »Der kritische und praktische Aussteiger dagegen beweist durch sein Verhalten, daß es einen ehrenhaften Ausstieg aus einem kollektiven, tragischen Irrtum gibt.«

Über Cohn-Bendit und andere Linke versucht das Bundesamt für Verfassungsschutz aussteigewilligen Terroristen Unterstützung anzubieten. »An einem wunderschönen Oktobertag des Jahres 1985 stand er im betonierten Hinterhof zwischen Mülltonnen und geparkten Autos«, beschreibt Cohn-Bendit im *Pflasterstrand* die erste Kontaktaufnahme. »Höflich stellte er sich vor: Gestatten, mein Name ist Benz. Ich komme vom Bundesamt für Verfassungsschutz.« So habe sich die erste Begegnung natürlich nicht ereignet, gesteht Cohn-Bendit heute. Man habe diese hübsche Geschichte erfunden, um Spuren zu verwischen und nicht erklären zu müssen, an wen sich der »Herr Benz« zuerst gewandt habe und warum.

Bei weiteren Treffen im »Wienerwald« und im Frankfurter Flughafenrestaurant nehmen Cohn-Bendit und ein paar Mitstreiter ungläubig zur Kenntnis, daß der Verfassungsschutz für seine Hilfe nur eines verlange: den glaubhaften Nachweis des ideologischen und praktischen Ausstiegs oder die Bereitschaft dazu. Dieses Vorgehen sei innerhalb der Staatsorgane zwar umstritten, doch da 17 Jahre Härte die RAF nicht austrocknen konnten, wolle man neue, versöhnlichere Wege gehen. Der Mann mit dem Decknamen »Hans Benz« kann allerdings keine definitiven Versprechungen hinsichtlich der Strafverfolgung machen, und so bleibt Hans-Joachim Klein nach einem Treffen mit dem Verfassungsschutzmann zögerlich. Mit Aussicht auf eine lebenslange Freiheitsstrafe will er vorläufig nicht freiwillig nach Deutschland zurückkehren.

Als Journalist namens Dirk Claussen findet er in einem 300-Seelen-Dorf in der Normandie eine neue, zurückgezogene Existenz, mit seiner Frau und seinen zwei Kindern. Dort wird er – nach 23 Jahren auf der Flucht – von Zielfahndern des Bundeskriminalamtes und der französischen Polizei verhaftet, nur wenige Tage, bevor er sich selbst stellen wollte. Das jedenfalls wissen seine Unterstützer. Sogar das genaue Datum der geplanten Rückkehr habe man den Behörden schon genannt, erklärt Cohn-Bendit und betont, daß der Gesuchte seit längerem schon in Kontakt mit dem Verfassungsschutz und der Frankfurter Staatsanwaltschaft gestanden habe.

Warum also plötzlich diese Ungeduld? Das BKA habe endlich mal wieder einen Erfolg in der Terroristenfahndung auf seinem Konto verbuchen wollen, vermuten die einen. Es handele sich um eine politisch motivierte Intrige, argwöhnen andere. Denn schließlich ereignet sich das Ganze im September 1998, nur wenige Wochen vor den Bundestagswahlen. Eine freiwillige Rückkehr Kleins hätten sicherlich die Grünen als

Erfolg für ihre Politik verbuchen können, während die Festnahme wohl eher den Hardlinern im Kampf gegen den Terrorismus Punkte einbrachte. Die genauen Umstände sind bis heute nicht geklärt. Offensichtlich ist allerdings, daß die politischen Gegner einer innergesellschaftlichen Entspannungspolitik die Gunst der Stunde nutzen. Der hessische CDU-Landesvorsitzende Roland Koch fordert Cohn-Bendits Rücktritt als Europa-Abgeordneter. Ein Feuerwerk der Vorwürfe prasselt auf die Unterstützer Kleins nieder.

Cohn-Bendit bestreitet nichts, verweist nur immer wieder darauf, daß er bereits mehrmals von der Staatsanwaltschaft vernommen wurde und daß es sich um längst bekannte Tatsachen handelt. Mit fünf anderen, unter ihnen der Philosoph André Glucksmann, veröffentlicht er eine Stellungnahme in *Le Monde*: »Wir waren viele, die ihm in Frankreich und in Deutschland geholfen haben, indem wir ihn vor den Mordgelüsten und vor der Rache seiner Ex-Freunde, die zu Mördern geworden sind, geschützt haben, indem wir ihm das Existenzminimum finanziert haben, indem wir ihm das Haus gemietet haben und die Miete bezahlt haben.«

Die Frankfurter Staatsanwaltschaft räumt ein, Cohn-Bendit im Zusammenhang mit der Fahndung nach Klein über einen längeren Zeitraum observiert zu haben. Man habe auch erwogen, die Telefone Daniel Cohn-Bendits und Joschka Fischers, damals Fraktionssprecher der Grünen im Bundestag, anzuzapfen, doch habe die zuständige Amtsrichterin Bedenken geäußert. Schließlich sei niemand verpflichtet, den Behörden den Aufenthaltsort eines Gesuchten mitzuteilen. Die deutsche Justiz beantragt im Europaparlament die Aufhebung von Cohn-Bendits Immunität, um zu ermitteln, ob er sich der Strafvereitelung schuldig gemacht habe. Der Beschuldigte verfolgt die Angelegenheit gelassen. Er hätte nichts gegen einen Prozeß, denn »das war doch gerade ein schwerer Schlag gegen den Terrorismus, Klein bei der Flucht nach Frankreich zu unterstützen, so ist er davon losgekommen«.

Am 23. November 2000 wird Cohn-Bendit als Zeuge vor Gericht geladen. Er soll dem Gericht helfen, die Persönlichkeit und Motivation des Ex-Terroristen Klein zu verstehen. »Es ist immer schwierig, so eine wilde Küchentherapie vor Gericht zu veranstalten«, weicht er zunächst aus. Es sei sehr anstrengend gewesen, sagt er später, eine »Couchanalyse über jemanden in seiner Anwesenheit zu formulieren«. Er habe Klein früher gemocht, doch habe sich die menschliche Zuneigung abgekühlt wegen dessen militanten Gehabes. Er selbst sei in dieser Zeit für Klein sowieso nur »das liberale Schwein« gewesen, »das sich einfach nicht entschließen konnte zu handeln«. Kleins Abdriften in den Terrorismus empfindet Cohn-Bendit auch als persönliche Niederlage. »Das ist unsere Schuld. Er hat bei uns keine Heimat gefunden.«

Cohn-Bendit schildert dem Gericht eines der letzten Telefonate mit Klein vor dessen Festnahme. Es ging um die Rückkehr nach Deutschland. Klein bat um einen letzten Aufschub, weil er den Sommer noch einmal mit seinen Kindern in Freiheit verbringen wollte. Während Cohn-Bendit erzählt, bricht er plötzlich in Tränen aus, so daß der Richter eine Pause anordnen muß, damit sich der Zeuge wieder sammeln kann. Warum hat er geweint? »Es war dieser Moment, wo sich die ganzen Emotionen verdichteten, weil, mein Gott, ich hab' ihm gesagt, du kriegst vielleicht acht Jahre, aber er kann auch lebenslänglich kriegen. Die Verantwortung, die man übernimmt ... Ich habe ihm gesagt, du mußt dich stellen, es wird schon gut gehen. Aber *ich* muß ja nicht für 20 oder 25 Jahre ins Gefängnis, wenn es nicht gut geht.« Also eine Art Schuldgefühl? »Nein, keine Schuld, es war eine übergroße Anspannung. Diese Unsicherheit, die ich in meiner Rolle empfand, die mußte einfach raus.«

Während er eine Amnestie für Aussteiger fordert, bezeichnet er die noch aktiven Guerillakämpfer 1986 im *Pflasterstrand* verächtlich als »neue Killergeneration«, deren Morde »mehr dem Bewußtsein eines Mafioso entsprechen als dem eines Freiheitskämpfers. Der Unterschied zwischen der Mafia und der killenden Generation ist, daß die sizilianische Loge nie behauptet hat, etwas anderes zu sein.« Um so mehr empört es ihn, daß ihm trotz dieses eindeutigen Urteils immer wieder zu große Nähe zum Terrorismus vorgeworfen wird. »Ich habe die Nase voll, mich für etwas zu rechtfertigen, womit ich nichts zu tun hatte«, schleudert er der Moderatorin Sandra Maischberger in einem Interview entgegen. Wenn er so aufbraust, wird die Mühe offenbar, die es ihm bereitet, seinen eigenen Ansprüchen gerecht zu werden, nämlich »immer offen zu bleiben für Selbstkritik und dafür, aus unserer eigenen Geschichte zu lernen – das ist doch der Sinn emanzipatorischer Politik. Damit werden wir die anderen beschämen.«

Sein Verhältnis zum Staat, zur Polizei und zum Straßenkampf hat sich im Verlauf der Jahrzehnte verändert, vielleicht sogar mehr, als er zugeben möchte. Er hat sich vom Staatsfeind zum staatstragenden Politiker entwickelt. Er selbst unterstreicht gerne die Kongruenz seiner Grundhaltung damals und heute. Im Selbstporträt nimmt er dem »Roten Dany« der 60er und 70er Jahre gerne etwas Radikalität, zeichnet den Europapolitiker Cohn-Bendit von heute weniger etabliert, aufmüpfiger, als es sich im Parlamentsalltag darstellt. Zumindest in einer Frage hat er sich tatsächlich kaum vom Fleck bewegt: Seiner ablehnenden Position gegenüber dem Terrorismus und seinen Folgen ist er über Jahrzehnte hinweg treu geblieben.

Sabine Stamer

Wenn der Sponti mit dem Körnerfresser … – Kurs auf die Parlamente

Die Revolution ist ausgeblieben, die Verbrüderung mit den Arbeitern nicht erfolgt. Die Rote Armee Fraktion bringt mit ihren Terrorakten nicht nur Repräsentanten der Bourgeoisie zu Tode, sondern auch die Linke unter Beschuß. Die alternativen Projekte leiden unter permanenten Existenznöten und erweisen sich nicht als reeller Ersatz für eine gesellschaftsverändernde Strategie. Wer noch auf einen »anständigen« Job in den Institutionen des verschmähten Establishments hofft, dem droht Berufsverbot. So mancher desillusionierte Kämpfer verkriecht sich nun hinter der Parole »Das Private ist politisch« und kümmert sich nach diesen unruhigen, aktionistischen Jahren erst mal um sich selbst. Die Spontis sind weitgehend frustriert und resigniert.

Zur selben Zeit entsteht gleichsam hinter ihrem Rücken eine neue radikale Bewegung in der Republik. Zehntausende, bald Hunderttausende demonstrieren gegen Atomkraft in Brokdorf, Gorleben, Kalkar und Grohnde. Auf breiter Ebene formt sich ab Mitte der 70er Jahre ein Umweltbewußtsein, das nicht nur an den profitorientierten Grundfesten des Kapitalismus rütteln will, sondern zugleich die fortschritts- und technikgläubige Grundhaltung der traditionellen Linken in Frage stellt. Auch die Spontis beginnen angesichts der ökologischen Massenbewegung, über ihre unbescheidene Maxime »Wir wollen alles!« nachzudenken. Aber so schnell denkt selbst ein Sponti nicht um. Die Massendemonstrationen und gewaltfreien Aktionen gegen die Startbahn West, die den Frankfurter Flughafen erweitern soll, finden zwar direkt vor ihrer Haustür, aber im wesentlichen ohne ihr Zutun statt.

»Ich fand es wichtig, daß man gegen die Startbahn ist«, sagt Cohn-Bendit heute, »aber ich konnte mich nicht so identifizieren. Diese Volkseinheit war mir immer ein bißchen suspekt.« Besser identifizieren kann er sich mit einem Ausspruch des Kabarettisten Matthias Beltz: »In Deutschland ist es leichter, sechs Millionen Bäume zu retten als sechs Millionen Juden.« Es sei sicher kein Zufall gewesen, meint Cohn-Bendit, daß sich die Bewegung gegen die Startbahn auch gegen eine Gruppe von Roma und Sinti wandte, die im Wald campierte. »Das war den guten Menschen, die sogar die Punks angenommen hatten, zuviel. In ihrem Wald wollten sie keine Roma und Sinti.«

So ein richtiger Naturgrüner im Herzen ist Cohn-Bendit bis heute nicht. Welche Rolle spielt für ihn persönlich die Ökologie? »Es ist rational wichtig. Ich finde, es ist eine entscheidende Veränderung im politischen Bewußtsein oder wie man Politik machen muß. Es ist aber nicht von existentieller Bedeutung. Wenn man mit Ökologie nur Natur verbindet, dann würde ich sagen: Ich kann nicht auf dem Land leben, ich würde verrückt werden.« Hemmungslos flapsig gibt er zu, er sei kein Ökologe, sei nicht geboren, um sich um Müll zu kümmern. Wichtig sei das Thema, aber nicht seines.

Achtet er für sich und seinen Sohn auf gesunde, natürliche Ernährung? »Nee, nee, nee. Es ist mir sicher in den letzten Jahren wichtiger geworden, ein bißchen mehr darauf zu achten. Aber in dieser ganzen Tschernobyl-Sache war ich ein bißchen distanziert. Das war ein bißchen hysterisch. Ob ich recht habe oder nicht, sei dahingestellt. Ich fand es richtig aufzupassen,

Sabine Stamer

aber das Problem der Deutschen ist, daß es keine Distanz gibt. Man hatte den Eindruck, wir lebten nur fünfzig Kilometer entfernt von Tschernobyl. Daß es Auswirkungen hatte auf uns, das will ich nicht leugnen, aber plötzlich waren wir die Hauptopfer, in Anführungsstrichen.« Nicht der Bio-Laden an sich stört ihn, sondern die ideologische Borniertheit, die häufig damit einhergeht.

Als die verschiedenen Umweltgruppen sich Ende der 70er Jahre zusammentun und gemeinsam den Marsch in die Parlamente wagen wollen, da fühlt er sich wie viele 68er an die Utopie vom Marsch durch die Institutionen erinnert. Das jahrelange politische Engagement ist in eine Sackgasse geraten. Die Spontis wissen nicht mehr weiter, haben keinerlei gesellschaftliche Perspektive. Es bietet sich ihnen einfach nichts Besseres an, als auf den fahrenden grünen Zug aufzuspringen, zunächst allerdings, um ihn zu bremsen.

Von ungeheuren Bauchschmerzen werden die früheren Staatsgegner auf ihrem hindernisreichen Weg in die Parlamente geplagt. Sie schlagen argumentatorische Dreifach-Saltos, um ihre allmähliche Eingliederung in das System vor anderen und mehr noch vor sich selbst zu rechtfertigen. Cohn-Bendit – wie sollte es anders sein, trotz seiner Vorbehalte gegenüber den Ökos – ist einer der ersten Spontis, die mit den Grünen liebäugeln: »Der Joschka war dagegen, daß man zu den Grünen geht. Und ich habe Anfang der 80er Jahre gesagt, wir müssen die Grenzen von Massenmobilisierung und die Notwendigkeit der Parlamentisierung selbstkritisch sehen.« Als er zum ersten Mal wählen geht, Anfang der 80er Jahre, wann genau, das weiß er nicht mehr, da hat er feuchte Hände. In seinem Kopf hämmert es noch: »Nur die dümmsten Kälber wählen ihre Henker selber.«

Die Lektüre alter *Pflasterstrand*-Ausgaben bietet einen Rückblick auf seine rasante Entwicklung vom außerparlamentarischen Kämpfer zum sogenannten Realpolitiker, der sich wirkungsvolle Politik nur noch auf der Regierungsbank vorstellen kann. »Sponti hin, Sponti her, mit Parlamenten ham wers schwer«, kalauert Dany im August 1978. Die ersten grünen Listen bilden sich, die Spontis gründen ihren eigenen grünen Verein mit dem programmatischen Namen »Bürgerinitiative Chaos & Sumpf«, der kaum ahnen läßt, daß es sich hier um eine Wählerinitiative handelt.

»Wir wollen kein populistisches Programm, das zu allem und nichts eine scheinbar realistische Forderung formuliert und die GLH [Grüne Liste Hessen] als realistische Alternative zu den bürgerlichen Parteien anbietet«, konstatiert Cohn-Bendit. »Für uns läßt sich Ökologie staatlich nicht lösen. Also kein Programm, sondern die Formulierung von Problemen, Fragestellungen, Hoffnungen, Träumen. Unser Vorschlag anstatt eines Programms: ein Märchen.« Die Grünen sind von dieser Grundhaltung nicht gerade begeistert, dennoch kürt ihn die Grüne Liste Hessen zum Kandidaten für die kommenden Landtagswahlen.

Doch irgendwie ist der Kandidat doch nicht so 100prozentig von seinem Tun überzeugt, hat zudem vergessen, sich mit seinen engsten Genossen abzustimmen, und tritt kurz darauf zurück. »Meine Kandidatur war und ist eine Provokation und hat als solche ihr Ziel erreicht. Die Medien haben sich überschlagen, Gift und Galle gespuckt, den Politclown gebrandmarkt und die GLH unter Legitimationsdruck gestellt.« Mehr erwartet Cohn-Bendit zu diesem Zeitpunkt noch nicht vom grünen Abenteuer, denn: »Wo und wann ... werden Entscheidungen im Parlament gefällt? Diese erlauchte Gesellschaft sind doch nur Akklamationsinstitute für eine Politik, die andere woanders entscheiden.«

Kurz gesagt, Dany will nur ins Parlament, um dasselbe »zu verarschen«. Er träumt davon, daß auf grünem Boden eine »neue APO« wächst. Paradox, denn warum sollte eine neue *außer*parlamentarische Opposition gerade aus dem *parlamen-*

Sabine Stamer

tarischen Arm der Umweltbewegung entstehen? Doch mit diesem Widerspruch muß er leben, solange anderswo aktive Massen nicht in Sicht sind.

Die Bildung der grünen Bundespartei erfolgt 1980 ohne die Frankfurter Spontis, dennoch zeigt sich Cohn-Bendit sehr betrübt über das klägliche Scheitern des neuen Hoffnungsträgers bei der Bundestagswahl im selben Jahr und ist entschlossen, besser vorbereitet in die Kommunalwahl zu ziehen. Das erträumte grüne Märchen wird nun durch ein etwas bodenständigeres »programmatisches Mosaik« ersetzt, das langfristig unter anderem eine autofreie Innenstadt und kurzfristig Nulltarif im öffentlichen Nahverkehr für besonders Bedürftige fordert, einen städtisch kontrollierten Marihuanamarkt und daß kein Haus höher als ein ausgewachsener Baum gebaut werden dürfe. Das alles gefolgt von der Versicherung, er mache sich »keine parlamentarische Illusion«, doch geprägt von der Hoffnung, bei den Wahlen zum nächsten Oberbürgermeister Zünglein an der Waage spielen zu dürfen.

Der grüne Gründungsprozeß wird begleitet von nervenaufreibenden Auseinandersetzungen der verschiedenen Strömungen. Die ursprünglichen Gründer der Frankfurter Grünen, Radikalökologen um Jutta Ditfurth, Tochter des Wissenschaftsjournalisten Hoimar von Ditfurth, wollen mit den »K-Gruppen« nichts zu tun haben. Die Kommunisten wiederum können nicht mit den konservativen Naturschützern; die Spontis stehen – wie es ihnen gebührt – irgendwo dazwischen. Cohn-Bendit zählt nicht zu den Scharfmachern in dieser Debatte. Er versucht zu integrieren, fordert die eigenen Reihen zur Toleranz auf, mahnt, von anderen kein Spontiverhalten zu verlangen, sonst verkäme man zu »ML-Spontis«. Er plädiert dafür, niemanden auszugrenzen, auch die Kommunisten nicht. Dabei ist er allerdings selbst Stein des Anstoßes, fürchten doch die Ökologen, der rothaarige Bürgerschreck könne sie Wählerstimmen kosten.

Die Zersplitterung läßt sich nicht aufhalten, am Ende kandidiert nur die radikalökologische Fraktion alleine, zur großen Enttäuschung Cohn-Bendits: »Wir sahen uns schon im Stadtparlament und kreuzten in unseren kühnsten Träumen die rhetorische Klinge mit den gestandenen Eierköpfen aus dem herrschenden Block.« Die Spontis bleiben also draußen, Jutta Ditfurth & Co. ziehen 1981 allein ins Frankfurter Rathaus ein. Mit diesen frühen Streitereien wird der Grundstein gelegt für die spätere erbitterte Fehde zwischen den sogenannten Fundamentalisten und Realos.

Bei der Landtagswahl eineinhalb Jahre später erhalten die hessischen Grünen triumphale acht Prozent und werden aufgrund der uneindeutigen Machtverhältnisse gleich zum entscheidenden Faktor im Parlament. Die FDP scheitert an der Fünf-Prozent-Hürde. Der SPD bleibt nur die große Koalition oder eine Zusammenarbeit mit den Grünen. Vor diese Alternative sieht sich ausgerechnet Holger Börner gestellt, der noch vor kurzem lauthals verkündet hatte, er würde den Grünen lieber eins mit der Dachlatte überziehen, als mit ihnen Kompromisse eingehen. Börner denkt um, ein Teil der Grünen auch, beflügelt vom bisher Unvorstellbaren, einer Beteiligung an der Macht. Jetzt wird der Schützengraben durch die grüne Partei gezogen.

Die schlagkräftigen Namen für die beiden Hauptströmungen kreiert der *Pflasterstrand*: Fundamentalisten und Realpolitiker. Die Fundis gelten als die störrischen Prinzipienreiter, die Realos dagegen als die einzigen, die endlich einen realistischen Weg gefunden haben, gesellschaftliche Veränderungen faktisch durchzusetzen. Ausgerechnet die wilden Buben aus Frankfurt-Krankfurt-Gestankfurt, denen der Staat mit allen seinen Institutionen eben noch zutiefst verhaßt war, die sich gestern noch allerhöchstens vorstellen konnten, das Parlament zu »verarschen«, ausgerechnet die, allen voran Cohn-Bendit, stehen nun in vorderster Reihe und machen sich für eine Zusammenarbeit mit der SPD stark. Für viele Linke wird Cohn-Bendit die Inkarnation des Verräters, die Personifizierung des Opportunismus. Als die Realos mit der SPD auch noch weiterverhandeln, nachdem der Frankfurter Günter Sare bei einer Demonstration von einem polizeilichen Wasserwerfer überrollt wird und stirbt, werden Cohn-Bendit und Fischer von einigen Autonomen mit Farbbeuteln und Eiern attackiert.

Das kann sie natürlich erst recht nicht aufhalten. Die Beteiligung an der Macht scheint greifbar nah, und plötzlich glauben sie, dies sei auch die einzige erfolgversprechende Strategie, um politisch etwas zu erreichen. Wer einer Einordnung der Grünen in die staatlichen Machtstrukturen jetzt noch skeptisch gegenüberstehe, wer sein altes Mißtrauen gegen die Sozialdemokratie nicht im Zaume halten wolle, der, so sieht es Cohn-Bendit, verspiele eine historische Chance, der vertrete »verschlafene«, »aseptische Positionen«, der verharre in »defensiver Fundamentalopposition« und werde bald das Ende der Grünen herbeiführen.

Das alles übrigens kommt von einem, der immer noch nicht in die grüne Partei eingetreten ist. Während sich Joschka Fischer im Sommer 1981 zu diesem Schritt entschließt, wartet Cohn-Bendit, der von vornherein mitgemischt und an vorderster Front in die grüne Debatte eingegriffen hat, damit bis 1984. Und warum entschließt er sich dann plötzlich doch zur Vereinsmeierei? »Ich bin eingetreten, weil es die Ditfurth so gestört hat, daß ich eintrete. Das war ihre Angstperspektive, daß wir jetzt die Grünen in Frankfurt übernehmen, was dann ja auch geschehen ist. Sie wußte, wenn ich eintrete, würde das andere Leute zu demselben Schritt bringen. Es gab vorher eine richtige stalinistische Befragung von Ditfurth & Co., eineinhalb Stunden lang. Das war ein richtiges Verhör.« Doch hat sich wohl kein hinreichender Grund finden lassen, der dem Obersponti den Weg in die Partei versperrt hätte.

Der Haß zwischen Fundis und Realos nimmt unvorstellbare Dimensionen an. Woher rührt diese Feindschaft? Cohn-Bendit nennt für sich ein Schlüsselerlebnis.

Eine autonome Frauengruppe, vertreten durch seine frühere Freundin Barbara Köster, will gemeinsam mit den Grünen für die Kommunalwahlen kandidieren. Die Gruppe setzt sich u. a. dafür ein, daß Frauen wie Männer zur Bundeswehr zugelassen werden. »Daraufhin hat Frau Ditfurth zu ihr gesagt: ›Du bist also dafür, daß Frauen KZ-Wächterinnen werden.‹ Und das war für mich der Punkt, wo ich gesagt habe, das ist unerträglich. Und seitdem gibt es diesen Haß. Diese Frau, wie sie denkt, diese Art, wie sie Leute fertiggemacht hat ...«

Auch Ditfurths Lebensgefährte, Manfred Zieran, ebenfalls aktiver Grüner, bleibt von diesen Aversionen nicht verschont. »Es ist die Verlogenheit dieser Leute, die mich ärgert. Den hab' ich mal im Kino getroffen, es war so'n richtiger Hollywoodschinken. Na, wie heißt dieser Typ, der immer fliegt, dieser Lebensretter? Ja, Batman. Es war die erste Vorstellung in Frankfurt in einem Riesenkino. Da kam der Manfred Zieran raus und sagte zu mir: ›Was für ein Scheiß-Hollywood-Schinken! Sich in so ein Ding zu stürzen, aber wenn man gesehen wird, so zu tun, als ob man dagegen sei, diese Verlogenheit.«

Hat Cohn-Bendit bei seinem Parteieintritt trotz aller Heftigkeit und trotz seiner persönlichen Impulsivität häufig einen versöhnenden, integrierenden Part übernommen, so wetzt nun auch er die Messer im Streit für die Vorherrschaft der Realpolitiker gegen die – wie er sie schimpft – »radikalökologische Bolschewistenfraktion« – die ihrerseits gut gerüstet in den Ring steigt. Ohne Rücksicht auf Verluste vertreiben die grün gewordenen Spontis die eigentlichen Gründer der Frankfurter Grünen um Ditfurth aus der Partei, die bald von Cohn-Bendits und Fischers Gefolge dominiert wird.

1987 soll am Main ein Zeichen gesetzt werden. Die Grünen wollen ihren »Führungsanspruch« für die politische Gestal-

Sabine Stamer

tung der Stadt anmelden. Daniel Cohn-Bendit kandidiert für die »Oberbürgermeisterei«. Mit Blick auf die Fundamentalisten fordert er: »Wir müssen aufhören, mit dem Mythos des ›ganz Anderen‹ Schindluder zu treiben und versuchen, mit den politischen Mitteln, die uns in der BRD zur Verfügung stehen, die Exzesse, die Eingriffe und die Logik der herrschenden Rationalität zu durchbrechen.« Die Fundis sind stocksauer, alle anderen Parteien in Aufruhr: Der Revoluzzer wagt es, Kurs auf Amt und Würden zu nehmen ...!

Und was macht er, nachdem er all diese Aufregung verursacht hat? Er fährt sofort in Urlaub! Irene Khateeb, damals Fraktionsassistentin, rollt mit den Augen, als sie sich daran erinnert: »Dann fiel mir die Aufgabe zu, der staunenden Öffentlichkeit seine Abwesenheit zu erklären. Ich habe formuliert: Nur eine unabhängige Persönlichkeit wie Daniel Cohn-Bendit ist den sozialen, ökologischen und multikulturellen Herausforderungen dieser Stadt gewachsen.«

Gewählt wird er natürlich nicht, doch die Journalisten, die am Wahltag aus diversen europäischen Ländern zu diesem international unbedeutenden Ereignis angereist sind, kommen nur seinetwegen. Ihre Aufmerksamkeit gilt ganz und einzig dem gescheiterten Grünen und keineswegs dem erfolgreichen Kandidaten von der CDU.

Die Ruckartigkeit und Nonchalance, mit der Daniel Cohn-Bendit seine Wende zum Realpolitiker innerhalb weniger Jahre vollzieht, ist frappierend, zu erklären vielleicht aus der politischen Isolation und Perspektivlosigkeit, unter der er und seine Mitstreiter seit Mitte der 70er Jahre zunehmend leiden. Vielleicht kann man nun wenigstens ein paar konkrete Veränderungen herbeiführen, die vorerst abfällig »Reförmchen« genannt werden, da man selbst noch nicht so recht an ihren Wert glaubt. Diese Wandlung eines Teils der Linken hin zum Parlamentarismus ist nicht nur von äußeren Flügelkämpfen begleitet, sondern auch von innerer Zerrissenheit.

Erst weit später wird Cohn-Bendit seine neue Überzeugung ohne Wenn und Aber formulieren: »Was ist Revolution? Eine Machtübernahme, um Reformen zu ermöglichen, die vorher versäumt oder durch die Machtverhältnisse blockiert wurden. Wenn man es so sieht, muß man zugeben: Der bessere Weg ist permanente Reform. Dann muß man alles tun, eine revolutionäre Situation zu vermeiden, die ›Blut und Tränen‹ kostet. Und die es den Revolutionären erlaubt, tabula rasa zu machen, weshalb in der Revolution immer schon das totalitäre System angelegt ist. Und deshalb habe ich die Kategorie ad acta gelegt.« Da ist es bereits 1998, und Cohn-Bendit hat mehrere Jahre als Europa-Parlamentarier hinter sich.

Schon längst hat er seine »außerparlamentarische Triebstruktur« (Dany über Dany) überwunden und ist zu der Überzeugung gekommen, daß das bürgerliche Parlament besser funktioniert als die einst angestrebte Rätedemokratie. Er glaubt heute, daß die 68er richtigerweise eine gewisse Lähmung der parlamentarischen Demokratie gespürt, aber nicht eingesehen haben, daß es keine klare Alternative zum Parlament gibt. Man sei von einer permanenten Politisierung und allgemeinen Bereitschaft zur Selbstverwaltung ausgegangen und habe nicht erkannt, daß viele Menschen diese Aufgabe nicht selbst übernehmen, sondern lieber delegieren wollten. Und dafür biete die parlamentarische Demokratie die angemessene Kontrolle.

Ist außerparlamentarische Opposition für ihn heute noch von Bedeutung? »Ich halte die außerparlamentarische Opposition für eine notwendige Dimension einer demokratischen politischen Ausdrucksweise. Man sollte sich nur nicht in die Tasche lügen. Man kann nicht beides gleichzeitig sein. Man kann nicht im Parlament sein und außerparlamentarisch arbeiten. Das ist eine andere Ebene. Es ist eine Arbeitsteilung. Manche sagen, die Grünen im Parlament seien der parlamentarische Arm der Bewegung. Das ist nicht wahr. Es sind zwei verschiedene notwendige Dinge in einer Demokratie.«

Sabine Stamer

Die politische Ausweglosigkeit der Linken in den späten 70er Jahren fällt für die meisten zusammen mit persönlicher Perspektivlosigkeit. Das Leben im gesellschaftlichen Abseits war nur solange attraktiv, wie es Beachtung fand. Doch wer in den 80ern jung ist, schwärmt nicht mehr von 68, und die »alten« 68er streben auf die Midlife-Crisis zu (Dany wird bald 40), wo man zurückblickt auf das eigene Leben und sich fragt, was man eigentlich erreicht hat und wieviel Zeit einem noch bleibt, um etwas zu erreichen. Die Grünen suggerieren einen Weg heraus aus der Bedeutungslosigkeit, aus der politischen ebenso wie aus der persönlichen. Eine neue, ganz andere Zukunft wird visioniert.

So können die ehemaligen Sponti-Führer, als sie einmal die verstaubte parlamentarische Luft eingeatmet haben, plötzlich nicht genug davon bekommen. Ein politisches (vielleicht auch ein persönliches) Dasein außerhalb des parlamentarischen Systems scheint nicht mehr denkbar. Auf Landesebene wird aus der mißtrauischen Tolerierung der hessischen SPD bald eine rot-grüne Regierungskoalition. Als die bei der vorgezogenen Landtagswahl 1987 keine Mehrheit mehr erhält, weil die SPD so fürchterlich viele Stimmen verliert, bricht bei Cohn-Bendit der Katzenjammer aus: »Damals trieb uns die große Koalition auf die Straße, heute schmerzt uns der Verlust der rot-grünen wilden Ehe und droht, unsere politische Phantasie zu lähmen.« Selbst die Tatsache, daß die Grünen fast zehn Prozent der Wählerstimmen ergattert haben, kann ihn an diesem »Schwarzen Sonntag« nicht trösten.

Das höchste Ziel ist nunmehr, Mittel und Wege zu finden, um nicht nur im Parlament, sondern auch an der Regierung zu bleiben. Wenn es mit der SPD nicht geht, warum dann nicht mit der CDU? Das scheint nur noch ein gradueller Unterschied zu sein. Man könnte doch wenigstens mal darüber reden. Cohn-Bendit träumt »von einer politischen Konstellation, in der man sich aus der Umklammerung des Fraktionszwangs befreien und endlich nach inhaltlichen Mehrheiten suchen kann – also die absolut offene Beziehung.« In Frankfurt allerdings erscheint ihm die CDU »zu reaktionär«, aber grundsätzlich ist nichts mehr undenkbar. Alte Tabus werden über den Haufen geworfen. Neue Wege müssen her, eine neue Politik, ein neuer Pragmatismus.

Vor der Bundestagswahl 1990, als es so aussieht, als könnten SPD und Grüne nicht genügend Wähler für ihre Koalition gewinnen, da ist Cohn-Bendit der erste, der für eine sogenannte Ampel-Koalition aus SPD, FDP und Grünen in die Bütt springt, gebremst von Fischer, der sich mal wieder als der bessere Taktiker zeigt. Er findet es einfach unklug, ohne Not schon vor der Wahl schlafende Hunde zu wecken und Unruhe in den eigenen Reihen zu stiften. Er will diese Frage lieber offen lassen. Cohn-Bendit dagegen agiert auch als Realpolitiker »aus dem Bauch heraus«: »Wenn man schon was im Kopf hat, dann soll es vorher diskutiert und nicht aus parteitaktischen Gründen verborgen werden.«

Sehr früh wittern die beiden, daß das Unmögliche machbar sein könnte: einer von ihnen in der Regierung, ein grüner Minister in Wiesbaden oder gar in Bonn. Einen grünen Bundeskanzler könne er sich nicht vorstellen, verrät Cohn-Bendit bereits Anfang 1993 der *Bild*-Zeitung, aber »20 % und ein grüner Außenminister wären schon drin«. Während sich Fischer wohl von Anfang an gerne selbst auf diesem Posten sieht, ist Cohn-Bendit persönlich nicht daran interessiert, und das ist keine bloße Koketterie. Er will nicht eingebunden sein in Verpflichtungen, weder in inhaltliche noch in zeitliche. Er braucht seine Freiheit, er braucht auch seine Freizeit. Es gibt noch andere Dinge im Leben neben der Politik, die ihm wichtiger sind als ein Ministeramt.

Schon als 1983 in Hessen ausgekungelt werden mußte, wer als Kandidat für die Bundestagswahl antrat, hat Cohn-Bendit abgewunken. »Da gibt's eine ganz berühmte Situation, naja, berühmt ... Wir haben uns zum Mittagessen getroffen, die Ingrid, der Joschka und ich. Und der Joschka sagt, wir müssen bei den Grünen mitmachen, du hast recht. Und einer muß auch unseren Teil der Geschichte bei den Grünen repräsentieren und für den Bundestag kandidieren. Ich sollte das machen. Da hab' ich zu ihm gesagt, nee, das wäre mir zu doof, diese Tortur, mich bei den Grünen durchzusetzen. Aber ich würde ihn unterstützen, und er solle kandidieren. Und so ist er in den Bundestag gekommen.«

Daniel Cohn-Bendit sucht sich lieber seine politischen Nischen, in denen er nicht allzusehr bedrängt wird, in denen er die Freiheit hat, sich närrische Sachen auszudenken und sie auch auszuprobieren (oder in Urlaub zu fahren, wenn er gerade Lust hat). Mit Begeisterung stürzt er sich in den Kommunalwahlkampf 1989, denn er hat eine Idee: Ein Amt für multikulturelle Angelegenheiten soll geschaffen werden, und er will es nach Möglichkeit führen.

In diesem Wahlkampf muß er viel aushalten. »Soll Cohn-Bendit unsere Heimat bestimmen?« fragt die CDU in ihrer Wahlkampfzeitung. Eine Anspielung auf seine Abstammung? Er, ein Jude, ein heimatloser Geselle, also einer, der nicht dazugehört? In dieser Zeit ist er manchmal den Tränen nah. Seine Freunde drängen ihn, die Verleumdung nicht durchgehen zu lassen. Er stellt Strafanzeige wegen »Aufstachelung zum Rassenhaß«.

Vor diesem Hintergrund und in solch einem Klima gelangt die NPD mit sieben Prozent der Stimmen ins Stadtparlament. Doch die CDU selbst wird nach ihrer Angst schürenden Wahlkampagne nicht belohnt. Es gibt eine deutliche Mehrheit für Rot-Grün. Daniel Cohn-Bendit hält Einzug in den Frankfurter Magistrat.

Bürgerschreck in Amt und Würden – Dezernent für Multikulturelles

Wenige Monate nach der Wahl, im Juli 1989, beauftragt Oberbürgermeister Volker Hauff, SPD, Daniel Cohn-Bendit mit der Gründung eines Amts für multikulturelle Angelegenheiten. Es wird ein ehrenamtlicher Job. Der neue Dezernent erhält kein Gehalt, nur eine Aufwandsentschädigung von knapp 2000 Mark monatlich. Die drei hauptamtlichen grünen Stadträte geben ihm je 500 Mark ihres Entgelts ab. Das reicht ihm, damit kann er leben. Doch hat er politische Bedingungen gestellt, bevor er sein Amt antrat. Er verlangt von SPD und Grünen, daß sie die Probleme des multikulturellen Zusammenlebens in der Stadt als vorrangig ansehen und daß das Amt, einzigartig in seiner Art, als Experiment toleriert wird, das Fehler machen darf. »Ich lasse mich nicht herunterputzen zu einem Pfarrer fürs schlechte Gewissen und auch nicht zu einem Kläffer ohne Gestaltungsmöglichkeiten.«

Zunächst gilt es, die einfachsten Voraussetzungen zu schaffen. Mehr als ein paar unmöblierte Räume im Westend stehen erst mal nicht zur Verfügung, kein Telefon, kein Computer, kein Personal. Das neue Amt kann über einen Jahresetat von 1,7 Millionen Mark verfügen. Nach einem Jahr sind 15 Mitarbeiter fest eingestellt, die ersten Anhörungen und Initiativen gelaufen. Mit großen Kompetenzen wurde das Amt nicht ausgestattet. Aber Cohn-Bendit ist es nur recht, daß sein Aufgabengebiet vage gehalten wird, so kann er die Lage in Ruhe sondieren.

Seinem Amt stehen mehr Möglichkeiten offen als der anderswo bestehenden Einrichtung der Ausländerbeauftragten. Es hat die gleichen Rechte und Pflichten wie jede andere städtische Behörde. Es versteht sich als Vermittlungsstelle zwischen Deutschen und Migranten bzw. zwischen verschiedenen Migrantengruppen. »Die Vermittlung und Zusammenführung in diesem »melting-pot of nations« ist das Anliegen, nicht die seelsorgerische und almosensammelnde Sozialarbeit«, formuliert Cohn-Bendit seine Aufgabe. Das Amt soll als Initiativkraft wirken, »die die gesamte Stadtpolitik durchforstet und sie perspektivisch anders entwirft«. Daß die anderen Dezernenten von einer derartigen Einmischung nicht gerade begeistert sind, braucht kaum erwähnt zu werden. Daß ihn das nicht abschreckt, ebensowenig.

Da sitzt er nun zum ersten Mal von Amts wegen auf einem Behördenstuhl und versucht sich – oft zottelig und unrasiert – an seine neue Rolle zu gewöhnen. Am Anfang sei er ganz automatisch selbst ans Telefon gegangen und habe sich mit »Dany« gemeldet wie in seiner Wohngemeinschaft, erzählt seine frühere Mitarbeiterin Irene Khateeb. »Das habe ich ihm dann verboten, aber es hat nicht geholfen. Aus Neugier ist er reflexartig drangegangen: ›Was, Termin? Nö, kann ich nicht, nö, weiß ich nicht ...‹ Ich hab ihm auch gesagt: Du mußt dich doch nicht von jeder 20jährigen Moderatorin duzen lassen in deinem Alter!«

Kaum hat er seinen Job angetreten, da flattert ihm ein uralter Zahlungsbefehl aus dem Jahre 1975 ins Haus, Folge einer Verurteilung wegen gemeinschaftlicher Nötigung im Rahmen einer Demonstration. »Im Laufe des Monats wird gezahlt«, verspricht er und lächelt spitzbübisch. Dann verschafft ihm sein Fahrrad, mit dem er täglich ins Büro fährt, Schlagzeilen und eine neue Anzeige. »Fahrrad-Rowdy«, titelt *Bild*. »Rüpel«, schimpft die CDU. Da soll doch der Dezernent glatt verkehrt herum in Einbahnstraßen radeln und auch in Fußgängerzonen nicht absteigen. Da stachele er schon wieder andere zum Gesetzesbruch an, wie früher als Studentenführer, empört sich der »Bund für Fußgänger«. Als Radfahrer habe er nie jemanden verschrecken wollen, entschuldigt sich der flegelhafte Stadtrat in einer heiteren Sitzung des Parlaments und gelobt Besserung.

Als Chef ist er sehr beliebt. »Wir konnten total angstfrei arbeiten. Probiert es aus, hat er gesagt, und wenn es nicht klappt, dann machen wir es anders. Der hat auch nichts Dünkelhaftes«, erinnert sich Irene Khateeb. Auch die Amtsleiterin, Rosi Wolf-Alamanasreh, denkt gerne an das partnerschaftliche Verhältnis zurück: »Er war in keiner Weise intrigant, er war offen und klar, direkt, manchmal zu direkt, entscheidungsfreudig, pragmatisch, er hatte Visionen und unkonventionelle Ideen.« Eine Lobeshymne, die nur durch einen kleinen Wermutstropfen getrübt wird: »Ich hätte mir manchmal gewünscht, daß er mich lobt. Das hat er nie gemacht.« Aufs Rüffeln dagegen versteht er sich gut. »Was meine Amtsleiterin da gemacht hat, war Scheiße«, donnert er auf einer Pressekonferenz in die Mikrophone. Einige Journalistinnen sind konsterniert. »Ach was«, winkt er ab und klopft der Getadelten jovial auf die Schulter, »die Rosi weiß schon, wie ich das meine.« Mitunter ist er nicht viel sensibler als ein Elefant im Porzellanladen.

Erstaunt sind seine Mitarbeiter darüber, wieviel Kenntnis über Verwaltungsvorgänge der anti-bürokratische Ex-Sponti vorzuweisen hat, während man sich nach dem Motto »Wie bastele ich mir eine Magistratsbeschlußvorlage?« durch den neuen politischen Alltag wühlt. »Aber große Lust drauf hatte er natürlich nicht, war ja auch nicht seine Aufgabe. Es hat gereicht, wenn er gesagt hat: Macht mir in zwei Tagen ein Konzept ...«, erinnert sich Irene Khateeb.

Mit zunehmender Erfahrung professionalisiert sich das

Sabine Stamer

Amt. Auch neue Schreibtische werden angeschafft, nur Cohn-Bendit will keinen, der aus dem Altmöbellager reicht ihm, gerade der richtige Untersatz für seine Lampe mit dem Etikett »Marke selbstgebaut«. An der Wand ruft ein schwarz-rot-weißes Plakat, ordentlich gerahmt, in mehreren Sprachen zu Hausbesetzungen auf: Ein Spekulant mit dicker Zigarre greift nach einer Reihe kleiner Häuser.

Reliquien mit nur noch nostalgischem Wert. Als es zur ersten realen Hausbesetzung seit dem Machtwechsel im Römer kommt, wirbt der ehemalige Hausbesetzer Cohn-Bendit um Verständnis für die Räumungsdrohung: Der Magistrat müsse bei der Belegung städtischer Häuser eine Fülle von Initiativ- und Interessengruppen berücksichtigen. Nach wenigen Stunden ziehen die Besetzer tatsächlich wieder ab. Die Zeiten haben sich geändert.

Und als SPD-Oberbürgermeister Volker Hauff in den ersten Monaten der Koalition von den Grünen verlangt, dem Bau von drei Bürohochhäusern im Westend zuzustimmen, zählt Cohn-Bendit zu den ersten, die sich auf einen für die Grünen schmerzhaften Kompromiß festlegen lassen. Die Koalition muß unbedingt halten, schließlich will der multikulturelle Dezernent sein gerade erst erfundenes und gegründetes Amt nicht schon verlieren, bevor es überhaupt richtig losgegangen ist. Außerdem hat er persönlich gar keine grundsätzlichen Vorbehalte gegen Wolkenkratzer, im Gegenteil: »Es ist echt geil, angetört und mit dem Walkman auf dem Kopf durch die Hochhausschluchten zu fahren«, verrät er der *tageszeitung*. Und das ist ihm nicht plötzlich aus koalitionstaktischen Gründen aufgefallen.

Eine Freundin aus alten Tagen, Linda de Voss, erinnert sich, wie Dany sie in ihrem Aussteigerdomizil auf Jamaica besuchte. Das ist Anfang der 80er Jahre, als sich in Deutschland gerade ein ökologisches Bewußtsein ausbreitet. Linda will einmal ausprobieren, wie es sich in der Natur lebt, ohne Licht und Wasser. »Und dann saß er immer am Strand und hat so linke Revolutionslieder gesungen, ›Bandiera Rossa‹ und so. Er hat da am Wasser gesessen und immer von der Frankfurter Skyline geträumt und phantasiert, wie er die mag, ziemlich paradox. Mich hat das total genervt; ich dachte, so ein Depp. Heute mache ich das selber.«

Eins der geplanten Hochhäuser ist Cohn-Bendit allerdings ein Dorn im Auge, der sogenannte Campanile. Den findet er im Modell zwar »sehr schön«, im Gutleutviertel direkt neben dem Hauptbahnhof allerdings eine »schlimme Sünde«. Diese Wohngegend mit hohem Ausländeranteil dürfe nicht zerstört werden, meint er und kämpft für eine ausgefallene Alternative: einen fünfgeschossigen Basar-Komplex mit internationaler Beteiligung, in dem neben Frankfurter und bayrischen zum Beispiel türkische und rumänische Geschäfte und Restaurants Platz haben, ein Markt, ein türkisches Bad im Keller, ein Café mit »Gleisblick« unterm Dach. Das Ganze »getarnt« als Busbahnhof, um das Ladenschlußgesetz zu umgehen. Er ist vernarrt in diese Idee, findet aber nicht viele Mitkämpfer, nicht einmal in der eigenen Partei. Für so was seien die alle viel »zu kleinbürgerlich«, stellt er enttäuscht fest.

Etwa 25 Prozent der Frankfurter besitzen keinen deutschen Paß. Jeder vierte Bewohner der Stadt, jeder dritte Schüler ist Ausländer. Sie entstammen 180 verschiedenen Nationalitäten. Die Möglichkeit der doppelten Staatsbürgerschaft soll helfen, sie in die Gesellschaft zu integrieren. Das geltende Gesetz, noch auf Blutsrecht basierend, ist für Cohn-Bendit »das rassistischste aller rasssistischen Gesetze«. Deutschland sei ein Einwanderungsland, proklamiert er immer wieder und betont, daß es sich hierbei seiner Meinung nach keineswegs um einen Wunsch handele oder um einen Traum, sondern schlichtweg um die Realität. Mit dieser Realität gelte es umzugehen.

Er plädiert für einen klaren Trennungsstrich zwischen Asylrecht und Einwanderungspolitik, für ein Einwanderungsge-

Sabine Stamer

setz, das die Modalitäten regelt und sogenannten Wirtschafts-flüchtlingen andere Wege nach Deutschland eröffnet als den Mißbrauch des Asylrechts. Und dies sei auch im Interesse der deutschen Wirtschaft, denn trotz der Arbeitslosigkeit könnten viele Stellen nicht besetzt werden. »Das Boot ist zu leer!« lautet seine Devise.

Das Amt für Multikulturelles richtet sich ausdrücklich nicht nur an die Ausländer, sondern an alle, die von Problemen des Zusammenlebens betroffen sind, also auch an die Deutschen. Ausländer seien nicht per se die besseren Menschen – daran erinnert Cohn-Bendit gerade auch immer wieder in der eigenen Partei. Oft wird er als Schiedsrichter angerufen, nicht selten gelingt es ihm zu vermitteln oder wenigstens zu beschwichtigen. Als sich beispielsweise Frankfurter Bürger wiederholt beschweren, weil die regelmäßigen Feste nach den sonntäglichen polnischen Gottesdiensten ihre Grünanlagen in eine Müllkippe verwandeln, schnappt sich der Dezernent eines Sonntags seinen einjährigen Sohn Béla und einen Packen Flugblätter, mit denen er die Polen zu Rücksicht, Ruhe und Sauberkeit auffordert.

Er vermittelt zwischen Gastwirten des Vergnügungsviertels in Sachsenhausen und amerikanischen Soldaten, die nach exzessivem Apfelwein-Genuß auf der Straße randalieren. Auf einer Bürgerversammlung, die die Unterbringung von Asylbewerbern in einer ehemaligen Kaserne vorbereiten soll, fragt ein älterer Nachbar besorgt, wer ihm denn dann helfe, wenn es nachts immer zu laut werde. »Dann komme ich und stelle mich in Ihr Schlafzimmer und hör mir an, wie laut das ist«, verspricht der Multikulti-Dezernent. »Und das hätte er ohne weiteres gemacht«, versichert seine damalige Mitarbeiterin Irene Khateeb. Er ist sich nicht zu fein, überall selbst vor Ort zu erscheinen, und das ist in seinem Amt keineswegs selbstverständlich.

In schwierigen Situationen zeigt er großes Verhandlungsgeschick. Nachdem Bundesinnenminster Manfred Kanther

1993 die PKK und andere kurdische Organisationen verbietet, besetzen Kurden in mehreren Städten ihre Vereinsräume. Im Frankfurter Stadtteil Gallus sperren sich 400 Kurden und Kurdinnen mit Kindern in ihrem Kulturzentrum ein und drohen, sich selbst anzuzünden, falls die Polizei sich anschicke, gewaltsam zu räumen. Cohn-Bendit vermittelt. Die Kurden geben ihr Zentrum für eine polizeiliche Durchsuchung frei und dürfen anschließend wieder zurückkehren. Sie lösen ihren Verein auf und bilden einen neuen, der ungehindert arbeiten darf, weil er verspricht, keine Propaganda für die PKK zu machen. Im Mai 1994 trägt Cohn-Bendit wesentlich dazu bei, daß eine der größten Kurdendemonstrationen Frankfurts ohne Polizeieinsatz friedlich verläuft. »Cohn-Bendit entschärfte Bombe«, lobt die *Bild*-Zeitung nach einer seiner erfolgreichen Verhandlungen.

Der Dezernent genießt Vertrauen auf beiden Seiten, bei den Ordnungshütern ebenso wie bei ausländischen Organisationen. An der Polizeiführungsakademie in Hiltrup hält er einen Vortrag über das Zusammenleben von Ausländern und Deutschen in der Großstadt. Da wird er gefragt, ob er sich 68 hätte vorstellen können, in dieser Weise an der Gesellschaft mitzuwirken und kontert: »Hätten Sie sich vor 20 Jahren vorstellen können, daß heute 50 Polizisten anderthalb Stunden dem Schwachsinn von Cohn-Bendit zuhören?« Gemeinsam mit dem Frankfurter Polizeipräsidenten klebt er Plakate, die für Ausländer im Polizeidienst werben. Denn so richtig spannend werde es erst, findet Cohn-Bendit, wenn es ganz normal sei, daß ein Türke einen Deutschen festnehme.

Einmal bitten ihn sogar die Sikhs, den kommissarischen Vorsitz ihrer Gemeinde zu übernehmen, weil sie sich wegen eines Anschlags auf eine Moschee in Indien heillos zerstritten haben. Werden ihm solche Aufgaben angetragen, dann bekommt er ganz leuchtende Augen. So wird er also vorübergehend zum Oberhaupt der Frankfurter Sikhs. Auch die Rocker scheinen ihn als vertrauenswürdig anzusehen. So trifft sich Cohn-Bendit mit einer Abordnung von Rockerclubs aus der ganzen Bundesrepublik, die klagt: »Wir werden wie Ausländer behandelt, wir fühlen uns wie Kanaken im eigenen Land«, und erhält noch lange danach von ihnen Ansichtskarten aus dem Urlaub.

Als schwieriger erweist sich die Zusammenarbeit mit den Sinti und Roma. Wohlmeinend plädiert Cohn-Bendit dafür, Roma-Flüchtlinge aufzunehmen, auch wenn sie »ein anderes Verhältnis zum Eigentum« hätten, entschuldigt deren Betteln, aggressives Handeln und Diebstahl als »Überlebensstrategie«. Der Verband der Roma und Sinti ist empört und befindet, mit solchen Positionen würde ausgerechnet der Dezernent für Multikulturelles alte Vorurteile reproduzieren. Nachdem das Amt eine Untersuchung der Situation dieser Volksgruppen in Frankfurt auf den Weg bringen will, spricht der Zentralrat der Roma und Sinti verärgert von »Sondererfassung« und fühlt sich an den Rassismus des Naziregimes erinnert. Das Vorhaben wird eingestellt. Cohn-Bendit bekundet Bedauern, daß sich jemand verletzt fühlt, doch im Grunde sieht er in diesen Reaktionen ein Denkverbot.

Wenngleich sein Amt ihm so große Anerkennung einbringt, daß selbst die CDU nicht mehr daran zu rütteln wagt, gibt es doch Zeiten, da bewegt er sich auf einem schmalen Grat zwischen Vorwürfen von links und rechts. Von Rechtsradikalen wird er nicht nur wüst beschimpft, sondern auch bedroht. Doch will er sich dadurch nicht einschüchtern lassen. »Man entscheidet sich, man hat Angst, oder man hat nicht Angst. Ich kann nicht wegen jedem anonymen Brief anfangen zu zittern oder mich anders bewegen, das hat keinen Sinn.« So weigert er sich, jedes Mal die Polizei zu Rate ziehen. Seine Mitarbeiterinnen sehen das anders, besonders nachdem Cohn-Bendit im Juli 1990 Vater geworden ist.

»Wir haben mit der Polizei gesprochen«, erinnert sich Irene

Khateeb, »und die Polizei hat es selbst gewollt, wollte in der Nähe sein, wenn er eine große Veranstaltung zu einem kitzligen Thema macht. Das haben wir gemacht, ein bißchen hinter seinem Rücken, und dann hat er's geduldet.« Als ein Lehrer ihn in einem Flugblatt als »Feind des deutschen Volkes« bezeichnet, weil er nichts gegen die »Überfremdung« tue, erstattet Cohn-Bendit nur Anzeige, weil die Polizei ihm dazu rät. Das Urteil für den Lehrer: Geldstrafe auf Bewährung und 3000 Mark an einen gemeinnützigen Verein.

Cohn-Bendit plädiert für eine offensive Auseinandersetzung mit der NPD und den Republikanern. Berührungsängste sind ihm fremd. Der Konsens der demokratischen Parteien, Gewerkschaften, Kirchen und der jüdischen Gemeinde, die Rechten zu ignorieren und somit aus der Gesellschaft auszugrenzen, ist seiner Meinung nach kontraproduktiv. Immer wieder erlebt er im Stadtparlament, wie besuchende Schulklassen von NPD-Reden berieselt werden, ohne daß sich jemand damit auseinandersetzt. »Organisierte Ignoranz« nennt er das und hält die Verteufelung der Rechtsradikalen für eine Dummheit. In einer Demokratie dürfe es keine Stimmen geben, die nichts wert seien. Und schließlich seien die Wahlerfolge der Republikaner und der Deutschen Volksunion nur »Fotografien der real existierenden Bewußtseinslage der Bevölkerung«.

Es ist die Zeit massiver gewalttätiger Angriffe von Rechtsradikalen auf Ausländer. Bei Brandanschlägen auf Wohnhäuser in Mölln und Solingen werden 1992 und 1993 acht Türkinnen getötet. In Rostock kommt es nach Übergriffen auf die Zentrale Aufnahmestelle für Asylbewerber zu stundenlangen Straßenschlachten, bei denen rechtsradikale Jugendliche von »braven« Anwohnern mit ausländerfeindlichen Parolen angefeuert werden. Der Verfassungsschutzbericht für das Jahr 1992 spricht von 2 584 Gewalttaten mit rechtextremistischem Hintergrund, 74 Prozent mehr als im Vorjahr.

In dieser Atmosphäre steht Cohn-Bendit mit seinem Ansinnen, einer Debatte mit den Rechtsradikalen nicht auszuweichen, allein auf weiter Flur. Man warnt ihn, nicht zum »Türöffner der Rechten« zu werden. Unter diesen Umständen verzichtet er auf die direkte Konfrontation: »Ich mache doch nicht den Kasper!«

Zustande kommt allerdings eine gemeinsame Pressekonferenz mit der als rechtsradikal verpönten Band Böhse Onkelz. Als der Oberbürgermeister dem Stadtrat untersagt, die Konferenz in seinen Amtsräumen durchzuführen, hält Cohn-Bendit sie kurzerhand als Mitglied der Grünen in den engen Räumen der Fraktion ab. Man wirft ihm vor, er sei auf einen Kommerzgag der Band hereingefallen, denn seit geraumer Zeit finden die Böhsen Onkelz aufgrund ihres schlechten Rufs keine Veranstaltungssäle mehr und wollen nun ihr Image aufpolieren. Aufgebrachte Autonome stören »den Dialog mit den angeblich gewendeten Faschos« und kippen vor der Tür eben mal einen Aktenschrank um, bevor sie die Veranstaltung verlassen.

Natürlich weiß Cohn-Bendit, daß die Böhsen Onkelz ihn zur Imagepflege benutzen wollen. Aber umgekehrt will er sie eben benutzen, um an ihre Fans heranzukommen, an die Jugendlichen, die anfällig sind für rechte Parolen. Er will in das festgefügte Lagerdenken einbrechen und wünscht sich eine Diskussionsveranstaltung mit den Musikern der Band in einem Frankfurter Arbeiterviertel, auf der über Rassismus, Rechtsradikalismus, Frauenverachtung und Gewaltverherrlichung debattiert wird. Die Veranstaltung findet nie statt, es gibt keine Bündnispartner für ein solches Projekt.

Im Umgang mit dem Rechtsradikalismus liegt längst nicht der einzige Konflikt, den der grüne Multikulti-Dezernent mit seiner eigenen Partei ausficht. Die damalige Beschlußlage der Grünen, offene Grenzen zu fordern, um allen Ausländern eine legale Einwanderung zu ermöglichen, hält er für »unsinnig« und »gefährlich«. Es gebe keine Gesellschaft auf der Welt, in der Einwanderung nicht zu Problemen und Konflikten führe, schreibt er in einem offenen Brief. Die Bürger des Einwanderungslandes müßten die Bedingungen der Einwanderung festlegen, aber sie würden von den Grünen einfach übergangen. »Mit eurem Beschluß habt ihr euch großspurig an die Völker der Welt, nicht aber an die Bürger und Bürgerinnen dieses Landes gewandt.« Seiner Meinung nach dienen die Beschlüsse seiner Partei vornehmlich dazu, »sich selbst ein Gefühl der moralischen Überlegenheit zu schaffen«.

Cohn-Bendit setzt sich für eine Änderung des Asylparagraphen 16 im Grundgesetz ein – für die grüne Partei ein Tabu höchsten Ranges. »Eine Seite muß sich bewegen, sonst bewegt sich überhaupt nichts«, argumentiert er, und außerdem komme sowieso niemand daran vorbei, das Asylrecht zu europäisieren. Eine Paketlösung strebt er an: »Politisches Asyl für politisch verfolgte Menschen, Bleiberechtsgesetze für Kriegsflüchtlinge und ein Einwanderungsgesetz für in ihrer ökonomischen Existenz bedrohte Menschen.« Als sich die etablierten Parteien 1993 auf einen Kompromiß einigen, der beinhaltet, Asylbewerber, die über ein sicheres Drittland einreisen, postwendend zurückzuschicken, ist er maßlos enttäuscht über diese »kleinmütige, kalte Lösung« und betrachtet sich als »den großen Verlierer dieses Beschlusses«. Wo Flüchtlinge nur noch per Schiff oder Flugzeug ins Land gelangten, könne man nicht mehr von Asylrecht sprechen.

Drei Jahre später, als das Bundesverfassungsgericht diese weitgehende Aushöhlung des Paragraphen 16 für rechtens erklärt, fällt seine Reaktion dagegen erstaunlich gefaßt und gemäßigt aus: »Die Frage, wie wir mit den realen Problemen fertig werden, wird ohnehin nicht rechtlich gelöst. Wer glaubt, durch Rechtsstreit die Lage der Flüchtlinge zu verbessern, irrt.« Cohn-Bendit sitzt inzwischen im Europaparlament in Brüssel und tröstet sich mit seinen Hoffnungen auf eine europäische Lösung, obwohl die noch nicht einmal in Ansätzen zu sehen ist. Europa sei »weniger nationalistisch gefährdet« als der einzelne Nationalstaat, glaubt er.

Doch erst einmal zurück nach Frankfurt. Den Rücktritt von Oberbürgermeister Volker Hauff im März 1991 empfindet Cohn-Bendit politisch und persönlich als schweren Schlag. Die Zusammenarbeit mit dem Nachfolger Andreas von Schoeler klappt nicht so gut und bricht schließlich ganz auseinander, als in geheimer Wahl zwei Sozialdemokraten der grünen Kandidatin für das Gesundheitsdezernat ihre Stimme verweigern. Von Schoeler tritt zurück. Neuwahlen werden ausgeschrieben, denn der OB wird in Frankfurt am Main direkt gewählt. Die meisten Grünen haben nach diesen Erfahrungen wahrlich keine Lust, für den SPD-Kandidaten zu stimmen oder gar für ihn die Trommel zu rühren.

Anders Daniel Cohn-Bendit. Hatte er 1987 noch die Fundis und Radikalökologen gegen sich aufgebracht, weil er höchstpersönlich für die »Oberbürgermeisterei« kandidierte, so argumentiert er nun vehement für das kleinere Übel. Wer am Wahltag zu Hause bleibe, wettert er gegen die »Faulheit« der Linken, der »liquidiert die Möglichkeit grüner Politik in Frankfurt«. Die christdemokratische Kandidatin Petra Roth verkörpere die »Politik des Zurücks in die 60er Jahre«. Mit ihr überlasse man die Stadt den Betonfraktionen von CDU und SPD. »An diesem Tag müssen wir mit Verstand wählen. Deshalb diesmal Andreas von Schoeler, und in sechs Jahren wird die Zeit reif sein, eine grüne OB-Kandidatin zu küren.« Die Oberrealos fürchten fatale Auswirkungen der Frankfurter Ereignisse, gerade jetzt, wo zum ersten Mal die Chance einer rotgrünen Koalition auf Bundesebene besteht.

Alles umsonst. Die Christdemokratin Petra Roth geht als klare Siegerin aus der Wahl hervor; die rot-grüne Mehrheit im Stadtrat muß sich mit ihr arrangieren. Rot-grün habe »keinen Sex-Appeal« mehr, vermerkt Cohn-Bendit enttäuscht. Doch obwohl die CDU nach wie vor nicht von der Nützlichkeit des

Multikulti-Amts überzeugt ist, bleibt es erhalten und der Dezernent auf seinem Posten.

Eines seiner wichtigsten Projekte ist die Einrichtung der Kommunalen Ausländervertretung (KAV), ein von Ausländern gewähltes Parlament, das sie repräsentieren soll, solange ihnen das allgemeine kommunale Wahlrecht verwehrt bleibt. Statt der erhofften 30–40 Prozent beteiligen sich an der ersten Wahl allerdings nur 20 Prozent der Wahlberechtigten. Im folgenden wird die Arbeit des Parlaments behindert durch Nationalitätenkonflikte, religiöse Feindschaften und persönliche Eitelkeiten. Die Türken können nicht mit den Griechen, die Kroaten nicht mit den Serben und umgekehrt. Die KAV verfügt bloß über einen kleinen Etat und hat nirgendwo Stimmrecht, sondern nur Anfrage- und Anhörungsrecht. Mehr läßt die hessische Gemeindeordnung nicht zu. Von vielen wird die KAV deswegen nicht ernst genommen, sondern nur als Alibi-Einrichtung gesehen. Es kommt vor, daß sie aufgrund mangelnder Anwesenheit beschlußunfähig ist.

Der Frust entlädt sich am Ende gegen den Dezernenten. In der Ausländervertretung werden zwei Mißtrauensanträge gegen Cohn-Bendit formuliert. Er sei nie da, nehme nie an den Sitzungen der KAV teil, setze sich nicht dafür ein, daß deren Beschlüsse von den Gremien im Römer bearbeitet und beantwortet würden. Das Amt diene ihm nur als Plattform für seine »Selbstdarstellung, Profilierung und Medienpräsenz«. So mancher sei da wohl auch mißgünstig gewesen, beurteilt Amtsleiterin Rosi Wolf-Alamanasreh die Kritik: »Es gab wohl kein Amt, das sich so nach außen dargestellt hat, das so internationale Medienarbeit gemacht hat wie dieses. Er brachte die Kontakte. Das provoziert natürlich Neid. Nach dem Motto: Wenn du nicht so oft im Fernsehen aufgetreten wärest, dann hätte die Schreibtischarbeit schon längst getan sein können. Aber ohne seine extrovertierte Methode und seine Medienwirksamkeit hätten wir nicht so gut arbeiten können.«

Sabine Stamer

In der Tat pendelt Cohn-Bendit seit seiner Wahl zum Europa-Abgeordneten im Juni 1993 unstet zwischen Frankfurt, Brüssel und Straßburg hin und her, macht ab und zu noch einen Abstecher nach Zürich, wo er für das Schweizer Fernsehen die Sendung »Literaturclub« moderiert. So ist er denn zunächst durchaus willig, sich die Kritik zu Herzen zu nehmen. Zurücktreten will er allerdings nicht – aus Angst, die christdemokratische Oberbürgermeisterin könne die Gelegenheit nutzen, das Amt ganz und gar abzuschaffen.

Als die Beschwerden dann nicht abnehmen, ist es Cohn-Bendit leid: »Papa soll immer da sein, aber Papa ist halt nicht immer da.« Prinzipiell sei er immer erreichbar, sein Amt sowieso. Er sei aber Politiker und kein Sozialarbeiter. Die KAV solle einsehen, daß sie sich durch Scheingefechte selbst lahmlege. Doch natürlich weiß er auch, daß es so nicht weitergehen kann. Das ständige Jetten zwischen zwei Welten und mehreren Orten nagt an seiner Substanz. Also kündigt er im Januar 1996 endgültig seinen politischen Rückzug aus Frankfurt an und schlägt zwei Magistratsmitglieder aus der SPD und der CDU als seine Stellvertreter vor. Die Grünen fühlen sich mal wieder vor den Kopf gestoßen, denn sie begreifen das multikulturelle Amt als eine originär grüne Einrichtung. Doch Cohn-Bendit stellt bewußt die Weichen für eine Allparteienkoalition, weil er darin die beste Versicherung gegen die Abschaffung des Amts sieht.

Die Bilanz seiner achtjährigen Tätigkeit als Dezernent für Multikulturelles – hat es sich gelohnt? »Ja. Ohne selbstgerecht zu werden: Ich bin der festen Überzeugung, die gesamte Stadt hat im Klima von der Arbeit des Amts profitiert. Die fehlenden Schlagzeilen über Ausländerkonflikte sind der Beweis.« Wo hat das Amt versagt? »Wir konnten die anderen Dezernenten nur punktuell davon überzeugen, daß wir mehr sind als eine lästige Störung.« Triumph auch in der eigenen Partei: Die grüne Position hat sich inzwischen grundlegend verändert; gefordert werden nun Quoten für Zuwanderer. »Da hab' ich Genugtuung. Die Grünen sind zu einer realistischen Einwanderungspolitik gekommen.«

Zur Kommunalwahl im März 1997 legt er sein Amt nieder. Das Ergebnis bringt keine klaren Verhältnisse im Römer. Zwar gewinnen die Grünen, doch die CDU ebenso, und die SPD verliert. Die FDP zieht knapp wieder ein, die Republikaner auch, diese haben aber Stimmen verloren. Juckt es ihn nicht doch noch, Einfluß zu nehmen? Nein. »Nach acht Jahren – und das ist für mich geradezu revolutionäre Geduld – habe ich einfach keine Lust mehr.«

Wohl selten hat ein kleines Amt wie dieses so große und noch dazu internationale Beachtung gefunden. Die Katholische Universität Brabant in Tilburg (Niederlande) ehrt Daniel Cohn-Bendits »herausragende Leistungen zur Entwicklung und zum Verständnis von Multikulturalität und Integration von Minderheiten« mit der Ehrendoktorwürde. Zur Preisverleihung erscheint der Jubilar in plüschigem grünem Samtjakkett, die Professoren in exakt jenen Talaren, unter denen er einst den Mief von 1000 Jahren vermutete. »I had a dream«, verkündet der Ehrendoktor in seiner Dankesrede, die er in zwei Sprachen hält, ein paar Minuten Deutsch, ein paar Minuten Französisch. Daß er nun honoris causa zum Doktor gekürt werde an einem Ort, den er 30 Jahre zuvor wohl noch hätte besetzen und in Karl-Marx-Universität umbenennen wollen, zeige doch, es lohne sich, Träume zu haben ...

Zu Hause freut sich Béla über das glänzendblaue Professorenmäntelchen – »Cool!« – und macht es gleich zum Musketierumhang. Die Urkunde pinnt der Ehrendoktor sofort und ungerahmt an die Wand.

Der Bellizist – Ein Drückeberger auf dem Kriegspfad

Dubrovnik im November 1991. Die einstige »Perle der Adria« ist ein Trümmerfeld, der historische Stadtkern weitgehend zerbombt und zerschossen. Serbische Truppen belagern die kroatische Stadt seit mehreren Wochen, nehmen sie von allen Seiten unter Feuer. In den Kellern versuchen Zehntausende von Einwohnern zu überleben, abgeschnitten von Strom und Trinkwasser, ohne Nahrung und Medikamente. Schiffe mit Hilfsgütern werden von der jugoslawischen Marine gestoppt. In den Hotels der früheren Tourismusmetropole sind nun Flüchtlinge untergebracht, außerdem Journalisten und EU-Beobachter. Letztere bereiten ihren Rückzug vor, als ihr Hotel in die Schußlinie serbischer Artillerie gerät.

Vukovar, kroatische Grenzstadt an der Donau, kämpft bereits länger ums Überleben. Seit dem Sommer 1991 ist die Stadt eingekesselt von der jugoslawischen Armee, wird fast pausenlos beschossen und bombardiert. In der einst wirtschaftlich blühenden Industriestadt leiden die Menschen nun Hunger. Viele, die sich auf die Straße wagen, um das Nötigste zu besorgen, kehren nicht zurück. Am Ende traut sich fast keiner mehr aus den Schutzräumen. Selbst die Toten können nicht mehr begraben werden.

Während um die großen Städte lange gekämpft wird, erliegen die Dörfer kurzem Prozeß. Weite Teile Kroatiens sind zerstört, Hunderttausende auf der Flucht, vertrieben wegen ihrer ethnischen Zugehörigkeit. Die Serben legen es offensichtlich darauf an, die Kroaten in einem kleinen Reststaat zusammenzupferchen. Die Europäische Union reagiert ebenso hilflos und konfus wie die Vereinten Nationen, die ihre Blauhelme erst im Falle eines Waffenstillstands entsenden wollen. Bereits 13- oder 14mal vereinbarten die gegnerischen Parteien, die Waffen ruhen zu lassen, doch niemand hielt sich daran, die Serben zuallerletzt. Sie setzen alles daran, vor dem Eintreffen der UNO noch möglichst viel Terrain zu gewinnen und so für sie günstige Fakten zu schaffen. Die Länder der EU diskutieren über wirtschaftliche Sanktionen, über einen Erdölboykott, die Aufkündigung von Handelsabkommen und die Sperrung von Krediten. Doch können sie sich nicht einigen.

Daniel Cohn-Bendit ist einer der ersten, die ein militärisches Eingreifen der westeuropäischen Staaten fordern, noch bevor der Krieg von Kroatien nach Bosnien übergreift. Anders sei der »Tyrann« Slobodan Milošević nicht aufzuhalten; »ethnische Säuberungen« in Europa dürfe die EU auf keinen Fall dulden. Wirtschaftssanktionen hält er für völlig unzureichend. Cohn-Bendit steht Ende 1991 mit seiner Position ziemlich allein auf weiter Flur. Er hat fast alle gegen sich, am entschiedensten die Mehrheit seiner eigenen Partei, damals noch inklusive Joschka Fischer. Auch bei Militärs und in den anderen Parteien stößt seine Forderung nicht auf Zustimmung. Das ändert sich auch nicht, als der Krieg sich von Kroatien nach Bosnien ausweitet. Sarajevo, Goražde und Bihać werden nun genauso umzingelt und zusammengeschossen wie zuvor Dubrovnik und Vukovar.

Neue Flüchtlingsströme verlassen das zerfallene Jugoslawien und bringen Horrormeldungen über Greueltaten serbischer Milizen in Umlauf. Immer häufiger werden die Kriegsverbrechen an den muslimischen Bosniern verglichen mit dem

Holocaust der Juden, ein Vergleich, den Cohn-Bendit im engeren Sinne nicht ziehen will: »Ich spreche nicht von Auschwitz, nicht von Vernichtungslagern, sondern von Konzentrationslagern, die gab es in vielen Ländern, zum Beispiel auch Südafrika.« Das hält ihn nicht davon ab, das von Serben belagerte Gorazde ein »zweites Warschauer Ghetto« zu nennen. Serben hielten Tausende von Bosniern hinter Stacheldraht, heißt es, gefangene Soldaten würden ebenso ermordet wie wehrlose Zivilisten, bosnische Frauen massenhaft vergewaltigt und zur Prostitution gezwungen. Daniel Cohn-Bendit fordert die »ganze Feuerkraft der NATO«, um das Elend der Bosnier zu stoppen. Das Bündnis dürfe sich nicht als »Papiertiger« entpuppen.

Ein Linker als Vorkämpfer der NATO, ist das nicht – gelinde ausgedrückt – paradox? Nein, das findet er überhaupt nicht. Im Gegenteil, er hält die Linken, die sich seinem Feldzug nicht anschließen wollen, für verlogen: »Ich war als Linker für jeden Militäreinsatz, für jede Befreiungsbewegung, jede. Es gibt keine einzige auf dieser Welt, die Herr Ströbele[1] nicht unterstützt hat. Wir haben uns das Recht genommen, in Vietnam zu intervenieren. Wir haben uns das Recht genommen, denen in El Salvador Waffen zu geben. Wir haben uns immer das Recht genommen, jede sinnige und unsinnige Befreiungsbewegung mit Geld und Waffen zu unterstützen. Das ist unsere ganze Geschichte. Aber wenn einer mal sagt, ja, wir müssen etwas gegen diese Massaker tun, dann heißt es, nein, das geht nicht.«

Noch Anfang 1991 hatte Cohn-Bendit angesichts des drohenden Golfkriegs gemahnt, nach gewaltfreien Wegen zu suchen, und die Friedensbewegung aufgerufen, in ihrem Engage-

---

1 Christian Ströbele zählt zum linken Flügel der grünen Partei und hat sich entschieden gegen ein militärisches Eingreifen in Bosnien ausgesprochen.

ment nicht nachzulassen: »Überall muß nach Lösungen gesucht werden, nur nicht mit Waffengewalt.« Das Embargo fortzuführen, schien ihm aussichtsreicher, als einen Krieg vom Zaun zu brechen. Und außerdem hätten die Amerikaner anderswo auch mehr Geduld gezeigt, wenn Menschenrechte verletzt wurden, in Südafrika zum Beispiel. Diese Zeit müsse man sich nun ebenfalls nehmen.

So spricht der Daniel Cohn-Bendit, den man zu kennen meint: der Heranwachsende, der sich unbedingt vor dem Militärdienst drücken wollte und deswegen die deutsche Staatsbürgerschaft annahm. »Dany le Rouge«, der lieber mit dem Megaphon als mit einem Pflasterstein auf den Barrikaden stand. Der Sponti-Dany, der sich von der Putzgruppe fernhielt, weil ihm schon die martialische Ausstaffierung der kampfbereiten Genossen wider den Strich ging. Daniel Cohn-Bendit, der sich selbst in seinen heißesten Tagen davor hütete, Öl ins Feuer zu gießen, nicht nur aus politischen Erwägungen, sondern auch, weil das Beschwichtigen und Zusammenführen – trotz allen Verbalradikalismus – seinem Wesen mehr entspricht als die frontale Konfrontation.

»In meinem politischen Reifungsprozeß gibt es ein grundlegend gewaltloses Moment«, konstatiert Cohn-Bendit Mitte der 70er Jahre, »die Auflehnung gegen die Gewalt des Systems, die Ablehnung der Schrecken des Kriegs.« Doch was tun, wenn ein Krieg da ist, wenn ein ganzes Volk unter der Gewalt eines Tyrannen leidet? Als prinzipiellen Pazifisten hat er sich nie verstanden. Es gibt für ihn historische Phasen, in denen Auseinandersetzungen gewaltsam gelöst werden müssen, und Gewaltanwendung gegen eine Diktatur hielt er von jeher für gerechtfertigt. Er warnt die Grünen davor, sich »in eine Tradition des Appeasement einzureihen, die zur Vernichtung der Juden geführt hat«. Das ist für ihn, den Sohn verfolgter jüdischer Eltern, die Lehre aus dem Holocaust: Eingreifen, bevor es zu spät ist, wenn es sein muß, mit militärischen Mitteln.

Sabine Stamer

Wenn die Serben einen Völkermord begehen, dann müssen sie daran gehindert werden.

Schon als 1991 die ersten Bomben auf den Irak fallen und Saddam Hussein im Gegenzug Israel bedroht, regen sich in ihm ambivalente Gefühle und Gedanken: »... Wir sind gespalten in zwei Grundpfeiler grüner politischer Identität. Der eine Grundpfeiler ist zu sagen: ›Nie wieder Auschwitz!‹ als ein bestimmtes Verhältnis zu Juden und Judentum. Und der andere Grundpfeiler ist: ›Nie wieder Krieg!‹ Plötzlich wird aber gesehen, daß ›Nie wieder Auschwitz!‹ heißt, daß man natürlich verhindern muß, daß Israel eine Gasbombe abbekommt. Und ›Nie wieder Krieg!‹ heißt, daß man alles tun muß, daß dieser barbarische Krieg gegen den Irak beendet wird.« Doch münden die Überlegungen in jener Zeit noch in die Schlüsselfrage: »Wie wird also der Diktator Hussein geschlagen *ohne* Krieg?«

Warum diese Zurückhaltung gegen Hussein, während er nur wenige Monate später ohne Rücksicht gegen Milosevic vorgehen will? »Ich habe den Kriegszielen der Amerikaner nicht getraut.« Die hätten zwar Kuwait befreien, so meint er, aber letztlich nicht ernsthaft gegen Hussein vorgehen wollen, um ein Gegengewicht zum Iran zu erhalten. Wie verhindert man die weitere Aufrüstung des Iraks mit Vernichtungswaffen, von denen ja auch die Existenz Israels bedroht werden könne – das sei nun die zentrale Frage. Mit immer wiederkehrenden Bombardierungen, wie von den USA praktiziert? Das helfe nicht weiter.

Findet er es richtig, daß Fischer im Februar 2001 bei seinem ersten Zusammentreffen mit dem neuen amerikanischen Außenminister Colin Powell keinerlei Kritik an den gerade erfolgten Luftangriffen auf den Irak geäußert hat? Fischers Politik sei »nachvollziehbar«, lautet Cohn-Bendits Antwort. Wenn er den neuen Amtskollegen gleich beim ersten Zusammentreffen vor den Kopf gestoßen hätte, wäre zwar die grüne Basis befriedigt gewesen, aber dann bräuchte er wohl mit Powell nicht mehr über eine Veränderung der amerikanischen Politik zu reden. Hätte er sich als deutscher Außenminister anders verhalten? »Ich hätte sicherlich gesagt, daß ich diese Bombardierungen für Quatsch halte, weil sie wirklich nichts bewirken. Aber das birgt auch ein Risiko.« Man müsse offen darüber diskutieren, findet er, alles andere wäre eine selbstgerechte Haltung. »Soll mir einer sagen: Ich weiß, wie es geht, ich weiß, wie man Saddam Hussein wegkriegt. Der kriegt einen Nobelpreis von mir, sofort!«

Anfang der 90er Jahre treibt ihn die allseitige Unentschiedenheit angesichts des zunehmenden Elends der Bosnier in einen wütenden Propaganda-Feldzug. Vielleicht, so meint er, sei er »sensibler« als viele andere aufgrund seiner Familiengeschichte. Ohne den militärischen Einsatz der Alliierten hätte es keine Befreiung vom Faschismus gegeben, und es hätte wohl ihn selbst nicht gegeben, weil – so glaubt er – seine Eltern ihn bewußt erst nach der Landung der Amerikaner in der Normandie gezeugt haben. Erfahrungen, die ihn legitimieren, die These vom »sensiblen Dany« jedem Interventionsgegner entgegenzuschleudern, um ihn so als hartherzig und selbstsüchtig zu entlarven. Erlebnisse, die ihn beim Thema Bosnien in eine kompromißlose moralische Rigorosität treiben.

Wie ein Retter der Entrechteten erscheint er auf Podiumsdiskussionen. Mit unnachahmlichem Pathos brüllt er sich in Rage, läßt erst recht keinen mehr ausreden (was ihm ohnehin schwerfällt). »Verdammt noch mal! Es gibt Zeiten in der Geschichte, wo man das Räsonnieren den lahmen Enten überlassen kann und endlich mal seine moralische Empörung sagen muß zu diesem Thema!« schnaubt er bei einer Debatte im März 1993 zwischen bekannten Wortführern der 68er-Bewegung und konservativen Denkern im Frankfurter Römer, die als Treffen der APO-Opas von sich reden machte.

»Was mich heute, 25 Jahre später, traurig macht, ist, daß wir 1968 ein feinfühliges Sensorium gehabt haben für Unterdrük-

Sabine Stamer

kung in der Welt«, so wendet Cohn-Bendit die bis dahin beschauliche Diskussion um »Utopien ohne Zukunft« auf »sein« Thema. »Und dieses feinfühlige Sensorium ist bei Leuten meiner Generation verloren gegangen. Der Beweis dafür ist das Verhalten der Friedensbewegung, der meisten von uns zum Völkermord in Bosnien-Herzegovina. Da denken wir und reden wir wie alle Gegner von uns zum Vietnamkrieg. Wir sagen, es ist nicht so einfach, dies und jenes, und lassen die Menschen dort massakrieren. Das hätten wir 68 nicht gemacht! Wir hätten gesagt: Stoppt sofort den Mord der Serben gegen die Bosnier! Das sagen wir heute nicht, und das ist für mich eine Niederlage unserer Generation.«

»Demagogisches Gewäsch!« hält der ehemalige SDS-Vorsitzende Karl Dietrich Wolff ihm vor, während sich Joschka Fischer – dem alten Freund Dany mutig trotzend – zur Notwendigkeit des Räsonnements bekennt. Völlig verzweifelt vergräbt Cohn-Bendit den Kopf in den Händen, reibt sich schließlich erschöpft die Augen und starrt dann frustriert vor sich hin. In solchen Momenten denkt man, er habe nun abgeschaltet, sei mit seinen Gedanken ganz woanders und höre nicht mehr zu. Weit gefehlt! Urplötzlich ist er wieder präsent mit all seiner Energie und wirft ein: »Wie 68! Wie 68! Endlich hören wir auf zu räsonnieren und schaffen Wege, damit die Kinder dort Nahrung kriegen. Warum, wenn es vor unserer Tür ist, sind wir dazu nicht in der Lage?«

Leidenschaftlich, geradezu fanatisch ficht er für eine militärische Intervention. Wer nicht mit ihm ist, der hat kein Herz für hungernde Kinder. Wie kann man nachdenken, während hunderte oder tausende Frauen vergewaltigt werden? Wie kann man nur ruhig schlafen, während Sarajevo Tag und Nacht bombardiert wird? Ist das etwa menschlich? 40 000 UNO-Soldaten müssen dulden, daß um sie herum die Bosnier massakriert werden – hilflose Friedenstauben ohne Schießbefehl. Ist das etwa richtig? Nur abgebrühte Egoisten können eine andere

Meinung haben als er. Wenn er sich so in Raserei redet, dann wird seine Stimme heiser und höher, dann kennt sein Sarkasmus keine Grenzen.

1968: »Amis raus aus Vietnam!« – 1998: »Amis rein in den Kosovo!« Das sieht nach einer 180-Grad-Wendung aus. Einer der führenden Gegner des Vietnamkriegs ist nun der erste, der die zivilen und humanitären Hilfsmöglichkeiten für erschöpft hält und zu den Waffen ruft, der amerikanische Soldaten in ein europäisches Krisengebiet schicken will. Eine erstaunliche Kehrtwende, meint man auf den ersten Blick, doch auf den zweiten fügen sich die Mosaiksteine zu einem recht kongruenten Bild von einem, der damals wie heute zum Ziel hat, mit allen zur Verfügung stehenden Mitteln gegen Tyrannei und Totalitarismus zu kämpfen und der sich dabei stets geweigert hat, sein Denken vorhandenen gesellschaftlichen Schablonen anzupassen.

So demonstrierte er gegen den Vietnamkrieg und wünschte gleichzeitig, amerikanische Truppen könnten dem tschechoslowakischen Volk gegen die russischen Panzer zur Seite zu springen. Das war zu seinem Leidwesen aufgrund der Machtverhältnisse undenkbar. Wenn er damals gegen den Kapitalismus kämpfte, so war er doch im Unterschied zu vielen anderen Linken zutiefst überzeugt, daß die westlichen Demokratien mit all ihren Schwachstellen dem Kommunismus unbedingt vorzuziehen waren.

Die tendenzielle USA-Feindlichkeit der deutschen Linken hat er aufgrund seiner persönlichen Geschichte nie geteilt: »Die Amerikaner, die 1944 in der Normandie gelandet sind, das waren die gleichen Amerikaner, die heute einen NATO-Einsatz führen. Es war der gleiche Eisenhower, der 1944 die Landung der Alliierten zu verantworten hatte, wie der Eisenhower, der zu Beginn des Vietnamkriegs amerikanischer Präsident war, es war der gleiche Gute oder das gleiche Schwein. Die Linke tut so, als sei 1944 eine ganz andere Situation gewesen. Das war aber kein anderes Amerika!« Für ihn sei ein amerikanischer Soldat an sich weder gut noch schlecht, er könne aber – je nach Situation – Gutes oder Böses tun. Wenn die amerikanische Regierung nun bereit und in der Lage sei, den verfolgten Bosniern und Kosovo-Albanern militärisch zu helfen – um so besser.

So wie er 1968 davon überzeugt war, daß sich die Vietnamesen mit Gewalt von den Amerikanern und dem südvietnamesischen Marionettenregime befreien müßten, ist er heute überzeugt, daß auch die Serben nur mit Gewalt zurückzudrängen seien. Und daß es eine moralische Pflicht gäbe, den unterdrückten Völkern Beistand zu leisten. Doch erweist es sich als sehr viel schwieriger, *für* einen Krieg zu mobilisieren, als – wie damals – die Menschen *gegen* einen Krieg aufzurütteln. Daß das auch als positives Merkmal der Gesinnungslage der Nation gewertet werden könnte, kommt ihm nicht in den Sinn. Er ist auf dem Kriegspfad gegen die Serben und läßt sich durch nichts ablenken oder gar aufhalten.

Im Oktober 1993 erscheint er zum ersten Mal seit über zehn Jahren auf einer grünen Bundesversammlung, dem Sonderparteitag in Aachen. Doch anders als er sehen die meisten Grünen nicht alle politischen Mittel ausgeschöpft und fürchten zudem, eine unkontrollierbare Eskalation mit unabsehbaren Folgen heraufzubeschwören. Eine breite Mehrheit spricht sich gegen ein militärisches Eingreifen in Bosnien aus. Die sogenannten Bellizisten bleiben eine kleine Minderheit von rund 30 Leuten und müssen sich General, Kriegstreiber, Faschist usw. schimpfen lassen.

»Was mich bei dieser Versammlung am meisten fertigmacht, ist, daß es keine politische Auseinandersetzung mit der anderen Position gibt«, beklagt er sich am Tag darauf in der Berliner *taz*. Er vermißt Selbstzweifel, das offene Denken, das Abwägen von Argumenten. Sonderbare Vorwürfe von einem, dessen eigene Reden zu diesem Thema eher demagogische als tolerante Züge tragen. Wenn er sich da auf dem Podium so ereifert, laut und polemisch, den anderen unterstellend, ihnen seien die leidenden, sterbenden Bosnierinnen und Bosnier egal, dann muß man schon ein dickes Fell haben, um zu glauben, daß er ernsthaft an einer argumentativen Auseinandersetzung interessiert ist.

Die Frage seiner Parteifreunde, ob die geforderte Intervention tatsächlich den Weg für ein friedliches Zusammenleben in der Region ebnen könne, bewertet er nur als ein weiteres Verzögerungsmanöver, ausgeführt auf dem Rücken der verfolgten Muslime. Für ihn ist bald jeder, der sich gegen eine Militärintervention in Bosnien ausspricht, rechts, denn den Rechten sei das Leid der Welt egal, sie seien Egoisten. Folglich bezichtigt er die Mehrheit der Grünen, eine »egoistische Position« einzunehmen und nur die Angst der Bundesdeutschen vor dem Krieg zu verteidigen: »Sie sind bereit, bei den anderen vieles zu opfern, wenn sie dadurch nicht selbst Opfer der Gewalt werden.« Ein geradezu klassischer Vorwurf – Pazifismus ist feige –, der den Grünen bis dahin nur von rechts entgegengehalten wurde.

Ganz anders als die deutschen sind die französischen Grünen nicht grundsätzlich antimilitaristisch geprägt. Moralische Bedenken gegen das Militär an sich sind nicht besonders verbreitet, denn schließlich ist es gut gerüsteten Truppen zu verdanken, daß Frankreich von den deutschen Besatzern befreit wurde. Vor dem Hintergrund dieser geschichtlichen Erfahrung wurden die Vor- und Nachteile einer militärischen Intervention auf dem Balkan in Frankreich wesentlich pragmatischer und weniger emotional verhandelt, machten sich von vornherein viele linke Intellektuelle wie zum Beispiel André Glucksmann dafür stark.

Daniel Cohn-Bendits Verhältnis zum Militär ist also »französisch« geprägt, es ist geprägt vom Geist der Befreier und der Befreiten, gewachsen in einem einst besetzten Land, das sich vorgenommen hat, besser gewappnet zu sein, um nie wieder dasselbe Schicksal zu erleiden. Der deutsche Blick auf die jün-

Sabine Stamer

gere Geschichte erfolgt aus einem ganz anderen Winkel. Hier erinnert man die eigenen Soldaten als Brandstifter, sie haben den Krieg verursacht und andere Völker unterjocht. Die verbreitete pazifistische Grundhaltung, gerade bei den Grünen, nährt sich aus den Schuldgefühlen, die Hitlers Aggression hinterlassen hat. Doch Außenpolitik verlange mehr, als die eigenen Traumata zu bearbeiten, weist Cohn-Bendit die deutschen Interventionsgegner zurecht.

»Die Franzosen haben eine Macke – so wie die Deutschen auch«, behauptet er. Während die Franzosen meinten, sich nur mit Atomwaffen davor schützen zu können, jemals wieder von einer fremden Macht überrollt zu werden, glaubten die Deutschen, sie dürften wegen der Greueltaten der Wehrmacht ihre demokratische Armee heute nicht in Bewegung setzen. Letzteres sei aber eine »isolationistische und eigentlich auch nationale Politik«.

Deutsche Schuldgefühle sind Cohn-Bendit fremd. Seine Eltern waren Juden, er ist der Sohn von Verfolgten. Er kann hemmungslos mit Begriffen hantieren, die einen deutschen Linken geradezu in Schreckstarre versetzen. Den Bosniern müßte man helfen, denn sie seien »Menschen von unserem Blute«, ruft er auf dem Aachener Sonderparteitag der Grünen in den Saal. Empörung und Entsetzen. Jetzt sei der Kerl glatt im Sumpf der Blut-und-Boden-Ideologie versunken, mutmaßen einige. Er selbst diagnostiziert darin nur eine typisch deutsche Empfindlichkeit: »Dieses Wort Blut, ich habe kein Problem damit. Die Deutschen haben ein Problem damit. Ich lasse mir dieses deutsche Problem nicht aufdrücken. Ich wollte sagen, das sind Menschen wie wir. Europa ist eine Schicksalsgemeinschaft, die auch in Blut getränkt ist. Das ist alles. Ich lasse mir von Frau Ditfurth mit ihrem Panzerpazifismus ihre Auseinandersetzung mit ihrer Vergangenheit nicht überstülpen. Mit der Blut-und-Boden-Ideologie habe ich nichts zu tun, das ist nicht mein Verdienst, aber das ist nun mal so.«

Welche Lehren ziehen wir aus der deutschen Geschichte – lautet lange Zeit die Kernfrage des Streits zwischen Cohn-Bendit und Fischer. Obwohl des schwachmütigen Pazifismus gänzlich unverdächtig, sträubt sich letzterer zunächst entschieden gegen ein militärisches Eingreifen zugunsten der bosnischen Muslime, erst recht gegen eine deutsche Beteiligung daran. Er wird nicht müde, an die Schandtaten der Wehrmacht auf dem Balkan zu erinnern. Er fürchtet die Wiederauferstehung eines mächtigen Deutschlands, das sich selbstherrlich aus der europäischen Integration lösen könnte, und will lieber »keine historisch gewachsenen Zäune niederreißen«.

Als die pazifistischen Grundsätze der grünen Partei aufzuweichen beginnen und für viele – Fischer inklusive – ein NATO-Einsatz vorstellbar wird, wehrt der sich noch lange gegen eine Beteiligung der Bundeswehr an solchen Einsätzen, vor allem in Regionen, die – wie der Balkan – durch Erfahrungen mit den deutschen Nazis bereits gezeichnet sind. Diese Haltung treibt Cohn-Bendit schlichtweg zur Verzweiflung: »Ich kann es nicht mehr hören. Ich kann es nicht mehr hören, die Sache mit den Deutschen! ... Warum sollen nur französische, amerikanische, englische Kinder [er meint die Soldaten] sterben bei einem Einsatz?« Wenn es richtig sei, amerikanische Tornados einzusetzen, dann sei es auch richtig, deutsche Tornados einzusetzen.

Frei von typisch deutschen Skrupeln, überdies unverdächtig, deutsches Großmachtdenken begünstigen zu wollen, spricht Cohn-Bendit aus, was viele Deutsche nicht einmal zu denken wagen. Die historisch bedingte deutsche Sonderrolle hat seiner Auffassung nach ausgedient. »Es wäre doch geradezu lachhaft, wenn wir die deutsche Geschichte zur Legitimation dafür heranziehen, daß wir Menschen in Not nicht retten wollen.« Die Angst vor einer Großmacht Deutschland hält er für »Quatsch«, da niemand in Deutschland solche Ambitionen hege. Er fordert Deutschlands uneingeschränkte Beteiligung an militärischen Aktionen von UNO und NATO. »Wenn irgendein Grüner wirklich einmal außenpolitische Verantwortung trägt, wird er merken, daß die Sonderrolle in Paris, London und Warschau nicht mehr akzeptiert wird«, prophezeit er schon im Dezember 1994 – und bekommt Recht.

Als Ende 1998 die Frage nach einem Kriegseinsatz im Kosovo akut wird, da hat Joschka Fischer, inzwischen deutscher Außenminister, seine Zurückhaltung längst aufgegeben. Ganz umsonst sorgen sich die Verbündeten in den Vereinigten Staaten, ob denn im Falle eines NATO-Angriffs im Kosovo mit der neuen rot-grünen Regierung in Berlin zu rechnen sei. Nicht einmal die Tatsache, daß die Intervention ohne Mandat der Vereinten Nationen erfolgt, kann führende Grüne wie Fischer und Cohn-Bendit davon abhalten, mit der NATO im Gleichschritt zu marschieren.

Solange es in der UNO ein Veto-Recht der Großmächte gebe, meint Cohn-Bendit, sei diese in vielen Fällen handlungsunfähig. Doch hätten weder die russische noch die chinesische Regierung besonders lautere Gründe gehabt, sich gegen ein Eingreifen der UNO im ehemaligen Jugoslawien auszusprechen: »Man glaubt doch nicht, daß die Russen und die Chinesen deswegen Veto fahren, weil sie es schrecklich finden, daß man in Serbien interveniert. Sondern sie sagen: Übernehmt ihr die Verantwortung, macht, was ihr wollt. Wir machen dafür in Tschetschenien und in Tibet, was wir wollen, das sind unsere Einflußzonen. Ihr könnt ja protestieren, wir scheren uns um keine Kritik.«

Außerdem seien die meisten UNO-Mitgliedsstaaten keine Demokratien, sondern Diktaturen. Absurd also, ausgerechnet diese »intergouvernementale Veranstaltung von Diktaturen« mit dem Schutz der Menschenrechte zu beauftragen. »Mit der UNO, so wie sie heute ist, hätte es bestimmt auch ein Veto gegen den Einmarsch der Alliierten in Europa und in Deutschland gegeben. Und ist der etwa falsch gewesen?« Mit dieser

Argumentation wird die rot-grüne Regierung zur tragenden Kraft des ersten NATO-Einsatzes »out of area«, das heißt außerhalb des Territoriums ihrer Mitgliedsstaaten.

Doch während sich also 1999 die NATO zu Luftangriffen entschließt, um die bedrängten Kosovo-Albaner vor den Serben zu schützen, eilt Cohn-Bendit schon wieder voraus und plädiert für den Einsatz von Bodentruppen und gegen die Bombardements: »Das ist eine Militärintervention, die ein Risiko scheut und das Risiko auf andere abwälzt, vor allem auf die Zivilbevölkerung.« So weit will Kollege Joschka Fischer nun doch nicht gehen. Mit verteilten Rollen – sei es Absicht oder Fügung – organisieren Fischer und Cohn-Bendit die Wandlungen ihrer Partei in zentralen Fragen. Emotional und impulsiv stürmt Cohn-Bendit vor, ohne Rücksicht auf Stimmungen und Opportunitäten, während Fischer zögerlich bleibt und sich erst anschließt, wenn er meint, der Boden sei bereitet und seine Stellung stark genug, um vom linken parteiinternen Sturm nicht umgeweht zu werden.

So wie sie die Partei in den 80er Jahren regierungsfähig machten, so machen sie sie in den 90ern kriegstauglich. Die Grünen heute sind nicht mehr die Grünen, die sie vor dem Krieg auf dem Balkan waren. Sie haben gelernt, den Krieg als ein Mittel der Politik zu akzeptieren, und nachdem sie einmal ihre pazifistische Unschuld verloren haben, lassen sie sich von ihrem erfolgreichen Außenminister fast widerstandslos immer weiter in die Abgründe der Regierungsverantwortung ziehen. Daß erneute Luftangriffe auf den Irak im Jahre 2001 ihrem Joschka nicht einmal ein Stirnrunzeln entlocken, bringt diese Partei längst nicht mehr an den Rand des Zusammenbruchs. Denn obwohl alle Seiten vorgeben, moralisch zu argumentieren, während sie über »militärische Interventionen – ja oder nein?« debattieren, geht es doch letztlich um knallharte Machtansprüche.

Totalpazifismus, Austritt aus der NATO oder gar die For-

Sabine Stamer

derung nach deren Auflösung, das sind keine koalitions- oder regierungsfähigen Positionen. Und auch der hochmoralisch argumentierende Cohn-Bendit hat diese Dimension von Anfang an im Blick, wenn er für das Lieblingshaßobjekt der Grünen – die NATO – in die Bütt steigt. Zwar sei das westliche Verteidigungsbündnis ein Kind des Kalten Kriegs und als solches ab und zu über die Stränge geschlagen. »Doch man muß schon sehr borniert sein«, schimpft Cohn-Bendit mit den Gegnern des Nordatlantikpakts, »wenn man übersieht, daß die NATO immerhin ein Militärbündnis ist, dessen Mitgliedsländer in ihrer großen Mehrheit demokratisch verfaßt sind und denen weder Kriegslüsternheit nachzusagen ist noch, daß sie mit dem Leben ihrer Bürger leichtfertig umspüngen.« Ein neues schweres Bekenntnis wird den Grünen da abverlangt: die NATO im Grunde eine gute Einrichtung, brauchbarer als die UNO, die bloß manchmal leider mißbraucht wurde für »neokoloniale Eskapaden« und »militärische Spanndienste«.

Und wenn nun die Angst der europäischen Partner vor einem »deutschen Sonderweg« hilft, die grüne Parteilinke zu überzeugen, na, dann wird eben damit argumentiert, obwohl Cohn-Bendit ja eigentlich nichts zu tun haben will mit diesem »Großmacht-Quatsch«. »Weder die Austrittsperspektive noch die der Auflösung der NATO läßt sich ernsthaft verfolgen, ohne bei unseren östlichen Nachbarn parteiübergreifend tiefes Mißtrauen auszulösen«, droht er seinen Parteifreunden.

Doch selbst wenn die großen grünen Realpolitiker alle Register ziehen, wird es schwer genug bleiben, die Mehrheit der Grünen vom neuen – nunmehr »ministrablen« – Etappenziel zu überzeugen: von der notwendigen »Transformation der NATO«. »Das, was in ihr schon angelegt ist, sollte zu ihrer ausschließlichen Bestimmung gemacht werden: eine Allianz zur Sicherung von Demokratie und Menschenrechten.« So strebt es Cohn-Bendit an, und mancher Grüne hat spätestens jetzt Schwierigkeiten, dieses Programm noch von der Politik des früheren christdemokratischen Verteidigungsminister Manfred Wörner zu unterscheiden, der die NATO schon lange als »größte Friedensbewegung aller Zeiten« anpreist. Solche Empörung beirrt den begeisterten Tabu-Brecher keineswegs, sie beflügelt ihn.

Doch manchmal spürt auch er, der Undiplomatische, daß man besser nicht zu weit geht. Als er von der *Woche* gefragt wird, ob er sich die Stationierung französischer Atomraketen auf deutschem Boden vorstellen könne, da kann er das »ehrlich im Moment nicht beantworten«. Cohn-Bendit für Atomwaffen in Deutschland – nein, das merkt er, da würden ihm nicht nur die deutschen Grünen an den Hals springen. Für die ist es schlimm genug, daß er sich ausdrücklich nicht gegen militärische Abschreckung ausspricht. Solange die Verhältnisse in Moskau so unsicher seien, hält er es für »hirnverbrannt, alle Atomwaffen einseitig zu verschrotten«.

Schon Anfang der 80er Jahre hat Cohn-Bendit die Friedensbewegung gegen die NATO-Nachrüstung kritisiert, weil sie sich auf dem linken Auge mehr oder weniger blind zeigte und die Atomwaffen im Osten für eine geringere Gefahr hielt. Im Schatten der Furcht vor einem Atomkrieg habe man die reale Gewalt der Panzer, auf die sich der Totalitarismus in Osteuropa stützte, kaum wahrgenommen.

Er meint, die Wahrheit liege in der Mitte, irgendwo zwischen der Position der Friedensbewegung und der der westlichen Regierungen. Wo genau, das müsse man noch herausfinden. Besser gesagt, er hat es bereits herausgefunden: NATO und Atomwaffen ja, auf der einen Seite – auf der anderen Seite demokratische Kontrolle von Waffen und Armeen, Ächtung des Waffenexports und massive Abrüstung.

Doch hat er noch nie so emphatische Reden gegen Aufrüstung und Waffenexport geschwungen wie für militärische Interventionen. Warum eigentlich nicht? In vielen Krisenherden würde das Feuer nicht lodern, würde es nicht so kontinu-

Sabine Stamer

ierlich geschürt mit Waffen aller Art aus westlicher, nicht zuletzt deutscher Produktion. Wo bleibt da der unerbittliche Kämpfer gegen das Leid der Welt mit seinen demagogischen Fähigkeiten? Warum steht er nicht da mit seinen blitzenden blauen Augen und wirft allen, die die Abrüstung blockieren, vor, ihnen sei es egal, wenn Abertausende kleiner Kinder krepieren? Warum nicht?

Natürlich ist er für Abrüstung, auch für eine Ächtung des Waffenexports. Aber wer in seiner unmittelbaren Umgebung ist das nicht? Da würde doch keiner ernsthaft zuhören. Aha, Herr Cohn-Bendit ist auch für Abrüstung. Das ist langweilig, das bricht kein Tabu, das regt niemanden auf. Damit können sich andere abmühen. Er dreht erst richtig auf, wenn ihm der Wind ins Gesicht bläst, und zwar am liebsten aus der eigenen politischen Richtung. Denn das beweist ihm und der Welt, daß er ein wahrhaftiger Freigeist ist, der sich von niemandem einfangen läßt. Das verleiht ihm Gewicht und Bedeutung, das sichert ihm öffentliche Aufmerksamkeit. So rückt er ganz bewußt die nach links provozierenden Themen in den Mittelpunkt seines politischen Handelns.

Nicht alle eignen sich so sehr zur Theatralik wie das Leid der Bosnier. Es gibt vergleichsweise trockenere Themen, die aber immer noch genug Zündstoff bergen, um grüne Programmdebatten anzuheizen, wie die »Transformation der NATO« zum Beispiel oder sein Projekt einer europäischen Berufsarmee, der man – so meint er – schon allein wegen ihrer bunten Mischung mehr Vertrauen schenken könnte als den bestehenden nationalen Truppen: »Je bunter es ist, desto weniger nationalistisch anfällig sind diese Truppen. Bei europäischen Interessen müssen sich die Franzosen mit den Holländern, mit den Belgiern, mit den Spaniern einigen, was immer besser ist, als wenn die Nationalstaaten allein handeln würden.«

Diese europäische Armee darf und muß – ginge es nach Cohn-Bendit – in Europa und anderswo ihre ethischen Prinzipien mit Waffengewalt durchsetzen, um Barbarei auf europäischem Boden zu verhindern. Wer dem nicht widersprechen mag (und wer will schon Barbarei in Europa?), der »lerne« nun also mit Daniel Cohn-Bendit, die Konsequenzen zu ziehen: »Nun lernen wir, daß neben der staatlichen Souveränität auch eine ethische Souveränität zählt.« Wir lernen das also, als sei es eine unumstößliche wissenschaftliche Erkenntnis und nicht etwa eine waghalsige politische Position, die das bestehende Völkerrecht aus den Angeln zu heben trachtet. »Wir sehen uns vor die Frage gestellt, was zu tun ist, wenn ein Staat seine Souveränität reklamiert, um ungehindert gegen seine eigene Bevölkerung vorzugehen und Teile von ihr zu vernichten. Hat da staatliche Souveränität nicht ihre Grenzen, weil sie die Grenzen der Rechtsstaatlichkeit schon längst durchbrochen hat?«

Die »humanitäre Souveränität« ist eine »weltweite«, und sie ist eine »Pflicht«, eine heilige Pflicht, ist man versucht zu ergänzen. Und deshalb mußte die internationale Gemeinschaft im Kosovo eingreifen und in Ost-Timor, und in vielen anderen Ländern müßte sie es eigentlich auch. Nur lassen die Machtverhältnisse das nicht überall zu. Krieg mit Rußland wegen Tschetschenien oder Krieg mit China wegen Tibet – das ginge zu weit. Hier müssen also andere Formen der Intervention gefunden werden, keinesfalls dürfe man – wie Außenminister Joschka Fischer – zur diplomatischen Tagesordnung übergehen. Grundsätzlich gilt für Cohn-Bendit: »Die europäische ›ethische‹ Souveränität erlaubt, auch jenseits der Grenzen Europas solche Ziele zu verfolgen und auf ihre Durchsetzung zu dringen, in Europa genauso wie in Afrika.« Die neue europäische Armee als ethische Eingreiftruppe weltweit sozusagen.

So überzeugt von sich und seiner Position ist er, so durchdrungen von missionarischem Geist, daß da so manchem angst und bange werden mag. Ein Weltverbesserer auf dem Kreuzzug, anstelle der Bibel eine europäische Magna Charta unter

Sabine Stamer

dem Arm, verbreitet er die Heilslehre von den Menschenrechten. Ein Gerechtigkeitsfanatiker sei er, stöhnt einer seiner Fußball-Kumpel, und daran fühlt man sich in diesem Zusammenhang erinnert. Wer wird am Ende entscheiden, wann, wo, warum einmarschiert wird? Wird die europäische Eingreiftruppe sich in afrikanische Stammesfehden einmischen? In wie vielen islamischen Ländern wird sie versuchen, die westliche Sicht von dem, was für Menschen recht und gut ist, durchzusetzen? Nein, so meinte er das natürlich nicht.

Würde er sich heute dem Militärdienst stellen? »Nein, wohl kaum«, antwortet er, aber das sei kein Widerspruch zu seiner Position, da er sich grundsätzlich für eine Berufsarmee ausspreche. Und wenn sich nun ausgerechnet sein Sohn Béla für eine Soldatenlaufbahn entscheiden sollte und mit der europäischen Eingreiftruppe von Krisenherd zu Krisenherd eilte? »Dann ist das seine Entscheidung«, sagt Cohn-Bendit entschlossen, »und wenn er bei der Feuerwehr wäre, würde ich ihm ja auch nicht raten, zu Hause zu bleiben, wenn es brennt.«

Humpeln und Fluchen – Anarchische Überreste auf dem Fußballfeld

Samstagnachmittag auf einem Fußballplatz in Frankfurt-Ginnheim, nicht weit entfernt vom Westend, gleich hinter der Deutschen Bundesbank. Ein paar mittelalte Herren, so Mitte 50 und aufwärts, schlüpfen am Spielfeldrand in ihre Shorts und tauschen verwaschene T-Shirts aus. Hell spielt gegen dunkel, nackte Haut zählt heute als hell. Einheitliche Trikots gibt es nicht. Bei Spielen gegen andere Mannschaften hoffen sie einfach auf die Ordnungsliebe und einheitliche Kleidung des Gegners. »Manchmal kommen 30, dann spielen wir 15 gegen 15, manchmal nur sieben gegen sieben. Wir brauchen keine elf. Das sind die anarchischen Überreste«, erklärt Daniel Cohn-Bendit. Für ihn hat das Fußballspielen am Samstagnachmittag höchste Priorität. Ein anderer erscheint dagegen nur noch selten: Joschka Fischer.

Es ist heiß, 28 Grad im Schatten. Das Spiel bleibt lahm und stockend; hier preschen nicht die Jüngsten über den Platz. Nach 15 Minuten schon gibt's die ersten Blessuren, und nun geht es richtig rund.

»Mensch, der hat den Ball so hart geschossen«, schimpft der humpelnde Verletzte, »wir sind doch keine 20 mehr!«

»Bei jedem anderen Foul schreist du immer gleich, aber du langst einfach zu!« ist ein anderer sauer auf Dany.

Sabine Stamer

»Kannst doch mal anhalten, wenn dem die Brille runter-fällt!« brüllt der nächste.

»Arschlöcher!« schallt es über den Platz.

Jeder fühlt sich ungerecht behandelt. Jeder will die Sau rauslassen und gleichzeitig mit Rücksicht angegangen werden. Es gibt keinen Schiedsrichter, aus Prinzip nicht. »Quatsch, brauchen wir nicht!« meint Cohn-Bendit. Lauter ungebremste Selbstgerechte auf dem Platz. Es wird geschrien und diskutiert, immer hitziger wird der Streit, während das Spiel streckenwei-se ganz zum Stillstand kommt.

»Ihr baut Scheiße, schießt doch mal!« ruft Dany der eigenen Mannschaft zu.

»Hört auf zu diskutieren! Spielt!« kreischt ein anderer.

Manche gehören seit 30 Jahren zu diesem bunten Haufen, der mit einem Fußballverein weniger Ähnlichkeit hat als mit einer außer Kontrolle geratenen Therapiegruppe. »Dany spielt immer Mittelstürmer, Libero oder Torwart«, klärt mich der Verletzte auf, »die anderen Positionen sind nichts für ihn, denn die haben was mit Wasserträgerfunktion zu tun.« Am Spielfeldrand taucht ein Zuschauer auf. Die recht ungewöhn-liche Art des Spiels scheint ihn nicht zu erstaunen, denn of-fensichtlich schiebt er sein Fahrrad öfter hier vorbei. »Ich hab' mal gefragt, ob ich mitspielen kann«, erzählt er, »aber da haben sie ›nee‹ gesagt.« Pause. »Sind alles Ärzte und Anwälte und so.«

Es steht 4:1 gegen Danys Mannschaft, als das sechste Tor fällt. Nein, halt, das war keins, befindet Dany: »Foul! Foul!« Der Höhepunkt des verbalen Kriegs ist erreicht, die Beinarbeit kommt völlig zum Erliegen. Die Spieler schleppen sich schwit-zend und schimpfend zu ihren Wasserflaschen. »Kommt, wie-der mitmachen!« verlangt Dany, nachdem er sich etwas beru-higt hat, und wird gleich gewarnt: »Wir können aber nicht so lange spielen, bis ihr gewonnen habt!« Im folgenden wird über jeden Schuß lang und breit diskutiert.

Das Spiel endet mit 5:5. Das behaupten jedenfalls die Hellen, 5:4 meinen dagegen die Dunklen.

»Klar, das ist ein Ersatz für die Couch«, gesteht Cohn-Bendit auf der Fahrt zur Kneipe. »In einer Welt, wo man sich ständig beherrschen muß, will man mal unkontrolliert und unbeherrscht sein. Aber wir sind nur verbal aggressiv, wir schreien immer ›Foul‹, aber in Wirklichkeit hat es gar keinen Körperkontakt gegeben. Einmal am Samstag alles abreagieren, und dann ist gut!«

Eigentlich ist der Garten der Gaststätte geschlossen, läßt die Kellnerin wissen, doch wer könnte so einer stadtbekannten durstigen Runde widerstehen? Niemand, zumal die Gartenstühle ganz im Sinne zivilen Ungehorsams einfach besetzt werden. Nun merkt man wirklich, daß die Herren in die Jahre gekommen sind. Hauptthema am Kneipentisch: die Zipperlein. Der eine hat's im Rücken, der nächste an der Hüfte, der dritte braucht Einlagen für die abgenutzten Füße. Na, kein Wunder, daß die Samstagsspiele schlapper geworden sind.

»Spieler müssen Todesangst haben, sonst holen sie nicht genug aus sich heraus«, schwadroniert einer und erhält zur Antwort: »Darum spielen wir so schlecht, seit der Fischer kaum noch kommt.«

Der daneben schwelgt in alten Zeiten: »Als ich das letzte Tor geschossen habe, da hat mir einer die Rippen gebrochen. Das ist aber 30 Jahre her.«

»Warst du da schon im KBW?« will Cohn-Bendit wissen.

Die Runde löst sich sehr bald auf, fast alle haben inzwischen Familie, und außerdem gibt's gleich Fußball im Fernsehen.

Ich hätte besser unangemeldet kommen sollen, vertraut mir Gerhard Knöss, einer der alten Fußballkumpel, anschließend an. Er ist schon seit 1969 dabei. Kurz zuvor hatte er das Fußballspielen aufgegeben, weil er es damals für einen »reaktionären Sport« hielt. Dann war er nicht schlecht erstaunt, daß ausgerechnet Joschka Fischer und Daniel Cohn-Bendit ihn

Sabine Stamer

aufforderten, in der bunten Mannschaft mitzuspielen. Schade jedenfalls, meint er, daß ich nicht inkognito gekommen sei, sonst ginge es noch viel turbulenter auf dem Platz zu.

»Das haben wir alle bedauert heute, das war nicht normal. Wenn Dany oder der Fischer beobachtet und gefilmt werden, dann ist immer alles ganz anders. Normalerweise sind die beiden unerträglich, wobei der Dany noch schlimmer ist als der Fischer. Der ist sonst wie Rumpelstilzchen, schreit die Leute in einer Tour an.« Noch schlimmer? Eigentlich war die Bolzerei beeindruckend genug, doch Gerhard Knöss hat schon anderes erlebt. »Und dann dieser Gerechtigkeitsfanatismus! Wenn er ein Foul sieht, dann rennt er vom gegnerischen in den eigenen Strafraum und gibt der gegnerischen Mannschaft den Ball auf den Elfmeter-Punkt. Aber wenn er einen nicht leiden kann, der in seiner Mannschaft spielt, dann schreit er die ganze Zeit rum: ›Du spielst absolut gefährlich! Hau ab! Verschwinde!‹ Alle vier, fünf Wochen gibt's auch Schlägereien.«

Und dabei hat Cohn-Bendit selbst doch schon vor 30 Jahren in seinem *Großen Basar* bedauert, daß das Spiel in dieser Gruppe so hart und »konkurrent« sei: »Jeder will gewinnen, jeder schreit den anderen an. Wir schaffen es nicht, in einer neuen Art Fußball zu spielen. Wir spielen wie alle anderen auch. So wie wir Fußball spielen, ist zum Beispiel die Trennung zwischen Männern und Frauen absolut erforderlich. Wir wollen unsere Kräfte messen. Dahinter steckt die ganze männliche Vorstellung vom Wettkampf. Wenn es uns aber gelänge, die Strukturen zu überwinden, könnten auch Frauen oder Alte mitspielen. Der Sport ist auch die Diktatur der Jugend über das Alter. Und wer mit einem gewissen Alter, mit 40 oder 50 Jahren, noch Fußball spielt, weigert sich im Grunde, älter zu werden.« Weisheiten eines 30jährigen.

Wenn er in jenen jungen Jahren nicht einschlafen konnte, stellte er sich vor, beim Marathonlauf als erster ins Ziel zu gelangen oder ein berühmter Fußballspieler zu sein. Dabei schlief er dann ein. Der Sport hat ihn von jeher begeistert. Er liebt es, sich mit den großen Stars, den gefeierten Helden zu identifizieren. Seine erste Lektüre waren Sportmagazine, die er sich regelmäßig am Kiosk um die Ecke kaufte. Raymond Kopa und Just Fontaine aus der »großen Reims-Mannschaft«, die sind seine frühen Idole. Er ist sieben Jahre alt, als er sie zum ersten Mal im Pariser Stadion Parc des Princes bewundern darf.

Nie vergessen wird er, wie seine Helden während der Weltmeisterschaft 1958 den dritten Platz für Frankreich erkämpften und Deutschland mit 6:3 aus dem Feld schlugen. Kopa wurde zum besten Spieler dieser Meisterschaft ernannt, und Fontaine hält bis heute eine Rekordzahl: 13 Tore während einer einzigen Weltmeisterschaft. Dany selbst spielt auch als Kind schon Fußball, im Club Athlétique de Paris. Hätte er seine Sache besser gemacht, so wäre womöglich der Fußball anstelle der Politik »sein Abenteuer« geworden.

Aber zum Sportreporter hätte er es eigentlich gerne gebracht. Nun, es ist anders gekommen, aber er durfte seine Fähigkeiten auf diesem Gebiet wenigstens einmal ausprobieren: 1984 während der Europameisterschaft, als einer der Kommentatoren des französischen Radiosenders *Europe 1* – bei jenem Sender also, der in der Barrikadennacht 1968 durchgängig live aus dem Quartier Latin berichtete. Ein prominenter Job wird ihm da anvertraut, auch Just Fontaine, sein Held aus Kindertagen, bekommt das mit: »Als ich gehört habe, die haben den Cohn-Bendit eingeladen als Kommentator, habe ich gedacht, die sind völlig verrückt geworden. Da haben mal die Linken die Wahl gewonnen, und jetzt darf jeder Idiot über Sport reden. Aber ich muß sagen, nachdem ich ihn ein paar Mal gehört hab', das hat Sinn und Verstand, was er sagt, das ist wirklich gut.« Es könnte kaum ein schöneres Lob geben für Cohn-Bendit: »Ich war ganz stolz.«

Und spätestens seit diesem Tag ist klar: »Ich werde meine

Karriere beenden mit einem Sportmagazin im Fernsehen, mit 65 oder so.« Das ist kein Wunsch, das ist eine Feststellung. Zweifellos, das wird klappen – falls er bis dahin nicht ganz andere Pläne hat. Vielleicht aber sollte er sich einen französischen Sender aussuchen, um das Publikum nicht gegen sich aufzubringen. Denn spielen Frankreich und Deutschland gegeneinander, fühlt und brüllt er mit den Franzosen. »Man liebt meistens den Fußball aus dem Land, wo man groß geworden ist. Das ist wie mit dem Esssen, es sind sentimentale Gründe.« Ansonsten hat er sich zur Gewohnheit gemacht, prinzipiell zur ausländischen Mannschaft zu halten, in Deutschland wie in Frankreich.

Sein Vorschlag, bei Weltmeisterschaften oder Olympischen Spielen »auf das ganze Brimborium mit Fahnen und Nationalhymnen zu verzichten«, hat noch nicht sehr viele Anhänger gefunden. Jeder solle doch seine eigene Musikkassette mitbringen, findet er. Und was würde er spielen, wenn er ganz oben auf dem Podest stünde? »Satisfaction« von den Rolling Stones.

Wochenende – Dany, die jüdische Mamme

»Mich verblüfft es, daß viele aus der Revolte jetzt heiraten, um so mehr, als ich das nie machen würde. Man weiß es doch: Entweder hält eine Beziehung, oder sie hält nicht. Das vorher bestimmen zu wollen, ist kleinbürgerliche Verlogenheit, heißt, der Realität nicht ins Auge zu sehen, daß eine Liebesbeziehung permanent neu gestaltet werden muß oder auseinandergeht. Da hilft auch kein Trauschein.«

Daniel Cohn-Bendit 1988

Zum Glück ist er kein Prinzipienreiter, und so können sich Daniel Cohn-Bendit und Ingrid Apel im August 1997 das Jawort geben. Sie heiraten – nach 16jähriger Partnerschaft – im südfranzösischen Lauret, einem malerischen Ort in der Nähe von Montpellier, wo sie zusammen mit Freunden ein Ferienhaus besitzen. Ingrid in einem langen weißen Kleid, Dany mit blütenweißem T-Shirt unter einem braunen Seidenjackett. Der Bürgermeister erscheint mit traditioneller Schärpe in den Farben der Trikolore und gratuliert dem Bräutigam, der einst als »Dany le Rouge« die französische Flagge zerreißen und durch eine rote Fahne ersetzen wollte.

Zum Umtrunk auf dem Marktplatz ist das ganze Dorf eingeladen. Rund 40 Prozent der Bewohner von Lauret werden

Cohn-Bendit bei der Europawahl zwei Jahre später ihre Stimme geben. An diesem sonnigen Augusttag nun werfen die Gäste unverdrossen Reiskörner, obwohl zu Recht bezweifelt werden darf, daß das Fruchtbarkeitsritual bei diesem Paar – 46 und 52 Jahre alt – noch große Wirkung tun wird. Sie haben ja auch bereits ihren 7jährigen Sohn Béla. Der ist übrigens von der »Heiraterei« nicht gerade begeistert. Das kenne man doch, meint er, erst heirateten die Erwachsenen, und dann ließen sie sich scheiden. Das Brautpaar ist da optimistischer. »Amour éternelle – Ewige Liebe« steht auf einem Transparent vor dem Festzelt, gereicht werden u. a. schwarzgefärbte Marshmallows, die wie Pflastersteine aussehen.

Und wie kam es zu dem plötzlichen Sinneswandel? Also, da war so eine wunderschöne Situation in einem New Yorker Coffeeshop ... Dort hat Ingrid ihm einen Heiratsantrag gemacht. Ingrid, Lehrerin von Beruf, inzwischen in der Lehrerausbildung an der Universität tätig, wollte ein Signal setzen, gerade nun, da er plante, in Frankreich für das Europaparlament zu kandidieren. Wenn das für ihn eine Art Abrundung seiner Biografie bedeutete, warum nicht auch im privaten Bereich einen Bogen schließen? Außerdem, das war abzusehen, würde der Wahlkampf in Frankreich eine harte Zeit für die Familie werden.

Und warum hat er, der Ehe-Gegner, so plötzlich ja gesagt? So plötzlich war es gar nicht. Er war ganz schön verdutzt. Es hat immerhin 30 Sekunden gedauert, vielleicht sogar eine Minute, bis er geantwortet hat. Doch dann schien es ihm »einleuchtend«, und er hat den Antrag angenommen. Und was erwidert er nun den Leuten, die ihm seine alten ehefeindlichen Zitate unter die Nase reiben? »Da sag' ich: Ja, so isses! Ich habe da kein Problem, es gibt einen konkreten Grund. Und außerdem habe ich immer vertreten, man muß alles ausprobieren im Leben.«

Für Ingrid ist es bereits die zweite Ehe, sie hat nie Kampfreden gegen das Heiraten geschwungen. Er aber betont, man soll das nun bloß nicht als Bekenntnis zum »Institut Heiraten« werten, man solle das »aus der konkreten Lebensgeschichte heraus begreifen«. Und natürlich versteht er nach wie vor, daß es Leute gibt, die nicht heiraten wollen. Umgekehrt ist er natürlich dafür, daß auch Schwule und Lesben heiraten dürfen. Und so weiter, und so weiter, irgendwie muß er doch jetzt die Kurve kriegen. Erklärungen, die nichts so richtig klar machen. Daß die beiden ganz gerührt und glücklich sind, Tränen in den Augen haben, während sie nach Argumenten für die späte Trauung suchen, ist wesentlich aussagekräftiger.

Fest steht eins: Der Mann, der von sich selbst sagt, er habe ein »Gespür für Schwingungen« und die »Fähigkeit, im richtigen Moment das auszusprechen, was schon lange latent vorhanden war«, kommt, was die eigene Hochzeit angeht, sehr spät. Sein Gespür wird ihn kaum verlassen haben, aber er wollte dem wohl nicht nachgeben und überließ in diesem Falle Ingrid, das auszusprechen, was schon lange latent vorhanden war. Auch in puncto Kinderkriegen gehört er nicht zur Avantgarde. Hin und her ging es, jahrelang. Wenn er wollte, wollte sie nicht, wenn sie sich schließlich durchgerungen hatte, wurde er wieder unsicher. Sie hatten Angst, ein Kind könne sie trennen, »weil es einfach Libido absaugt«.

Ein weiteres Kind, genauer gesagt. Denn als sie sich näherkommen, hat Ingrid bereits ihren kleinen Sohn Nico aus erster Ehe. Flüchtig kannten sie sich schon länger, doch »gefunkt« hat es erst 1981 während eines Ski-Urlaubs mit einer Gruppe von Freunden. Sie habe die Initiative ergriffen, erzählt Ingrid, doch »daß ich für ihn meinen Mann und meinen neuen Geliebten verlassen würde, das habe ich nicht geahnt«. Dany seinerseits trennt sich von seiner Freundin Beate Schuh. »Es ging ziemlich schnell und ziemlich sprachlos«, erinnert sie sich.

Nico, inzwischen erwachsen, wächst weitgehend bei Ingrid und Dany auf, doch gibt es auch noch den leiblichen Vater,

und so genießen die beiden trotz Kleinkind relativ große Freiheiten. Dany, der eigentlich gern mit Kindern zusammen ist
und auch gut mit ihnen umgehen kann, fürchtet sich vor der
Verantwortung und den Veränderungen, die ein eigenes Kind
mit sich bringen würde. Doch dann übersteht Ingrid eine
schwere Krankheit, und als Zeichen neuen Lebensmuts treffen
sie schlußendlich eine Entscheidung. Wenn nicht jetzt, wann
dann? Ingrid wird bald 40.

Im Juli 1990 wird Béla Frederic geboren. Hat er ihr Leben
verändert? Dany überlegt: »Ja, klar, schon, aber nicht so sehr.«
Ingrid hilft seinem Gedächtnis auf die Sprünge: »Deine politischen Karrierepläne hat es schon stark verändert. Vorher gab
es zwar mich, aber ich konnte dich auch irgendwo besuchen,
wenn du gereist bist. Mit Bélas Geburt hast du ganz deutlich
Prioritäten gesetzt. Du wolltest mich einerseits unterstützen,
daß ich nicht ganz in der Mutterschaft aufgehen und alles andere vernachlässigen muß, und du wolltest selbst eine ganz ei-
genständige Bindung zum Béla haben. Du hast den Schwer-
punkt in deinem Leben anders gesetzt.«

»Wenn ich ganz ehrlich bin«, stimmt Dany zu, »kam es mir
auch gelegen. Es entspricht meinem Arbeitsstil, also Stich-
wortgeber in der Gesellschaft zu sein, bestimmten Einfluß
zu haben, aber eben nicht auf dieser politisch-institutionellen
Verantwortungsebene. Als Stadtrat war ich ehrenamtlich und
hatte somit alle Freiheiten. Also ich hatte die Möglichkeit, den
Stadtrat zu mimen, und gleichzeitig die Möglichkeit, mich zu
entziehen mit der Entschuldigung, ich bin ja nur ehrenamtlich,
laßt mich in Ruhe.«

Cohn-Bendit nimmt seinen Sohn überall mit hin. Er schiebt
ihn beim Flugblattverteilen vor sich her, er hält ihn auf dem
Schoß bei mehr oder weniger interessanten Veranstaltungen,
er nimmt ihn in sein multikulturelles Büro mit, wo er eine
Spielecke eingerichtet hat. Später darf Béla über Tische und
Bänke klettern, während Papa seine famosen Reden hält.

Cohn-Bendit mit Sohnemann auf dem Fahrrad – das hat jeder Frankfurter schon gesehen, wenn nicht live, dann in der *Bild*-Zeitung.

Bis es soweit ist, muß der Papa, der am liebsten auch Mama wäre (laut Ingrid), eine schwierige Phase überstehen – nämlich die des Stillens. Das hat ihm viel zu lange gedauert. »Da war meine Autonomie mit dem Kind einfach beeinträchtigt.« Ingrid lacht: »Jaja, das war ein Gedanke, die Autonomie, aber das andere war eine stinknormale Konkurrenz und Eifersucht, daß da was entstehen könnte zwischen mir und dem Baby, wo du ausgeschlossen bist.«

Cohn-Bendit schaut, als könnte da was dran sein. Na, und seitdem er nun endlich ganz autonom für sein Kind dasein kann, kümmert er sich wirklich um Béla? »Ja, absolut«, sagt Ingrid, und wenn sie ihn kritisiert, dann nicht, weil er sich seiner Verantwortung entzieht, sondern weil er so »overprotective« ist und nicht loslassen kann. Er sei die »perfekte jüdische Mamme«, wirft sie ihm manchmal vor. Eine typische jüdische Mutter, so sagt man, sei eine regelrechte Familienglucke und mache sich immer zu viele Sorgen um ihre Kinder. Seine Freunde beobachten, daß er wenig Grenzen setzt, sehr oft nachgibt und seinen Sohn gerne bedient.

Was macht er denn, wenn Béla nicht so will wie er? Er setzt sich zu selten durch, das muß er zugeben. Aber es gibt relativ wenige Konfliktsituationen. »Ich will ihm gar nichts vorschreiben.« Im Grunde gibt es nur ein Problem, den Konsum. »Nein« zu sagen, wenn Béla maßlos alle möglichen Dinge kaufen will, bedeutet Kampf. Aber sonst ist Cohn-Bendit einfach zufrieden mit seinem Sohn. »Ich finde, was er macht, ist okay. Wie er in der Schule ist oder wie er Fußball spielt ...« Hier übt er sich in Understatements, wo er doch sonst eher zur Übertreibung neigt. Dabei kann selbst dem Unsensibelsten nicht entgehen, daß er fast platzt vor Stolz über seinen Nachwuchs.

»Generationenkonflikt« ist bei Cohn-Bendit-Apels also ein

Fremdwort? Nein, nicht ganz. Béla, der seinen Papa »Dany«
nennt wie alle anderen auch, weiß sehr wohl, wie er ihn ärgern
kann. »Er sagt, er wird später CDU wählen. Und wenn er wirklich gut drauf ist, dann sagt er sogar, er wird die Reps wählen.«
Zuerst hat sich der provozierte Vater tatsächlich geärgert, aber
mittlerweile denkt er, es sei besser, auf solche Provokationen
nicht zu reagieren.

Oder neulich, im Skiurlaub in Italien, sammelt eine Gruppe
Unterschriften gegen Drogen. Béla drängt ihn zu unterschreiben. Drogen sind Scheiße, sagt er, man muß gegen alle Drogen
sein. Dany will aber nicht, ihm ist das zu simpel. Man könne
Heroin oder Kokain genausowenig verdrängen wie Alkohol
und müsse statt dessen jungen Menschen beibringen, damit
umzugehen, meint er. Außerdem müsse man zwischen den
verschiedenen Arten von Drogen differenzieren. Warum zum
Beispiel sei Alkohol erlaubt und Haschisch nicht? Cohn-Bendit ist kein Prohibitionist. Eine schwierige Diskussion in der
Familie. Am Ende unterschreiben nur Ingrid und Béla.

Cohn-Bendit setzt sich für eine Entkriminalisierung des
Drogenkonsums ein. »Meine Generation hat zu 80 Prozent
Haschisch genommen, nicht einmal, sondern oft«, verkündet
er auf einer Podiumsdiskussion in Paris und amüsiert sich über
die Reaktion des Schlips-und-Kragen-Publikums, »weil ein guter Song von den Rolling Stones einfach gut zusammenpaßte
mit einem guten Joint. Heißt das, daß wir alle drogenabhängig
geworden sind? Natürlich nicht! Heißt das, daß wir debiler als
andere sind? Die Geschichte wird darüber urteilen.« Cannabis,
befindet er, sei nun mal Bestandteil der heutigen Jugendkultur,
aber selbstverständlich sei auch er für kontrollierten Konsum:
»Wir brauchen *gutes* Hasch!«

Dabei ist er persönlich beileibe niemand, der sich gerne berauscht. Er trinkt nicht, er raucht nicht. Hat er Erfahrungen
mit anderen Drogen? Ja, er hat Haschisch in Schokoladenkek-
sen gegessen oder in anderen gebackenen Formen. Aber das

hat er schon lange nicht mehr gemacht, weil er einfach nicht das Bedürfnis hat. Immerhin, so lange ist es noch nicht her, daß er auf einer öffentlichen Veranstaltung dazu aufforderte, im Frühling mit »Haschisch im Kopf« eine Radtour durch Frankfurts City zu machen.

Die schönen Seiten des Lebens zu genießen, dafür muß Zeit bleiben. Daniel Cohn-Bendit ist ein Vollblutpolitiker, der sich jedoch das Recht herausnimmt, fast jedes Wochenende mit seiner Familie zu verbringen. Jeden Sonntag veranstaltet die Patchwork-Familie ein gemeinsames Essen: Dany, Béla, Ingrid, ihr älterer Sohn Nico, dessen Vater und seine neue Frau, die inzwischen auch noch einen Sohn haben, ergänzt durch sehr enge Freunde der Familie. Eine Zeitlang haben sie sogar zusammengewohnt, das führte aber häufig zu Reibereien. So hat sich Cohn-Bendit Ende der 80er Jahre vom Wohngemeinschaftsleben verabschiedet und mit Ingrid die geeigneten vier Wände für ein Kleinfamiliendasein gesucht.

Seither leben sie in einer geräumigen Mietwohnung im Frankfurter Westend, in einer dieser schönen alten Villen, die zum Glück erhalten blieben, nur wenige hundert Meter entfernt von jenem hart umkämpften Grundstück auf der Bockenheimer Landstraße, in dem einst der »Häuserrat« residierte, um die Zerstörung des idyllischen Stadtteils zu verhindern. Hier verbringt Cohn-Bendit mindestens drei Tage pro Woche. Ja, da erntet man schon verständnisloses Kopfschütteln, weiß seine Mitarbeiterin Daniela Cappelluti zu berichten: »Viele Leute können nicht verstehen, daß er am Wochenende keine Termine macht und nicht an wichtigen Sendungen teilnimmt.« Doch inzwischen hätten sich die Kollegen Politiker und Journalisten daran gewöhnt, und vielleicht wünsche sich insgeheim mancher, er hätte den Mut, sein Leben genauso zu organisieren.

Ist er also ein Familienmensch? Cohn-Bendit macht eine entschieden abwehrende Geste. Das Wort scheint eine Allergie in ihm auszulösen. Pflichten qua Sippschaft lehnt er ab. Außerdem hat er doch bloß eine Tante und einen Bruder. Aber Gaby wohnt ziemlich weit weg im bretonischen Vannes. Oft sehen sie sich nicht, sie telefonieren. Doch wenn es wichtig ist, sind sie immer füreinander da. Und das zählt.

Daniel Cohn-Bendit als Anbeter der spießigen Kleinfamilie? Das muß einfach ein Mißverständnis sein. Er windet sich sichtlich. Nein, nein, kein Familienmensch. Klar und nüchtern hält ihm Ingrid den Spiegel vor: »Also, du scheust dich? Familie hat irgendwas Blödes für dich offensichtlich. Nehmen wir das jetzt mal als Arbeitstitel, dann bist du ein absoluter Familienmensch. Auch wenn du das nicht so magst, verhältst du dich einfach wie ein richtiger Familienmensch. Daß du noch tausend Sachen darüber hinaus kannst, das ist eine ganz besondere Kapazität von dir.«

Wäre er kein Familienmensch, wäre er vielleicht sogar Minister oder in einer anderen hohen Position. Doch haben es derlei Positionen an sich, daß man sich ihnen mit Haut und Haar verschreiben muß. Und das will er auf keinen Fall. Sich nur einer Sache zu widmen erschiene ihm zu eindimensional. Er sucht die Balance zwischen nützlichem und glücklichem Leben. Mit Freunden und Familie in Südfrankreich Urlaub machen, Fußball spielen, Fahrrad fahren oder mit Kindern zusammensein, einmal in der Woche ins Kino gehen (ja, das schafft er meistens), lesen und den »Literatur-Club« moderieren – welcher einflußreiche Posten in der Politik ließe das zu? »Ich habe ein Freiheitskonzept«, erklärt Cohn-Bendit einer französischen Zeitung, »das es mir nicht erlaubt, Minister zu sein.«

»Wenn nicht ich, wer dann?« – Brüsseler Erotik

Es ist ein denkwürdiger Tag. Die Ereignisse auf der anderen Seite des atlantischen Ozeans lassen alles, was hier im Petra-Kelly-Saal des Europäischen Parlaments in Brüssel diskutiert wird, nebensächlich erscheinen. Die Fraktion der europäischen Grünen bereitet sich auf die nächste Parlamentssitzung in Straßburg vor. Gut zwei Drittel der fast 50 Abgeordneten aus elf Ländern sind erschienen.

Mittendrin räkelt sich der Abgeordnete Cohn-Bendit schräg auf einem der bequemen grauen Stühle, hundemüde, nachdem er die ganze Nacht nicht geschlafen hat. Er hat statt dessen vor dem Fernseher gesessen und auf das Ergebnis der amerikanischen Präsidentschaftswahl gewartet. Es ist dieses historische Wahlereignis, das erst Bush, dann Gore, dann wieder Bush usw. zum Gewinner erklärt. Zur Zeit heißt es gerade, der neue Präsident der Vereinigten Staaten werde George W. Bush sein. Die Grünen machen lange Gesichter, Cohn-Bendit das allerlängste.

Er nutzt das Fraktionstreffen zur Kontaktpflege. Man könnte auch sagen, daß er mitten in der Konferenz hofhält. Italienische und französische Abgeordnete stellen sich mit Fragen und Vorschlägen zu diversen Problemen ein, wollen seine Meinung hören oder einfach zwei, drei kollegiale Sätze austauschen. In regelmäßigen Abständen kommt aufgeregt ein junger

Italiener angerannt mit den neuesten Nachrichten aus den USA. Man schimpft auf den amerikanischen Grünen Ralph Nader, der nun tatsächlich der Königsmacher des Republikaners zu werden scheint. Der hätte sich auf symbolische Ergebnisse in einigen unverfänglichen amerikanischen Bundesstaaten beschränken sollen, befindet Cohn-Bendit. Was hat er jetzt davon, daß er die Nase so weit nach vorn gesteckt hat? Die ganze Welt wird nun mit diesem republikanischen Präsidenten fertigwerden müssen. Der Nader ist schuld. Das ist die erste Wut und Enttäuschung. Ein paar Tage später hört sich das in der Öffentlichkeit schon etwas gemäßigter an. Schließlich darf man nicht vergessen, daß auch die deutschen Grünen nur Erfolg hatten, weil sie genug Leute davon überzeugen konnten, der Argumentation vom »kleineren Übel« nicht mehr zu folgen.

Während Cohn-Bendit den Verlauf des amerikanischen Wahlspektakels auf Italienisch, Französisch und Englisch diskutiert und die neuesten Meldungen Gore den Vorsprung geben, verfolgt er gleichzeitig erstaunlich aufmerksam die allgemeine Debatte im Saal, jederzeit bereit, mit spitzfindigen Bemerkungen einzugreifen. Später dann in seinem Büro im achten Stock des Altiero-Spinelli-Gebäudes läßt er sich auf einen Sessel fallen – »Ich bin soo müde!« – und zappt rastlos zwischen *ARD*, *ZDF* und *n-tv* hin und her, als könne er auf diese Weise etwas am Ausgang der US-amerikanischen Präsidentschaftswahl drehen. Nervös reguliert er an der Lautstärke herum, zu laut, zu leise, *ZDF, ARD, n-tv* und zurück, doch auch das ändert nichts. Keine Neuigkeiten.

Seinen Schreibtisch zieren vier dicke Pflastersteine. »Es gibt Leute, die meinen mir die schenken zu müssen.« Zerstreut läuft er auf und ab, wuschelt sich durch die sowieso schon zerwühlten Haare, als könne er sich an keinen einzigen Posten auf seiner sicherlich langen To-do-Liste erinnern. Was gab's denn sonst noch?

»Alors, qu'est-ce que je dois dire?« ruft er seinen Mitarbeiterinnen im Nebenraum zu. Was soll er sagen heute nachmittag
auf dem Europäischen Forum? Als Koordinator des Ausschus-
ses für Auswärtige Angelegenheiten und Menschenrechte ist
er auserkoren, einen neuen Fernsehpreis zu überreichen, den
Civis europe, der den journalistischen Einsatz für Toleranz und
gegen Rassismus prämieren will. Eine seiner Mitarbeiterinnen
legt ihm einen kurzen, von den Veranstaltern vorgeschlagenen
Text vor, den er später bei der Verleihung tatsächlich vom Blatt
ablesen wird. Er ist wirklich sehr müde an diesem Tag.

Auf dem Weg zum Mittagsessen ruft Cohn-Bendit seinen
Sohn an. Der Zehnjährige freut sich, daß Bush doch noch nicht
gewonnen hat. Dabei ist er eigentlich gegen Al Gore, weil der
für Abtreibung ist. Der Papa, der natürlich für eine liberale
Abtreibungspraxis eintritt, hat schon scharfe Geschütze auf-
gefahren in der Diskussion mit Béla: Und wenn die Frau vergewaltigt wurde? Dann könne sie das Kind doch ins Heim
oder zur Adoption geben, befindet Béla. In dem Alter, so mut-
maßt Cohn-Bendit, muß man sich durch Abtreibung in seiner
Existenz bedroht fühlen. Stolz wie auch belustigt betrachtet
er Bélas Hin- und Hergerissensein: mit Bush gegen die Abtreibung oder mit Gore gegen die eigene Familie, inklusive den
geliebten großen Bruder Nico, der die Legalisierung der Abtreibung befürwortet? Eine vertrackte Alternative.

Im Abgeordneten-Restaurant ist Cohn-Bendit verabredet
mit Walter Mossmann, in den 70er Jahren bekannt als Barde
der Anti-Atomkraftbewegung vom Kaiserstuhl. Mossmann
sucht seine Unterstützung für eine Tagung der Heinrich-Böll-
Stiftung im ukrainisch-polnischen Grenzgebiet der Europäischen Union.

Was hält er eigentlich, jetzt wo der Kalte Krieg überwunden
scheint, von Vorschlägen, auch Rußland und die Ukraine in die
EU aufzunehmen? »Wenn man Rußland sagt, dann kann man
auch Japan sagen, ist ja nur ein paar Meter entfernt«, meint er.

Eine funktionierende Europäische Gemeinschaft könne nicht aussehen wie eine zweite UNO. Den Gedanken, auch Rußland und die Ukraine aufzunehmen, findet er »absurd« und »unsinnig«. Eigentlich, so meint er, hätten diese beiden Staaten sowie Polen, Ungarn und das Baltikum eine »mitteleuropäische Union« gründen müssen – als gleichberechtigte Partnerin neben der EU.

»Ich will, daß die Erweiterung nicht den Tod von Europa und einer politischen Idee bedeutet, weil es dann so nicht mehr machbar ist und zur Regierungskonferenz verkommt.« Die Integration der Türkei hingegen hält er für eine Aufgabe – sofern das vorderasiatische Land zur Wahrung von Demokratie und Menschenrechten findet –, weil so eine Brücke zu den islamischen Staaten gebaut werden könnte.

Im Juni 1994 wird Daniel Cohn-Bendit erstmalig ins Europaparlament gewählt. 17,8 Prozent holt er für die Grünen in Frankfurt am Main, die bundesweit gut zehn Prozent der Wählerstimmen erhalten. »Ob Teenie oder Mami – die meisten wählten Dany«, präsentiert die *Bild*-Zeitung den »strahlenden Europawahl-Sieger«. Parteiintern sah es für ihn wenige Monate zuvor gar nicht gut aus. Mit Müh und Not schafft er es auf Platz acht der grünen Kandidatenliste. So bestraft die pazifistisch gesonnene Mehrheit sein Engagement für eine militärische Intervention in Bosnien. Er dagegen fühlt sich – als europäischer Bastard – geradezu prädestiniert für den Abgeordnetenposten im Brüsseler Parlament.

Zu dieser Zeit ist Euro-Skeptizismus bei den Grünen noch weit verbreitet. Viele fragen sich, ob Globalisierung und Zentralisierung mit ihrem Prinzip der Basisdemokratie vereinbar sind. Doch die Angst vor nationalistischen Tendenzen und deutschen Alleingängen ist größer als die Furcht vor einem unüberschaubaren Europa und einer abgehobenen Machtelite. Und so setzt sich bei den Grünen langsam eine positive Haltung gegenüber der EU durch. Doch mit seiner unerschütterlichen Begeisterung und seinem uneingeschränkten Einsatz für den Prozeß der europäischen Einigung steht Cohn-Bendit bis heute alleine da.

Für ihn ist Europa eine Vision, ein Traum, eine der letzten Utopien, für die es sich zu kämpfen lohnt. In einer globalisierten Welt wird nur ein vereintes Europa mitreden können. »Europa ist die kritische Masse, die es uns ermöglicht, unser Schicksal in die Hand zu nehmen, sonst bleiben wir amerikaabhängig. Das ist meine feste Überzeugung. Wenn man auf deutscher Ebene oder französicher oder auf der Ebene von Luxemburg weitermachen will, bitte, aber dann darf man sich nicht wundern, daß man nichts zu sagen hat.« Also, die Globalisierung ist einfach da, ob man sie will oder nicht, sie ist Faktum, und die Frage ist nur noch, wie man damit umgeht.

So wenig er sonst gemeinsam hat mit dem ehemaligen Bundeskanzler Helmut Kohl, so sehr schätzt er dessen historisches Verdienst, die Wiedervereinigung Deutschlands (»um die ich mich nicht gerissen habe, die ich aber demokratisch bejahe«) in den europäischen Einigungsprozeß integriert zu haben. Selbst Konrad Adenauer und seinem historischen Erzfeind Charles de Gaulle klopft er auf die Schulter, weil sie durch die deutsch-französische Annäherung den Weg zu einer Europäischen Union geebnet haben. Die Zukunft gehört nicht dem Nationalstaat, die Zukunft gehört Europa!

Deswegen findet er den Bundestag und nationale Parlamente auch »langweilig«, ganz im Gegensatz zu den Politikern der anderen Parteien, die das machtlose Europäische Parlament als Abstellgleis verschmähen. In seinen Augen ist es der derzeit interessanteste politische Abenteuerspielplatz, der ihn dermaßen berauscht, daß er seinem ersten Erfahrungsbericht als Neuling den Titel »Die Eurodroge« gibt und der Brüsseler Bürokratie – entgegen ihrem Ruf – die Auszeichnung »die flexibelste Bürokratie, die ich kenne« verleiht.

Für manche mag Europa ein Synonym für Bürokratie und

Langeweile sein, doch wenn Cohn-Bendit von Europa spricht, dann im selben Atemzug von »Leidenschaft«, »Herzblut« und »Begeisterung«, von *Lust, Envie, Desire* (so nennt er einen Presse-Rundbrief, den er eine Zeitlang herausgibt). »Miteinander zu reden, ohne sich zu verstehen und trotzdem zu müssen, das fasziniert mich.«

Man kann sich kaum des Eindrucks erwehren, daß da ein »vaterlandsloser Geselle«, ein Heimatloser endlich eine Heimat findet. Eine maßgeschneiderte für den vielsprachigen, in Frankreich geborenen Bastard mit deutschem Paß und jüdischer Abstammung. Vielleicht liegt hier der Grund für seine unbändige Lust an der Utopie in einer Welt der Euro-Zweifler. Und wahrscheinlich gibt gerade das ihm einen Kick, mal wieder unter den ersten zu sein, die die Zeichen der Zeit erkennen und deuten wollen.

Sein Europa soll den Nationalstaat schwächen, doch die Regionen und Kommunen stärken. Auch das scheint seinen persönlichen Erfahrungen zu entsprechen. Nach seiner Identität befragt, antwortet er seit jeher: Frankfurter, Europäer, Kosmopolit. Und Deutscher? Nein, die nationale Ebene bedeutet ihm rein gar nichts. »Ich sehe ein, daß viele Menschen Heimatbedürfnisse haben, die sie auch mit einer Identifikation mit einem Staat und einer Nation verbinden. Das sollen sie dann selber formulieren, welche Inhalte Nationalismus im Zusammenhang mit demokratischer Entwicklung haben soll. Ich selber habe keine Bedürfnisse nach Nation und Nationalismus.« Er ersetze den nationalen Mythos durch einen europäischen, werfen ihm Europa-Skeptiker vor. »Es gibt niemanden, der europäischer ist als er«, bescheinigt ihm sein Fraktionskollege Alain Lipietz. »Er ist wahrhaftig ein Bürger Europas. Das Problem ist allerdings, er ist zu europäisch. Er glaubt, Europa sei in jedem Fall, egal wie, zu verteidigen, anstatt auch mal eine europäische Entscheidung zurückzustellen.«

So schlägt sich der Entwurzelte für sein Europa. Einwände

läßt er nicht mehr gelten. Die Sprache als Barriere für die Gemeinsamkeit, das hält er für aufgebauscht; an Übersetzungsschwierigkeiten darf eine Utopie nicht scheitern. Das sei doch gerade das Spannende an diesem Europa, daß es sich nicht durch Sprachen oder natürliche Grenzen definiert, sondern »durch ein gemeinsames Rückgrat, eine gemeinsame Idee«. Und diese Idee soll sich in einer Magna Charta manifestieren, die demokratische und soziale Rechte festschreibt, an denen sich der Zusammenschluß orientiert.

Das vereinte Europa braucht eine Verfassung, konstatiert er (und Staatspräsident Jacques Chirac sträuben sich die Haare), eine Verfassung, die – im Unterschied zu den Vereinigten Staaten – die Verantwortung der Allgemeinheit für den einzelnen festschreiben und soziale Garantien gewähren soll. Abstimmen sollen darüber nicht die Regierungen, sondern die Völker. »Lehnt ein Volk diese Verfassung ab, dann ist es eben nicht dabei. Das wäre vielleicht traurig, aber eben zwingend, denn Europa ist kein Modell, das die einzelnen Völker vergewaltigen soll«, erklärt er in einer am 3. November 2000 im niederländischen Groningen gehaltenen Grundsatzrede.

Sein Traum-Europa soll eine richtige Regierung haben, eine Berufsarmee und – »Ladies and Gentlemen: The President of the United States of Europe« – einen ordentlichen Präsidenten. Natürlich müssen die europäischen Institutionen schnellstens saniert werden, muß zuallererst das hinderliche Einstimmigkeitsprinzip fallen. Sein Traum-Europa soll mehr sein als eine bloße Wirtschaftsunion, und es wird sich, so prophezeit er, als eine Mischung aus föderalem und nationalstaatlichem System darstellen. Deutschland und Frankreich werden sich künftig einmal ähnlich nah sein wie heute Bayern und Preußen. Ihm wäre es nur recht, wenn sich die Nationalstaaten auflösten, doch glaubt er nicht, daß es so weit kommt, sondern daß Europa eine Mischung aus föderalem System und Nationalstaaten bleiben wird.

Sabine Stamer

Auf diese Weise positioniert sich Daniel Cohn-Bendit klar gegen das Europa-Mißtrauen in Frankreich und in Deutschland. Gemeinsam mit Joschka Fischer legt er den Kurs fest, immer ein bißchen vorpreschend, denn schließlich kann ein freischwebender Paradiesvogel sich mehr erlauben als der flügelgestutzte deutsche Außenminister. Der stieß mit seiner Grundsatzrede über Europa im Mai 2000 vor allem in Frankreich auf Zurückhaltung. Der damalige Innenminister Jean-Pierre Chévènement bezichtigte daraufhin Deutschland sogar, sich noch nicht von der Entgleisung des Nationalsozialismus erholt zu haben und bis heute vom Heiligen Römischen Reich Deutscher Nation zu träumen. Frankreichs früherer Präsident Valery Giscard d'Estaing reagierte hierauf wiederum mit Empörung.

Auch Cohn-Bendit mischte sich sofort in die Debatte ein und wies Chévènements Vorwürfe als »Dummheit« zurück. Welcher Deutsche könnte unbefangener auf derlei Vorhaltungen reagieren? Er ist nicht Nachfolger nationalsozialistischer Täter, er hat keine Schuldgefühle, und niemand kann ihm einreden, daß er besser welche hätte. Er ist ja auch »kein richtiger Deutscher«; es gab Zeiten, da verstand er sich selbst als Franzosen und hätte sein Leben gerne in Frankreich verbracht. Er erlaubt sich also mitzureden, (fast) wie einer, der dazugehört. Und so macht er sich in beiden Ländern für seine europäische Vision stark.

»Schauen Sie sich doch diejenigen, die gegen Europa argumentieren, an!« fordert er einen *taz*-Reporter noch vor seiner Wahl ins Europaparlament auf. »Strahlt Stoiber etwa Erotik aus? Europa-Gegner sind out und gehören mit ihren nationalistischen Selbstverständlichkeiten auf den Müllhaufen der Geschichte.« Und nach zweieinhalb Legislaturperioden in Brüssel hat er endgültig die Nase voll von jenen, die einen Zug bremsen wollen, der längst volle Fahrt hat: »Das permanente Lamentieren der Euro-Skeptiker ist enervierend«, wettert er in der *Zeit* unter der Überschrift: »Wir werden die Welt verbessern. Schluß mit dem Gejammer, Europa ist wunderbar.«

Eines seiner zentralen Anliegen bei der Weltverbesserung ist die Wahrung der Menschenrechte auf dem Balkan und in Nordafrika. Bei der Suche nach Mitstreitern für ein militärisches Eingreifen in Bosnien schert er sich nicht um Parteizugehörigkeit und ideologische Differenzen. Während das Europaparlament in einer erbitterten Auseinandersetzung nach einer Position in diesem Konflikt sucht, verlassen zwei Abgeordnete den Plenarsaal: der Grüne Daniel Cohn-Bendit und der Sohn des letzten österreichischen Kaisers, Otto von Habsburg, Abgeordneter der CSU. Die beiden, die sich im übrigen politisch eher fern sind, brauchen in Sachen »Krieg für den Frieden« nur eine halbe Stunde in einer Ecke des Foyers, um mit einem gemeinsamen Resolutionsentwurf zurückzukommen.

Von Habsburg gehört zu den 120 Unterzeichnern des überparteilichen *Europäischen Forums zur aktiven Konfliktverhütung*, das auf Initiative Cohn-Bendits gegründet wurde, um Massenmorde und Vertreibungen wie in Bosnien zu verhindern. Angesichts einer derartigen Liaison zeigen sich die Grünen natürlich entsetzt. Da hilft es nicht, daß Cohn-Bendit betont, von Habsburg bleibe auch weiterhin »sein Lieblingsreaktionär«.

Während seiner ersten Legislaturperiode hat Cohn-Bendit bei den deutschen Grünen eine sehr umstrittene Position. Nach außen geben sie ohnehin kein einheitliches Bild ab, und so macht der Brüsseler Sonderling mehr oder weniger, was er will. Natürlich läßt er sich auch von den französischen Grünen, für die er seit 1999 im Europäischen Parlament sitzt, nicht disziplinieren, doch scheinen ihm Absprachen auf französisch leichter zu fallen.

Mit seinen energiegeladenen, pointierten Reden löst er im Parlament wie vor jedem anderen Publikum Zorn und Heiterkeit aus. »Sympathisch, warm und menschlich großzügig«, schätzt ihn die grüne Pressesprecherin Isabelle Zerrouk ein.

Sabine Stamer

»Was mir nicht so gefällt, das ist seine Rolle als Hauptdarsteller, dieser permanente Hofstaat um ihn herum. Also, mich interessiert es nicht, im Fan-Club von Dany zu sein.«

Heide Rühle, stellvertretende Fraktionsvorsitzende der europäischen Grünen, bedauert, daß sich Cohn-Bendit mit all seiner »Ausstrahlung« und seinem »Charisma« nicht in den Fraktionsvorstand einbinden läßt: »Das ist natürlich auch ein Charakterzug von Dany, daß er sich gerne aussucht, welche Rolle er spielt, und daß er selten bereit ist, Kärrnerarbeit zu machen, darin habe ich ihn noch nie erlebt.« Doch böse sein kann sie ihm deswegen nicht, denn wer wisse, ob er seine tragende Rolle als Ideengeber noch so gut ausfüllen könne, wenn er sich zeitlich und politisch stärker anbände.

»Dany muß man so nehmen, wie er ist. Entweder akzeptierst du ihn, oder du läßt es«, urteilt Isabelle Zerrouk. »Er kann auch ganz schön entnervt sein und sich aufregen, aber er ist nie frustriert. Und er ist einfach immer voller Ideen. Die sind manchmal etwas bizarr oder zu folkloristisch, aber er treibt die Dinge voran.« So wagt er es, darüber nachzudenken, was er tun würde, wäre er »Kanzler« der europäischen Einheit. Dann gäbe es, so prognostiziert er, erst mal ein neues Gesetz über die Staatsangehörigkeit und Bürgerrechte für alle in Europa lebenden Menschen.

Nun, dieses Amt ist noch längst nicht geschaffen, und sollte es einmal dazu kommen, wird man sich bestimmt nach einer anderen Besetzung umschauen. Bleibt der Traum, einmal EU-Kommissar zu werden. Immerhin ist der Posten bereits vorhanden. Die Kommission ist quasi die Exekutive der Europäischen Union. Künftig wird jedes Land, auch die großen Mitgliedsstaaten, nur noch einen einzigen Kommissar entsenden. Daniel Cohn-Bendit wurde noch nicht vorgeschlagen.

Auferstehung eines Mythos –
Politisches Comeback in Frankreich

Place de la Sorbonne im Februar 2001. Zwei Dutzend Journalisten lungern gelangweilt vor einer unscheinbaren Bar herum, wedeln mit ihren Notizblöcken, halten sich an ihren Kameras fest und lassen den Blick unaufhörlich über den Platz schweifen, in der Hoffnung, ihn als erste zu entdecken. Manche zünden sich eine Zigarette nach der anderen an, um sie wenig später achtlos auf das Kopfsteinpflaster des Platzes zu werfen. Ja, tatsächlich, die Oberen der Stadt haben es vor ein paar Jahren gewagt, die Pflastersteine wieder freizulegen. Der vielbefahrene Boulevard Saint Michel hingegen, der an der Sorbonne vorbeiführt und 1968 Hauptschauplatz der bürgerkriegsähnlichen Straßenschlachten war, bleibt seit jenen unvergeßlichen Auseinandersetzungen glatt geteert.

Die Place de la Sorbonne vor dem Haupteingang der altehrwürdigen Universität ist ein kleines idyllisches Plätzchen, dominiert von der majestätischen Kuppel der barocken Sorbonne-Kapelle, in der die Gebeine des Herzogs von Richelieu ruhen, der Frankreich vor nunmehr fast 400 Jahren zu einer der bedeutendsten Mächte Europas machte. Die Sorbonne selbst, im 13. Jahrhundert gegründet und im 17. von Richelieu erneuert, war nicht nur steinerne Zeugin der 68er Ereignisse, sie hat auch richtige Revolutionen gesehen und überlebt. 1789

Sabine Stamer

wurde sie ganz geschlossen und erst Jahre später von Napoleon wiedereröffnet. Welch mildes Schicksal dagegen 1968: Nur für wenige Tage werden ihre alten, schweren Pforten versperrt.

Das historische Gebäude im 5. Arrondissement hat an Bedeutung verloren, es beherbergt nur noch eine von 18 Fakultäten der Université de Paris. In einem der imposanten Hörsäle soll heute abend »Dany le Rouge« auftreten, inzwischen auch bekannt als »Dany le Vert«, der Grüne. Er hat den französischen Grünen versprochen, sie für die Kommunalwahlen zu unterstützen, und so reist er, zwei Jahre nach seinem Europa-Wahlkampf, wieder einmal durch Frankreich. Sein Glanz soll ausstrahlen auf die bis dahin weitgehend unbekannten Kandidaten der Partei. »Le grand retour de Dany Cohn-Bendit à la Sorbonne« werben die Plakate der Grünen, wobei sein Name sehr groß, »Sorbonne« etwas kleiner erscheint, und ganz klein folgen die Namen derjenigen, die eigentlich zur Wahl stehen.

Die französischen Grünen haben ein gespaltenes Verhältnis zu ihrem Dany. Sie wissen, wie gut er ankommt, gleichzeitig tun sie sich natürlich schwer mit ihrem von außen eingeflogenen Star, der auftaucht, Reden schwingt, Witze reißt, Kritik und kluge Ratschläge verteilt, Beifall einheimst und wieder abrauscht. Wer von seiner Popularität profitieren will, muß dulden, in seinem Schatten zu stehen, und seine Kapriolen hinnehmen.

Ganz klar, Cohn-Bendit ist das Zugpferd. Wollen die Grünen einen größeren Saal füllen, dann rufen sie ihn und können sicher sein, daß nicht nur die eigene Gefolgschaft, sondern auch viele Neugierige und vor allem Presse und Kameras präsent sein werden. Letztere nun warten an diesem frühen Februarabend auf der Place de la Sorbonne, um die Ankunft des Stars nicht zu verpassen. Drinnen in der Bar sitzen geduldig (äußerlich jedenfalls) die Spitzenleute der grünen Partei, aufgereiht auf einer roten Kunstlederbank, wie man sie aus vielen dieser leicht schäbigen Bars-Tabac kennt, wechseln ein paar

Worte, blättern in Papieren. Ihretwegen könnte die Pressekonferenz eigentlich anfangen.

Plötzlich füllt sich der kleine Raum. Kameramänner und Fotografen steigen auf Stühle und Barhocker. Lässig kommt er herein, längst gewöhnt an diese Traube von Freunden, Bekannten, Wichtigtuern und Berichterstattern. Lachend schiebt er sich durch die Menge zu den anderen auf der roten Kunstlederbank, einen Stapel Bücher unter dem Arm. »Alles geklaut, was?!« ruft einer, der ihn wohl noch aus alten Tagen kennt. Nein, alles käuflich erworben, versichert der Star amüsiert. Das ist fast immer so, wenn er erscheint: Schulterklopfen, kurzer Schlagabtausch mit alten Kämpen, Lachen. Wo gerade noch todlangweilige Stimmung herrschte, wird es munter, er bringt Leben in die Bude.

Nun darf, die Höflichkeit gebietet es, zunächst die Kandidatin des Arrondissements ein paar begrüßende Worte sagen, auch Yves Contassot, der Pariser Bürgermeisterkandidat der Grünen, kommt kurz zu Wort. Eigentlich ist er ja die Hauptfigur in diesem Wahlkampf. Doch muß er sich hier, ebenso wie der grüne Parteivorsitzende Jean-Luc Bennahmias, mit einer bescheidenen Nebenrolle begnügen, vergleichbar mit der einer Vorgruppe bei einem Konzert der Rolling Stones. Man kann nur ahnen, daß das konzentrierte Interesse auf die Berühmtheit neben ihnen ihre Eitelkeit kränken muß, denn sie tragen die Schmach mit Fassung, wohl wissend, daß ohne Cohn-Bendit das Blitzlichtgewitter höchstens halb so hell leuchtete.

Der »Retter« kommt, verkünden die französischen Zeitungen, und das mache es wahrlich nicht gerade leichter, stöhnt Cohn-Bendit später. So übt er sich in demonstrativer Solidarität, legt seinen grünen Schützlingen lächelnd den Arm um die Schulter, rückt ganz dicht an sie heran, damit sie mit aufs Foto kommen, und wirkt dabei immer wie der schützende große Bruder. Fast jeder erscheint neben ihm blaß und ausdruckslos, auch der Spitzenkandidat der Grünen, Yves Contassot, wie

Sabine Stamer

immer in Anzug und Krawatte, gesetzt und konservativ, trotz seiner lustig abstehenden dünnen Haare. Cohn-Bendit dagegen erscheint locker und unkonventionell, gleichzeitig lebhaft und tatkräftig. Das spürt man schon, bevor er das Wort an die Versammelten richtet.

Jetzt blickt er auf in dieser überfüllten Bar, schaut in die Runde, belustigt, daß dieses »historische Ereignis« soviel Aufmerksamkeit auf sich zieht. Daniel Cohn-Bendit kehrt zurück an die Sorbonne! Na und? »Ich bin überwältigt von Ihrer Anwesenheit. Zunächst muß ich ein Geständnis ablegen, da wir hier so unter uns sind: Es ist ungefähr das 354. Mal, daß ich über die Place de la Sorbonne gehe.« Jeder hier in Paris fragt ihn, ob es etwas Besonderes für ihn sei, 33 Jahre danach wieder an der Sorbonne zu reden. »Mir ist das wurscht. Die Grünen haben das ausgesucht, die wollten das. Es wird hochstilisiert zu einer absolut symbolischen Aktion. Aber ich habe schon ein paarmal geredet dort.« Das scheint der breiteren Öffentlichkeit entgangen zu sein, denn es war kein Wahlkampf.

Aber eine Schlagzeile will er den Kollegen von der Presse trotzdem gönnen, und so erzählt er eine wilde Story, wie er in Frankfurt durch seine guten Kontakte zu Immigranten an die Kreditkarte und den Code des ehemaligen Ölkonzern-Managers Alfred Sirven, dessen Aussagen über Schmiergeldaffären in jenen Tagen ungeduldig erwartet werden, gekommen sei. Nun, etwas bemüht wirkt diese Geschichte vom heißen Toiletten-Fund schon, aber sie sorgt für Abwechslung, und die ernsthaften Stoffe hebt er sich für seine Rede vor größerem Publikum im Anschluß auf. Hier im Café kündigt er noch an, er werde ein Aktionskomitee gründen, um das 16. Arrondissement (ein großbürgerliches Viertel, in dem weder Sozialisten noch Grüne die geringsten Chancen haben) vor den Linken zu schützen und so der Bourgeoisie einen Zufluchtsort zu bewahren.

Es ist dunkel geworden mittlerweile, man bricht auf. Das

Publikum wartet bereits im Théatre Descartes, einem der schönen holzgetäfelten Hörsäle der Sorbonne. Der Weg ist kurz, doch es braucht seine Zeit, bis der Troß ankommt. Hier ist noch ein Radio-Interview für einen italienischen Sender zu geben (auf italienisch, versteht sich), da sind noch ein paar Fragen auf französisch zu beantworten, und dort muß noch ein wichtiges Thema mit einem der Grünen zu Ende diskutiert werden. Schließlich halten die Wahlkämpfer Einzug, unter starkem Beifall, stärker noch für die wahren grünen Kandidaten als für ihr Zugpferd. Der Saal ist gut gefüllt, in der Mehrheit von älteren Semestern, die die Uni vor 30 Jahren zum letzten Mal von innen gesehen haben.

Wie meistens auf solchen Veranstaltungen ist er als letzter Redner vorgesehen. Nur wer die gediegenen Programm-Rezitationen der Kandidaten aushält, darf sich anschließend von Daniel Cohn-Bendit entschädigen lassen. An diesem Abend wird niemand enttäuscht, obwohl so mancher befürchtet haben mag, daß der Stargast nicht in Form sei, denn immer wieder reibt er sich die müden Augen, klatscht mehr pflichtbewußt als zustimmend. Schließlich reißt er sich zusammen, versucht, den anderen Rednern seine ungeteilte Aufmerksamkeit zu schenken, wenigstens für zehn Minuten. Dann brechen liebgewonnene Gewohnheiten durch, und er verwickelt sich in angeregte Schwätzchen mit seinem Nebenmann.

Aus dem halbgelangweilten Zuhörer wird innerhalb von Sekunden ein Energiebündel, als er endlich ans Rednerpult darf. »Chers amis«, begrüßt er die Anwesenden, »Kameraden, Arbeiter und Bauern, die Zukunft gehört uns.« Alles lacht, ja, so sprach man in den guten alten Zeiten. Und obendrein beginnt er noch mit dem Zitat eines von ihm bekanntermaßen nicht geschätzten Dichters, des kommunistischen Partei-Poeten Louis Aragon: »An die Vergangenheit zu denken, heißt von der Zukunft zu träumen.« So erzählt er dem französischen Publikum von den letzten fünf Wochen in Deutschland, der

»schwersten Zeit seines politischen Lebens«, ja wirklich, denn die Vergangenheit seiner Generation stehe auf dem Prüfstand.

Fotos aus dem Jahre 1973 gehen durch die deutschen Medien, ausgegraben von der Tochter Ulrike Meinhofs, Bettina Röhl, die sich auf einem persönlichen Feldzug gegen die arrivierten Alt-68er befindet. Die Bilder zeigen, wie Joschka Fischer, damals vermummtes Mitglied der sogenannten Putzgruppe der Hausbesetzer, einen Polizisten verprügelt. Nun sitzt er als Vertreter für eine ganze Generation auf dem heißen Stuhl der politischen und moralischen Inquisition.

Zu diesem Zeitpunkt ahnt Cohn-Bendit nicht, daß es für ihn persönlich bald noch heißer werden wird, daß dieselbe Bettina Röhl auch seinen *Großen Basar* unter die Lupe nehmen und kolportieren wird, er, Daniel Cohn-Bendit, sei ein Kinderschänder. Schon ohne diesen Vorwurf ist das die schwerste Zeit seines politischen Lebens, behauptet er. Warum? Weil er die Pflicht fühlt, Rede und Antwort zu stehen, dabei der Wahrheit möglichst nahe zu kommen (*die* Wahrheit, sagt er, gebe es nämlich nicht). Er will sich nicht vor der Verantwortung drücken. »Die schönen 60er Jahre, sie waren so schön«, erklärt er dem Publikum in der Sorbonne, »weil wir den Mut hatten, die Welt verändern zu wollen, weil wir Lust hatten, uns zu engagieren, und Lust hatten, anders zu leben.« Aber es habe auch dunkle Seiten gegeben, Seiten, für die man sich heute schämen müsse. Natürlich verspürten nun alle die Versuchung, sich zu schützen, indem sie sich verstecken und entziehen. Verständlich, doch ein Politiker dürfe das nicht.

Eine gute halbe Stunde spricht er ohne Manuskript, ohne Notizen. Er spricht kraftvoll, lebhaft, direkt und konkret. Er ist aufgebracht, nicht unbedingt gegen irgendwen oder irgend etwas, einfach aufgewühlt, und so gelingt es ihm, auch seine Zuhörer aufzuwühlen. Er spricht über Arbeiterräte, Stalinismus und seine allererste Demonstration an der Hand seines Bruders, über seinen Sohn, über Abtreibung und Drogen, über

Wahrheit und Demokratie, über Umweltschutz und Verkehr, über das Volk und die Immigranten, über die Grünen natürlich auch. Er formt das alles zu einem großen Ganzen; selbst wo er keine Visionen hat, scheinen diese fast greifbar.

Er vergißt auch nicht, seinen grünen Kollegen ein wenig Kritik unter die Nase zu reiben, gut dosiert, nur soviel, wie ein Wahlkampf zuläßt. »Gleichberechtigung wollen die Grünen, sagt ihr, aber wo sind denn die ausländischen Kandidaten auf den grünen Wahllisten?« – »Ihr müßt ehrlich sein!« fordert er die etwas verkrampft lächelnden Mitstreiter auf, »ihr dürft den Leuten nichts versprechen, was nicht gehalten werden kann. Wenn ihr uns wählt, wird das schwierig für alle. Weniger Autos auf den Straßen zum Beispiel, das können wir nicht einfach verordnen.« So erntet er Lachen und Applaus, sammelt Punkte für sich selbst und Punkte für die grüne Partei, die so viel Widersinn in den eigenen Reihen duldet. Das Publikum ist begeistert und antwortet mit tosendem Beifall.

Warum hat er denn eigentlich nicht selbst für das Bürgermeisteramt kandidiert, fragt in Paris so mancher mit vorwurfsvollem Unterton. Schließlich traut man ihm zu, 17 bis 20 Prozent der Wählerstimmen zu gewinnen. Und hatte er nicht vor einigen Monaten noch geunkt, er wäre gerne Bürgermeister einer großen französischen Stadt? Ein Scherz nur, das reizt ihn überhaupt nicht. Aber warum denn nicht, fragen französische Journalisten hartnäckig, weil sie sich nicht vorzustellen vermögen, wie sich jemand so ein außergewöhnliches Wahlergebnis in dieser Zwei-Millionen-Stadt durch die Lappen gehen lassen kann. Für ihn persönlich gebe es einfach interessantere Perspektiven als Pariser Bürgermeister zu sein, antwortet er achselzuckend; Müllentsorgung und Hundekot gehören nicht zu seinen Lieblingsthemen. Und von einer Schein-Kandidatur ohne den ernsten Willen, sich in der Pariser Kommunalpolitik zu engagieren, hält er nichts – zu recht, wie die Ergebnisse dieser Kommunalwahlen im März 2001 erweisen. Von außen

Sabine Stamer

eingeflogene Star-Politiker werden von den französischen Wählern nicht akzeptiert.

Die Pariser Grünen erhalten bei der Kommunalwahl 12,5 Prozent der Wählerstimmen. Spitzenkandidat Yves Contassot bringt es in seinem Arrondissement auf beachtliche 22,9 Prozent und Aurélie Filippetti, die junge Kandidatin im Bezirk der Sorbonne, auf 12,7 Prozent. Und wer weiß, ob Cohn-Bendit bei dieser Wahl zum Bürgermeisteramt tatsächlich so viele Stimmen bekommen hätte wie zwei Jahre zuvor bei der Europawahl. Vielleicht hätten auch die Pariser Wähler entdeckt, daß er zwar ein geeigneter Kandidat für europäische Visionen sein mag, aber weniger geeignet, sich um den Dreck vor der eigenen Haustür zu kümmern. Damals, im Juni 1999, stimmten in Paris 17 Prozent für »Dany le Vert« als europäischen Spitzenkandidaten der Grünen, landesweit erhielt er 9,7 Prozent. Ein äußerst gutes Ergebnis für eine Partei, die sich bis dahin am Rande des politischen Existenzminimums bewegte.

Seine Kandidatur auf der französischen grünen Liste hat er von langer Hand vorbereitet. Schon 1992 äußerte er in einem Interview mit dem *Nouvel Observateur,* er könne sich vorstellen, auf einer französischen grünen Liste für die Europawahlen 1994 (!) anzutreten. Diese Äußerung sorgte damals in Frankfurt am Main, wo er gerade als Dezernent für Multikulturelles tätig war, für mehr Aufregung als in Frankreich, wo die Grünen noch in Bedeutungslosigkeit dümpelten. Erst 1997 schafften sechs ihrer Kandidaten – dank einer Allianz mit den Sozialisten – zum ersten Mal den Sprung in die Assemblée Nationale, das nationale Parlament, und stellten mit Dominique Voynet auch gleich die Umweltministerin. Seitdem herrscht in Frankreich unter Führung Lionel Jospins die »Gauche Plurielle«, eine Koalition aus Sozialisten, Grünen und Kommunisten, die den Umweltschützern viel Geduld und Kompromißbereitschaft abverlangt.

Die Regierungsbeteiligung der Grünen machte Frankreich für Cohn-Bendit um so interessanter. Dort zu kandidieren, das wäre mal wieder etwas Besonderes, Erstmaliges. Es wäre auch eine Rückkehr im Triumph, fast wie in seinem langgehegten Traum, wo er sich als Staatsgast auf einem roten Teppich in den Élysée-Palast schreiten sieht. Er streut also seine Idee, und am Ende ist es Dominique Voynet, die ihn offiziell als Spitzenkandidaten für die Europawahlen 1999 vorschlägt. Das wird zunächst nicht einhellig begrüßt, insbesondere weil die basisorientierten Grünen in Frankreich ebenso wie in Deutschland gegenüber jeder Art von Starkult äußerst mißtrauisch sind. Doch ist ihnen gleichzeitig klar, daß der Medienliebling sie in die Schlagzeilen bringen und ein neues, bisher von ihnen nicht erreichtes Wählerpotential ansprechen würde. Er könnte es schaffen, die Grünen anstelle der Kommunisten als zweitstärkste Kraft der Linken zu verankern. So sprechen sich auf dem Sonderparteitag im Pariser Vorort Noisy-le-Grand drei Viertel der Delegierten für Cohn-Bendit als Spitzenkandidaten aus.

Erste Umfragen ergeben, daß er insgesamt zwölf Prozent und mehr als 20 Prozent der Wähler unter 30 für sich gewinnen könnte. Viele Alt-68er hat er heute noch auf seiner Seite. Die Nostalgie trägt ihn, den Helden von damals, auf einer Welle der Sympathie. »Ich bin die Lichtgestalt des Mai«, so analysiert Cohn-Bendit selbst seine Wirkung in Frankreich. »Ich wurde des Landes verwiesen, also bin ich auch noch das Opfer. Das ganze Böse, was sich danach entwickelt hat, das Stalinistische, Maoistische, die Enttäuschung usw., das bin ich nicht. Ich bin das Gute, die Hoffnung, ich verkörpere die positiven Vibrationen des Mai 68.« Ein eingefrorener Mythos sozusagen.

»Dany le Rouge« zu wählen, das bedeutet für viele ein Ja zur eigenen Vergangenheit. Es soll bestätigen, daß nicht alles umsonst war, damals. Es soll zeigen, daß man auch heute in arrivierter Position jung im Herzen geblieben ist und rebellisch,

Sabine Stamer

nicht zu sehr und ohne Risiko, denn »Dany le Vert« steht nicht für Umsturz, sondern für Umbau. Riefen sie damals alle noch »Élections – piège à cons!« (Wahlen, Idiotenfalle!), so begrüßen die linken Nachwuchsgrünen den »Retter« 30 Jahre später spöttisch mit dem Spruch: »Élections – piège à Cohn!«

Obwohl in Frankreich geboren und aufgewachsen, ist dieses Land Cohn-Bendit inzwischen entfremdet. Er verfolgt dessen Entwicklungen zwar in *Le Monde*, *Libération* und dem Sportmagazin *l'Équipe*, aber er kennt es nurmehr bruchstückhaft aus persönlicher Erfahrung.

So macht er sich rechtzeitig, noch vor allen anderen wahlkämpfenden Konkurrenten auf die Reise, eine dreimonatige Tour de France durch die Provinz, nicht als Sportreporter auf dem Motorrad, wie er sich das als Kind wünschte, sondern als Wahlkämpfer im Kleinbus, der nicht nur für sich werben, sondern auch Land und Leute kennenlernen will. Die lokale Presse begrüßt ihn in großen Lettern, die Säle füllen sich mit Neugierigen.

Am 19. Januar 1999 erreicht sein Bus die Wiederaufbereitungsanlage der Firma Cogema in La Hague. Eine wütende Menge erwartet ihn. Es wird kleine Probleme geben, warnt man ihn im Bus vor. Kaum steigt er aus, erhält er Rippenstöße und Buhrufe. »Arschloch, wir werden dich fertigmachen!« drohen ihm die aufgebrachten Arbeiter, »Scheißdeutscher! Drecksjude!« Ein Grüner wagt sich da in ihre Domäne, noch dazu einer aus diesem Deutschland, das sich weigert, seine atomaren Abfälle zurückzunehmen und sich anmaßt, neue zu liefern. »Bonjour, bonjour!« antwortet der Angegriffene höflich, »kann man nicht erst mal ›GutenTag‹ sagen?! Bonjour, bonjour!« Es fliegen Eier und Kuhfladen. Polizei und Wachpersonal schauen ungerührt zu, die Unternehmensleitung schreitet nicht ein.

»Arrêtez-vous, arrêtez-vous!« – Hört auf! Cohn-Bendit kämpft sich durch die Leute: »Sie wissen doch noch gar nicht, was ich sagen werde! Können wir nicht miteinander reden?«

Die Arbeiter wollen nicht reden, ihre Meinung steht fest: »Dreckiger Boche, geh zurück nach Deutschland, du willst uns nur unser Brot nehmen! Du willst die ganze Region sprengen!« Nur mit Mühe und ein paar Schrammen gelingt es dem Wahlkämpfer und seinen Begleitern, in das Gebäude zu gelangen, wo die Vertreter des Unternehmens mit keinem Wort für den gewalttätigen Empfang um Entschuldigung bitten.

Nach einer fruchtlosen Debatte steht er am Hinterausgang, tritt von einem Fuß auf den anderen und stützt sich schließlich erschöpft und ratlos auf einen Müllcontainer: »Das packe ich nicht mehr, ich muß nachdenken.« Jude sei er, klar, Deutscher, klar, aber Beschimpfungen wie »dreckiges jüdisches Arschloch« machten eine Auseinandersetzung doch fast unmöglich. Dann kämpft er sich wieder durch die Menge, zurück zum Bus. Zum Abschied wirft einer dem ungeliebten Gast noch hinterher: »Wenn die Deutschen die Atomkraftwerke ausschalten, wie werden sie dann eigentlich ihre Öfen bedienen? Mit Juden!« Umstehende Demonstranten und Lokalpolitiker halten sich vor Lachen die in Amtsschärpen gehüllten Bäuche. »Er ist ein Terrorist!« schreien andere, »man hat ihn 1968 ausgewiesen, man sollte ihn auch 1999 ausweisen!«

Ohne Verschnaufpause geht es weiter nach Cherbourg, einer 25 000-Einwohner-Stadt in der Normandie, wo um 19 Uhr eine öffentliche Versammlung stattfinden soll. Doch auch hier kein warmer Empfang. Diesmal drohen die Jäger mit Aktionen. Wie die Arbeiter der Atomindustrie hassen sie die Grünen für ihren ökologischen Kurs. Jahr für Jahr werden in Frankreich ungeachtet aller nationalen und internationalen Verbote Tausende von Singvögeln geschossen oder in Netzen gefangen. Vor allem in Südfrankreich stehen geschützte Vogelarten entgegen jeglichen EU-Richtlinien noch immer auf der Speisekarte. Die 1,5 Millionen Jäger mit ihrer mächtigen Lobby bewegen sich – von Ämtern und Regierungen geduldet – in der Illegalität, ein Zustand, mit dem die Grünen aufräumen wollen.

Sabine Stamer

Heute abend nun hat jemand den Strom gekappt, der Saal liegt im Dunkeln. Die Veranstaltung wird abgesagt, und die Umweltschützer ziehen sich mit ihrem Gast in ein Café zurück. Dort werden sie aufgespürt von den Jägern, die mit Eisenstangen und rechtsradikaler Unterstützung aufmarschieren. An diesem Abend muß Daniel Cohn-Bendit von den Polizisten der CRS geschützt werden.

Seine Tour de France über die Dörfer sind schwere Monate. Und manchmal rastet er einfach aus. Als er Grenoble erreicht, froh, daß hier weder Jäger noch Atomarbeiter oder Rechtsradikale zu erwarten sind, wird sein Bus von Demonstranten aufgehalten. Sie protestieren gegen eine Umgehungsstraße, für die sie Dominique Voynet verantwortlich machen. Das hat ihm gerade noch gefehlt. »Ihr seid wirklich beschissene Desorganisatoren!« ruft er seinen zerknirschten Wahlhelfern zu. Was nun? Will er hingehen und sich den Leuten stellen? »Ja, was denn sonst? Es muß sein. Geht ihr etwa jetzt ins Kino?«

Mögen er und die Grünen in größeren Städten relativ beliebt sein, in der Provinz haben sie überall einen schweren Stand. Ist er enttäuscht, ein so reaktionäres und abweisendes Land vorgefunden zu haben? »Ich war ernüchtert, auch durch das mangelnde Wissen über Europa, darüber, daß die Politiker ihre pädagogische Funktion, zu erklären, was in Europa passiert, nicht wahrgenommen haben. Und die Intensität dieser Gespräche, das war einfach anstrengend. Man wird unheimlich ausgelaugt. Da muß ich ein paar Leute haben, mit denen ich ganz intensiv diskutiere.« Ein kleiner Kreis von Vertrauten steht ihm im Wahlkampf bei.

Auch sein Bruder Gaby gehört dazu, froh und stolz, nach so langer Zeit mit Dany gemeinsame Sache machen zu können. Es ist nicht einfach für den Älteren, sich im Schatten des kleinen Bruders zu bewegen. So schreibt er in seinem 1999 erschienenen autobiografischen Bericht: »Vor 68 hatte ich einen Bruder, seither bin ich sein Bruder geworden.« Gaby Cohn-Bendit, seit früher Jugend politisch aktiv, hat sich in pädagogischen Fachkreisen Frankreichs einen eigenen Namen gemacht. In Saint-Nazaire, in der Bretagne, gründete er in den 70er Jahren ein experimentelles Gymnasium, das Unterricht bieten wollte, ohne Zwang auf die Schülerinnen und Schüler auszuüben. Doch gemeinhin bekannt ist er als der Bruder von Dany.

»Von der Kunst, ein großer Bruder zu sein« heißt bezeichnenderweise ein Fernseh-Feature, das sich im Dezember 2000 mit dem Verhältnis der beiden Cohn-Bendits beschäftigt. Sein Bruder befreie sich nun von seinem Schatten und finde zu seiner eigenen Identität, stellt Dany fest. Er selbst hat den neun Jahre älteren Gaby lange als eine Art Ersatzvater betrachtet. Hätte ihn seine Mutter 1968 noch sehen können, so glaubt Cohn-Bendit heute, sie wäre stolz gewesen und hätte gleichzeitig große Angst um ihn gehabt. Und genauso habe Gaby reagiert, stolz und ängstlich – wie ein besorgter Vater. Doch je älter man werde, desto weniger zähle der Altersunterschied.

Als die beiden mit dem Wahlkampf-Troß im März 1999 Danys Geburtsort Montauban besuchen sollen, warnt die Polizei vor gewalttätigen Aktionen rechtsradikaler Jäger und Bauern, die angekündigt haben, die Straßen von Montauban zu blokkieren, wenn Cohn-Bendit sich mit dem sozialistischen Bürgermeister der Stadt träfe. In der Wahlkampfgruppe entbrennt eine heftige Diskussion. Die einen sind dafür, dieser Provokation aus dem Weg zu gehen, während die anderen vor solchen Drohungen nicht zurückweichen wollen. »Dany ist in Montauban geboren«, insistiert Gaby, der sich nicht einschüchtern lassen will, »diese Reise in unsere Jugend ist eine einmalige Gelegenheit, mitzuteilen, wie unsere Eltern gelebt haben, woher wir kommen.« Der Streit muß nicht ausgefochten werden. Überraschend tritt die gesamte Europäische Kommission zurück, und Dany fährt ab nach Brüssel. Ein paar Wochen später holt er aber den Besuch in Montauban nach, geschützt von einem enormen Polizeiaufgebot.

Sabine Stamer

Verletzen ihn solche Erfahrungen? Montauban sei nicht so schlimm gewesen, sagt er. La Hague, das treffe einen, wenn man diesen Haß so hautnah erlebe. Nein, er war nicht verletzt, meint sein Freund und Wahlhelfer Jean-Marc Salemon, darum sei es auch gar nicht gegangen, vielmehr habe er das Image des Unruhestifters loswerden müssen. Die Konfrontationen mit Arbeitern und Jägern haben von ihm das Bild eines Störenfrieds geschaffen, und schon Ende Januar rutschen die Umfrageergebnisse in den Keller, von rund zwölf auf sechs Prozent. Die Grünen bibbern und fürchten, sie könnten sich für den falschen Spitzenkandidaten entschieden haben. »Ende Januar«, so erinnert sich Salemon, »urteilten viele, Dany sei einer aus der Vergangenheit, ein Störenfried, sympathisch, doch wenn er geht, hinterläßt er überall einen Scherbenhaufen.« So kann er niemanden außerhalb einer radikalen grünen Stammwählerschaft für sich begeistern. Zum Glück haben die Jäger, die mit einer eigenen Liste zur Wahl antreten, ebenfalls Interesse, Ruhe einkehren zu lassen. Auch sie wollen sich des Krawallmacher-Images entledigen. Ein Treffen zwischen Cohn-Bendit und dem Boß der Jägerverbände, Pierre Daillant, führt zu einer Art Waffenstillstand.

Doch das allein treibt die Umfrageergebnisse noch nicht in die Höhe, denn Vorbehalte und Kritik am grünen Spitzenkandidaten kommen aus allen Richtungen. Cohn-Bendit ist angespannt, aber nicht nervös. Wahlstrategen haben ihn auf Höhen und Tiefen vorbereitet, doch wird natürlich permanent diskutiert, berichtet er seufzend: »Was hat man für Fehler gemacht? Die Grünen sind geängstigt: Seht ihr, der ist doch nicht so gut. Dann fängt immer wieder so eine schwierige interne Debatte an. Permanent muß man seine Strategie erklären.« Nach diesem Wahlkampf wird er »fix und foxi« sein, das spürt er schon jetzt.

Seine Position, rechts und links seien keine gültigen politischen Kriterien mehr, kommt in Frankreich noch weniger an als in Deutschland: »Regen wir uns nicht auf«, fordert er, »seien wir cool und reichen wir uns die Hand. Man kann ein guter Aktivist des [gaullistischen] RPR sein und die biologische Landwirtschaft mögen. Man kann ein guter Aktivist der [liberalen] UDF sein, und man kann sogar rechtsextrem und gleichzeitig für die Sonnenenergie sein. Sehen wir diese Dinge für Frankreich und für Europa.« Mit solchen Positionen begeistert er allenfalls die leitenden Angestellten über 50, die zu seiner stärksten Anhängerschaft gehören, denn wie er haben sie zunächst gegen dieses System gekämpft, bevor sie sich einen einigermaßen lukrativen Platz darin ergatterten.

»Fakt ist«, urteilt die linke Tageszeitung *Libération* Ende Februar, »er kommt aus Deutschland, und manchmal merkt man das. Aus einem Land also, wo die Jäger Aristokraten mit guten Manieren sind, wo der Widerstand gegen die Atomenergie auf so breite Zustimmung stößt, daß man sich ›Atomkraft? Nein danke‹ auf die Windchutzscheibe klebt, wo der gesellschaftliche Dialog zwischen Gewerkschaften und Arbeitgebern seit langem nicht mehr blockiert ist.«

Einige für Frankreich wichtige Ereignisse, so urteilt auch Alain Lipietz, Dritter auf der grünen Kandidatenliste für das Europaparlament, habe Cohn-Bendit eben nicht aus nächster Nähe miterlebt. Den großen Streik im November 1995 zum Beispiel, der das ganze Land drei Wochen lang lahmlegte und Bilder wie aus den 30er Jahren hervorbrachte. »Mit seinem Wirtschaftsliberalismus und seiner Ablehnung alter gewerkschaftlicher Positionen hat er sich frontal gegen diese Bewegung gestellt.« Er habe auch nicht verstanden, daß viele Franzosen der Europäischen Union und den Verträgen von Maastricht die Schuld für die miserable wirtschaftliche Lage und den drastischen Anstieg der Arbeitslosenzahlen gaben. So sei er dahergekommen, ohne sich verpflichtet zu fühlen, die europäische Politik zu erklären oder zu verteidigen: »Er sagte einfach, man müsse trotzdem wählen, man müsse für jede Art

Sabine Stamer

von Europa sein, egal wie. Dagegen habe ich mich immer ausgesprochen, weil man dann Dinge verteidigt, die Europa hassenswert machen.«

Die Einführung des Euro war bei den französischen Grünen sehr umstritten. Erheblich weniger Konfliktstoff dagegen bot, wie bereits erwähnt, der militärische Einsatz im Kosovo, der während des Wahlkampfs erfolgte. Eine Mehrheit der Partei verständigte sich im Einklang mit Cohn-Bendit darauf, Bodentruppen zu fordern. Dafür machte er sich stark, obwohl er damit rechnen mußte, deswegen einige Stimmen zu verlieren. Doch dieses Risiko konnte ihn nicht davon abhalten, sich für ein NATO-Engagement im Kosovo einzusetzen, erinnert sich Jean-Marc Salemon. Und wären die Grünen mit ihm nicht einer Meinung gewesen, so hätte ihn das mit Sicherheit auch nicht daran gehindert, diese Position zu vertreten.

Sein Verhältnis zu der Partei, auf deren Liste er kandidiert, ist sehr distanziert. Er läßt sich nicht einbinden, davon wissen schon die deutschen Grünen ein Lied zu singen. Seinen Wahlkampf führt er weitgehend autonom, spricht mit wem er will worüber er will. So fordert ihn der Parteivorstand Ende Januar unmißverständlich auf, in seinem Wahlkampf auch die politischen Positionen der Grünen zu vertreten und nicht nur seine eigenen. Mit allen rede der Kandidat, kritisieren die Ökos, nur nicht mit ihnen. Auch Dominique Voynet warnt Cohn-Bendit vor seinem »Ego-Trip« und freut sich wohl heimlich, daß der große Star auf einen Stapel Bücher steigen muß, um für das gemeinsame Wahlkampffoto mit ihr auf gleicher Höhe zu sein. Trotz des Ärgers sind die meisten Grünen eigentlich ganz froh, daß er Distanz hält, denn so heizt er weder die Richtungskämpfe innerhalb der Partei an, noch wird er den Parteigrößen zum echten Rivalen.

Das grandiose Ergebnis der Europawahlen im Juni 1999 versöhnt erst mal alle. Nein, er hat nicht gewettet, das macht er grundsätzlich nicht, gehofft hat er, daß eine zweistellige Zahl vor dem Komma steht, doch die erreichten 9,7 Prozent sind ein hervorragendes Ergebnis für diese Partei, die nun auch auf mehr Gewicht in der Regierungskoalition hoffen darf. Das weiß er, und die anderen wissen es auch. Man läßt ihn also gewähren, allerdings nicht, ohne ihn ab und zu in die Schranken zu weisen.

Dominique Voynet scheut sich nicht, ihm hin und wieder die gelbe Karte zu zeigen. Mit seinen undiplomatischen Attacken bringt er die damalige Umweltministerin, die sich in der atomfreundlichen Regierungskoalition von Kompromiß zu Kompromiß hangelt, immer wieder in heikle Situationen. Da haut er dem sozialistischen Premierminister Lionel Jospin mal eben um die Ohren, er sei ein Mann, der sein Wort nicht hielte. Der eigenen Partei bescheinigt er, sie verstünde nur wenig von Politik. Und Voynet selbst wirft er vor, sie habe auf das Unglück des Öltankers »Erika« vor der bretonischen Küste reagiert wie eine Krankenschwester, woraufhin nicht nur die Umweltministerin, sondern auch die Krankenschwestern der Republik beleidigt sind.

Ohne sich mit den Grünen abzusprechen, lanciert er den Entwurf einer »dritten grünen Linken« neben Kommunisten und Sozialisten. Es sollte ein großer Wurf werden, ein strategischer Impuls. Es wurde eine Bauchlandung. Die Grünen reagieren mit eisiger Zurückweisung. Die Idee ist so neu nicht, und so wie Cohn-Bendit sie formuliert, klingt es für viele nach organisiertem Rechtsruck der Linken. Außerdem hat die Partei gerade ganz andere, drängendere Tagesprobleme.

»Er ist wahrhaftig europäisch«, urteilt sein grüner Europa-Kollege Alain Lipietz, »wahrhaftig sozial, ökologisch, er ist brüderlich und hat edle Absichten, aber wer interveniert, ohne vorher das Terrain bearbeitet zu haben, der wird die taktischen und praktischen Konsequenzen seiner Worte falsch einschätzen. Er kann katastrophale Sachen sagen, wenn man nicht die Zeit findet, vorher ein Stündchen mit ihm zu reden über Art

　　　　　　　　　　　Sabine Stamer

und Zeitpunkt und Konsequenzen seiner Ideen. Seine Weigerung, die Kleinarbeit zu leisten und nicht einfach seinen ersten Eindrücken zu folgen, das ist vielleicht sein größter Fehler. Zum Beispiel liest er nie die Berichte im Parlament. Und trotzdem war er uns sehr nützlich. Ohne ihn hätte ich so einen Wahlkampf nicht führen können.«

In der europäischen Fraktion spielt Cohn-Bendit eine wichtige Rolle, allerdings stärker nach außen als nach innen. Die unangefochtene Autorität bei internen Debatten stellt er keineswegs dar; das ist der Preis für die Unabhängigkeit, die er für sich reklamiert. Doch immerhin, bei den französischen Ökos scheint er sich besser zu integrieren als bei den deutschen. Seitdem klar sei, daß er keine Machtansprüche habe, meint Cohn-Bendit selbst, seien die anderen ruhiger. »Aber sie tun immer so, als ob sie mich nicht ernst nähmen, außer wenn sie Wahlkampf führen.« In Strömungskämpfe und Personaldebatten mischt er sich absichtlich nicht ein und hat im Kommunalwahlkampf peinlich darauf geachtet, Kandidaten aller Strömungen zu unterstützen, damit er ja nicht mit einer Richtung identifiziert werden kann.

Der Wahlkampf in Frankreich sei für ihn von großer Bedeutung gewesen, resümiert er. »Auch die Grünen waren für mich eine wichtige Erfahrung und eine wichtige Etappe in meinem Leben. Ich habe ihnen damals versprochen, bei den Kommunalwahlen zu helfen. Das habe ich gehalten. Man soll so einen gegenseitigen Vertrag, wenn man so will, auch honorieren.« Noch ist nicht einmal die Hälfte seiner Abgeordnetenzeit um, und schon spricht er von den französischen Grünen in der Vergangenheit. Zwar hat er vor der Europa-Wahl versprochen, sein »politischer Bezug werden in den nächsten fünf Jahren die Franzosen sein«, doch was heißt das schon für einen Abgeordneten in Brüssel, der die nationalen Grenzen sowieso am liebsten aufheben würde? Sagen wir also, Frankreich ist einer seiner vielen Bezugspunkte, sicher ein wichtiger.

Für ihn hat sich jedenfalls ein Kreis geschlossen. Das Land, das ihn so schmählich verstoßen hat, mußte ihn wieder aufnehmen, und zwar nicht als Bittsteller, sondern als erfolgreichen Politiker.

Gott in Frankfurt – Spurensuche im Provinznest

»Ich lebe da, wo ich verliebt bin!« verkündet Daniel Cohn-Bendit immer wieder auf die Frage nach seiner eigentlichen Heimat und macht mehr als einmal Schlagzeilen mit dieser ganz persönlichen Alternative zur Vaterlandsliebe. Seit über drei Jahrzehnten hält es der entwurzelte Bastard nun an einem Wohnort aus, und das, obwohl er sich ursprünglich doch nur zwangsweise dort niedergelassen hatte. 30 Jahre heimatlos in Frankfurt, eine lange Zeit für einen bekennenden Kosmopoliten, den es ständig um- und umhertreibt. Nationalbewußtsein und Patriotismus sind dem überzeugten Europäer fremd. Als Deutscher mag er sich, wie gesagt, trotz seiner deutschen Staatsbürgerschaft nicht so gerne bezeichnen. Europäer ist er und – Frankfurter.

Frankfurt, die Bankenmetropole am Main, die Stadt mit den Wolkenkratzern und den provinziellen, geradezu dörflich wirkenden Stadtvierteln, mit dem Boom an der Börse und dem täglichen Absturz der Junkies im Bahnhofsviertel. Am Römerberg das alte und das neue Rathaus, die romantischen schiefen Fachwerkhäuser in unharmonischer Eintracht mit klotzigem Waschbeton. Menschliche Wärme und kaltes Machtstreben scheinen in dieser Stadt ganz selbstverständlich nebeneinander existieren zu können. Frankfurt, die amerikanischste Stadt

Europas, auch »Mainhattan«, »Bankfurt«, »Krankfurt« oder »Eurocity« genannt.

Liebt er diese Stadt? »Nein, Quatsch!« Oh, pardon, so einfach läßt er sich nicht einfangen und anbinden, auch nicht an diese Stadt, in der es ihn nun schon so lange hält. »Frankfurt an sich ist mir egal. Ich mag weder Apfelwein noch Frankfurter Würstchen noch Bier noch irgendwas. Aber ich habe hier ein Netz von Menschen, enge Freunde, lockere Freunde. Wenn ich durch Frankfurt gehe, dann treffe ich Leute, die ich kenne, mit denen ich rede. Samstags beim Einkaufen auf der Leipziger Straße, diese Mischung aus Stadt und Dorf, das hat was Beruhigendes, um so mehr, weil ich so viel reise. Ich kann mich ein bißchen fallen lassen. Das mag ich an Frankfurt, aber ich würde keine Frankfurt-Hymne schreiben und komponieren.« Und außerdem sei diese Stadt für einen, der in Paris gelebt habe, sowieso nur ein Nest.

Eine Stadt lieben, nein, das klingt für ihn nach Lokalpatriotismus. Er lebe nicht in einer Stadt, weist er das alles weit von sich, er lebe in einem Milieu, in dieser Subkultur, die sich mit ihren Cafés und Buchläden aus der Studentenbewegung entwickelt habe. In ähnlichen Subkulturen könne er auch in New York oder Paris leben. Mag sein, aber voraussichtlich wird dieser Fall nie eintreten. Viel wahrscheinlicher ist, daß er hier in seiner »Basisstation« mit Blick auf die Frankfurter Skyline doch eine Hymne dichten wird: für Europa.

In Frankfurt lebt er im Einklang mit seiner Vergangenheit, umgeben von den Spuren, die er als 68er, Sponti, Grüner, Stadtrat und als Medien-Star hinterlassen hat. Er kennt die Stadt, die Stadt kennt ihn, er ist der Liebling der Lokalpresse, immer gut für eine Schlagzeile. Und wenn er mal nicht von sich reden macht oder gar zu einer Frankfurter VIP-Party nicht erscheint, dann fragt *Bild* gleich: »Wo war er nur, unser multikultureller Daniel Cohn-Bendit?« Im 2001-Buchladen weiß man heute noch, wie »der Dany« den *Pflasterstrand* damals, vor 20 Jahren, persönlich abgeliefert hat.

Mit dem Amt für Multikulturelles hat er sich ein Denkmal gesetzt, dessen Existenz zwar nicht auf ewig garantiert ist, das aber die rot-grüne Koalition überlebt hat und auch unter CDU-Herrschaft weiterarbeitet. Der immer noch ehrenamtliche Dezernentenposten wird nun von einem Christdemokraten besetzt. »Dezernent für Integration« nennt sich Cohn-Bendits Nachfolger Albrecht Magen, doch das Amt hat seinen alten Namen wie auch die Amtsleiterin Rosemarie Wolf-Almanasreh behalten und arbeitet im wesentlichen weiter wie bisher, das heißt an denselben Projekten, doch der Stil hat sich grundlegend geändert.

»Man kommt nicht mehr so schnell voran, weil man jetzt eher auf die popelige Art arbeiten muß«, bedauert die Amtsleiterin etwas wehmütig. Cohn-Bendit habe die Fähigkeit »zu spinnen«, nach originellen Lösungen zu suchen, und außerdem hätten sich Verwaltung und Politiker oft nicht getraut, ihm etwas entgegenzusetzen, aus Angst vor möglicher Medienschelte. »Wer weiß, was er dann wieder macht«, hätten die gedacht, »der sagt ja alles laut. Der ist nicht zu bändigen, da halte ich lieber meinen Mund.«

CDU-Dezernent Albrecht Magen weiß auch nur Positives über seinen Vorgänger zu berichten und definiert die politischen Differenzen auf seine Art: Für Cohn-Bendit sei die multikulturelle Gesellschaft ein Ziel, für ihn, Magen, sei sie Realität. Der 70 Jahre alte Wirtschaftsjurist und frühere Personaldirektor bezeichnet sich gerne als »Enkel« Cohn-Bendits. So möchte sich manch einer im Glanz des berühmten Alt-68ers sonnen, selbst die politische Opposition.

Auch Knut Müller, Frankfurts Polizeipräsident während der heißen Hausbesetzer-Jahre, gibt gerne zu, daß er heute manchmal einen Kaffee trinken geht mit dem Ex-Feind, wenn er ihm zufällig auf Frankfurts Straßen begegnet. Bis vor kurzem konnte er aus dem Fenster seines Anwaltsbüros geradewegs auf die Niedenau 51 blicken. »Schaut mal hier, habe ich zu meinen Kollegen gesagt, da drüben hat der Cohn-Bendit gewohnt. Dem und seinen Sympathisanten verdankt ihr, daß eure Villa jetzt so schön restauriert ist und daß das Westend nicht ganz vor die Hunde gegangen ist. Die Hausbesetzungen haben das Westend gerettet. Nichts anderes hätte dazu beigetragen.« Späte Einsichten vom Herrn der polizeilichen Räumungskommandos.

Eine ganze Reihe von Häusern konnte die Bewegung vor der Abrißbirne retten, nicht nur in der Niedenau, auch die prächtige Villa im Grüneburgweg, die 1971 als eines der ersten Häuser im Westend besetzt wurde, damals, als Dany noch zögerlich war. Sie wurde inzwischen nach den Richtlinien des Denkmalschutzes renoviert und dient einem großen Unternehmen als Zentralsitz. Das Symbol des Häuserkampfes allerdings, die vier Villen an der Ecke Bockenheimer Landstraße und Schumannstraße, wurden sofort nach ihrer Räumung dem Erdboden gleichgemacht. Hier residiert jetzt die Kreditanstalt für Wiederaufbau in einem unwirtlichen Monstrum aus Stein und verdunkeltem Glas, trotzig ragt es in die Höhe, unpassend in einer weitgehend intakten Wohngegend. Ohne die Hausbesetzer wäre das Westend strahlenförmig durchzogen von solch abweisender Profit-Architektur, so konnte es wenigstens teilweise seinen traditionellen Charakter bewahren.

Den Aufstieg Frankfurts zur europäischen Finanzmetropole hat das nur unwesentlich behindert. Die Stadt bietet heute den größten Messeplatz und einen der größten Flughäfen Europas. Dessen ungeachtet finden sich in Frankfurt, vielleicht sogar mehr als in jeder anderen deutschen Großstadt, immer noch jede Menge alternativer Nischen, die den Sprung ins dritte Jahrtausend verschlafen zu haben scheinen.

In der Nähe der Universität existiert wie eh und je die Karl-Marx-Buchhandlung, Cohn-Bendits Arbeitsstätte in den 70er

Jahren. Ja, sie hat tatsächlich ihren Namen in die post-soziali-
stische Gegenwart gerettet, ist nach wie vor in Kollektivbesitz
und erstaunlich gut bestückt in der Rubrik »Arbeiterbewegung«. Gleich daneben das Antiquariat, in dem einst Joschka
Fischer seine Brötchen verdiente, eine wahre Fundgrube, gefüllt mit den proletarischen Schätzen aus den Regalen der alten
Genossinnen und Genossen. An der Ecke eine Kneipe, die sich
»Volkswirtschaft« nennt.

Im Gegensatz zum Buchladen hat die Karl-Marx-Universität (gemäß einer studentischen Umbenennung im Mai 68) natürlich längst ihren ursprünglichen Namen wieder angenommen. Die Johann-Wolfgang-Goethe-Universität liegt ruhig und
verlassen da; es sind gerade Semesterferien. Wenn die vorbei
sind, wird der Allgemeine Studierendenausschuß, der AStA,
seinen Kampf gegen den Regierungsentwurf zur Änderung
des Hessischen Hochschulgesetzes wieder aufnehmen. Ein
paar lahme Parolen zu diesem Thema zieren die Wände, den
Provokationen der 70er Jahre weit unterlegen. »Finger weg
vom HHG!« heißt es nun statt: »Ich geh von früh bis spät – in
diese Universität – und werd dabei ganz blöd – anstatt ich sie
sprengen tät.«

Die Kindertagesstätte gleich neben den AStA-Räumen ist
geöffnet und sieht so aus, als seien die letzten 30 Jahre ideo-
logisch spurlos an ihr vorbeigezogen. Hier tollte Dany Anfang
der 70er mit seinen Schützlingen herum und erzählte ihnen
seine alternativen Indianergeschichten. Die karge Einrichtung
aus Sperrmüll-Möbeln könnte noch aus seiner Zeit stammen.
Draußen im Nieselregen steht ein verschlissenes Sofa, in dem
sich eine Maus eingenistet hat. Man hofft, daß sie es freiwillig
wieder verlassen wird.

Es ist spät am Nachmittag, nur wenige Kinder spielen noch
im Garten, beaufsichtigt von zwei Zivildienstleistenden, Max
und Lino. Natürlich kennen sie den Cohn-Bendit. Sie gehören
zu den wenigen Frankfurtern, die ihn nicht »den Dany« nen-

nen, sondern ganz förmlich »Daniel Cohn-Bendit«. Obwohl er ihnen doch allzusehr vertraut ist, vor allem aus Erzählungen ihrer Eltern, die sich zur selben Generation zählen dürfen.

Mit 15, 16 Jahren hat Lino sich mal für sozialistische Ideen begeistert. »Dann stößt man als Frankfurter zwangsläufig auf diese Gestalten.« Max findet Cohn-Bendit »heute noch attraktiv« und »charismatisch«, »seine differenzierte Redeweise imponiert« ihm immer. »Diese Namen, Daniel Cohn-Bendit und so, das sind auch Götter.« Doch hat er, selbst ein Produkt der Kinderladenerziehung, gelernt, auch Götter mit kritischen Augen zu betrachten: »Unser Verhältnis zu diesen Alt-68ern ist ein bißchen desillusioniert, weil das ja unsere Elterngeneration ist. Wenn man so sieht, wie die Leute heute leben, wie ähnlich sie dann doch ihren Eltern geworden sind und wie wenig von dieser Revolution eigentlich hängengeblieben ist ...« Können sie sich mit dem identifizieren, wofür Cohn-Bendit heute eintritt? »Nicht wirklich«, antwortet Lino, »das ist mehr Geschichte. Das ist nichts, womit man sich idenfiziert als junger Mensch.«

Ein kleiner Junge knallt eine Handvoll sandigen Matsch an die Scheibe und wird von Max dazu angehalten, es notdürftig wieder wegzuwischen. Zu Daniel Cohn-Bendits Zeiten habe man hier wohl alles abgelehnt, was einen autoritären Touch hatte, erklärt Max. Das ändere sich nun, man versuche, verstärkt Grenzen zu setzen. Lino nickt zustimmend. Er hat sich einige Jahre politisch engagiert, ist aber recht bald zu der Erkenntnis gekommen: »Ich geh' nicht jedes Jahr für das Gleiche auf die Straße. Da kann Daniel Cohn-Bendit noch so tolle Sachen sagen, wie man das alles besser machen könnte und wie man die multikulturelle Gesellschaft zusammenführen sollte. Wirklich hingezogen fühle ich mich da nicht. Klar, die haben früher viel bewegt, aber heute leben sie auch ihr gemütliches Leben.«

Max spricht unumwunden von der »linken Bourgeoisie«: »Es gibt hier die Günthersburgallee, da wohnen alle diese Menschen, ob es hoch anerkannte Psychologen sind oder politisch Engagierte. Dann gibt es auch deren Kinder, für den Stiefsohn von Daniel Cohn-Bendit ist es zum Beispiel ganz einfach, bei Schlöndorff ein Praktikum zu machen.« Vielleicht ist er ein bißchen neidisch, aber im Grunde genommen stellt er das alles ganz nüchtern fest und bleibt trotzdem wohlwollend.

Tatsächlich, aus vielen »alten« Kampfgefährten ist – nach bürgerlichen Maßstäben – etwas geworden. Sie sind Kleinunternehmer, Medienberater, Musikveranstalter, Regisseure, Anwälte, Ärzte, Lehrer, Journalisten, oft recht erfolgreich. Klaus Trebes zum Beispiel, der Anfang der 70er Jahre die wunderbarsten Essen für die Häuserkämpfer auf die Sperrmülltische zauberte, betreibt nun das Nobelrestaurant *Gargantua* – natürlich im Westend gelegen. Nicht wenige gelangten zu öffentlicher Bedeutung: Matthias Beltz als Kabarettist, Johnny Klinke mit seinem Variété *Tigerpalast*. Thomas Schmid, der zusammen mit Cohn-Bendit das Buch *Heimat Babylon* verfaßte, segelte auf verwirrenden Wegen, aber mit Erfolg durch die Medienlandschaft: erst stellvertretender Chefredakteur des Boulevardblatts *Hamburger Morgenpost*, dann Chefredakteur bei der *Welt*, anschließend bei der *Frankfurter Allgemeinen Zeitung*. Margarete Nimsch, erst Gesundheitsstadträtin, dann hessische Staatsministerin, und Tom Koenigs, erst Umweltdezernent und Stadtkämmerer in Frankfurt, später UNO-Beauftragter im Kosovo, haben eine politische Karriere absolviert. Die phantastische Laufbahn des Putzgruppen-Spontis Joschka Fischer zum deutschen Außenminister ist hinlänglich bekannt. So manchen »alten« Frankfurter trieb es in dessen Troß über Wiesbaden und Bonn nach Berlin.

»Man kann sie schon als Clique bezeichnen«, meint Lino, »diese Herren, die jetzt was zu sagen haben.« Man könnte auch von Seilschaften sprechen. Denn aus kaum einer Stadt sind so viele Vertreter [und nur vereinzelt Vertreterinnen] in die oberen Etagen der Grünen gelangt wie aus Frankfurt.

Immer noch der alte? –
Der erfolgreiche Paria

»Was für Schmidt die Hamburger Flutkatastrophe, war für mich
die Pariser Studentenrevolte, die Erkenntnis, das Rädchen der
Geschichte ein bißchen drehen zu können, nicht nur Objekt
zu sein, sondern handelndes Subjekt«, so bewertet Cohn-
Bendit die entscheidendsten Ereignisse seines Lebens im nachhinein. Entschlossen und unbürokratisch managte Schmidt –
1961–1965 Innensenator der Hansestadt, später sozial-libera-
ler Bundeskanzler – die Folgen der schweren Überschwem-
mung und brachte sich so als Macher ins Bewußtsein der bundesdeutschen Öffentlichkeit. »Dany le Rouge«, der Macher
des Pariser Mai. Die Studentenrevolte, ein Ereignis, das ihn an
die Öffentlichkeit spülte. Ein Ereignis, das ihm Selbstvertrau-
en gab, politisch ebenso wie persönlich. Er, Dany Cohn-Bendit, er kann die Dinge beeinflussen, er kann Geschichte schreiben. Nichts ist unmöglich, alles ist machbar. Davon ist er nach
jenen historischen Wochen überzeugt. Träume werden wahr.
Erst diese Überzeugung erlaubt ihm das öffentliche Träumen,
erlaubt, mit verrückten Ideen anzukommen und sich nicht
beleidigt zurückzuziehen, wenn erst mal alle mit dem Kopf
schütteln.

Gewiß, den Pariser Mai hätte es auch ohne ihn gegeben. Die
Unruhe lag einfach in der Luft, in Frankreich wie in vielen an-

deren Ländern. Irgendeiner hätte seine Rolle übernommen – doch sicher anders ausgefüllt. Vielleicht wäre an seine Stelle ein verstockter Dogmatiker getreten, vielleicht hätten staatstragende Gewerkschaftsführer von vornherein größeren Einfluß gehabt. Vielleicht auch stand da unerkannt in zweiter Reihe ein anderes heimliches Talent, das – hätte es »Dany le Rouge« nicht gegeben – an die Spitze der Bewegung gelangt wäre. Wer weiß schon, was ein einzelner Mensch tatsächlich ausrichtet am Lauf der Geschichte? Doch eins ist klar: Daniel Cohn-Bendit war die perfekte Besetzung. Und noch eins: Ohne ihn wäre die ganze Angelegenheit weit weniger lustig gewesen.

Und was wäre Daniel Cohn-Bendit ohne den Pariser Mai? Er wäre vermutlich Franzose, ob mit oder ohne Paß, er hätte Paris wohl kaum verlassen. Mit Sicherheit wäre er weder Lehrer noch Soziologie-Professor, hätte keinen Job, der ihn tagtäglich in dasselbe Büro dirigiert. »Ohne 68«, so sagt er selbst, »hätte ich jedenfalls nicht dieses Selbstbewußtsein, so daß ich nicht weiß, was ich gemacht hätte und wo ich gelandet wäre.« Vielleicht wäre er letztendlich auch ins Europaparlament gekommen, wo er sich die Beachtung seiner Positionen mangels Berühmtheit allerdings härter hätte erkämpfen müssen. Mag auch sein, daß er die Chuzpe gehabt hätte, sich in irgendein anderes weltbewegendes Geschehen hinein zu katapultieren, was ihm genau wie heute die Möglichkeit eröffnet hätte, sein Leben als gutbezahlter Tausendsassa zu fristen.

Einen Berufsabschluß hat er nicht, dafür aber Erfahrung in vielerlei Handwerk, meist exhibitionistischer Natur. Er arbeitete als Straßenkämpfer, Barrikadenbauer und Volkstribun, als Erzieher und Buchhändler, als Autor, Zeitungsherausgeber und Filmemacher, als Radio- und Fernseh-Moderator, als Kommunal- und Weltpolitiker. Einer wie er traut sich fast alles zu. Selbst als Schauspieler versuchte er sich, in einer Nebenrolle als erfolgloser Kleinkrimineller. *C'est la vie* heißt der Film, eine mißglückte Erinnerung an die guten wilden 60er, an der mit Unterstützung der Hamburger Filmförderung mehrere Jahre gebastelt wurde. Regie: Daniel Cohn-Bendit und Franz Peter Steinbach. Doch ein begnadeter Selbstdarsteller ist noch lange kein guter Schauspieler. Und die Regie mag auch nicht unschuldig an diesem Flop gewesen sein.

Da eignet er sich besser als Moderator. Beim französischen Hörfunksender *Europe 1* moderiert er Anfang der 80er Jahre souverän und ohne Lampenfieber die Sendung »Freies Wort für alle, die weniger verdienen wollen, um besser leben zu können«. Gespräche über neue Lebensformen, Atomkraft, Zukunftsvisionen, Sexualität und andere Themen, die ihn und die Welt bewegen.

Seit 1994 moderiert er – als Nachfolger von Elke Heidenreich – den »Literatur-Club« des Schweizer Fernsehens. Der Südwestfunk Baden-Baden zieht sich nach dieser Moderatorenwahl aus dem bis dahin gemeinsamen Sendeprojekt zurück. Es ginge nicht an, begründet Intendant Peter Voß die Entscheidung, daß ein aktiver Berufspolitiker hauptamtlich eine Sendereihe moderiere und mitgestalte. Cohn-Bendit hat keinerlei Verständnis dafür, daß es einem Politiker untersagt sein soll, eine Literatursendung zu formen, die sich mit Kunst, Emotionen oder Sinnlichkeit beschäftigt.

Das Schweizer Fernsehen ist überzeugt, mit dem ungelernten Journalisten die richtige Wahl getroffen zu haben. Und tatsächlich, obwohl er sich an vieles nicht hält, was man gemeinhin in einer Moderationsschulung lernt: Die Sendung ist interessant und mit Vergnügen anzuschauen, vor allem weil die Gespräche entspannt verlaufen und die Teilnehmer auf das aus ähnlichen Sendungen bekannte Gockel-Gehabe weitgehend verzichten. Erstaunlicherweise zeigt sich hier, daß Daniel Cohn-Bendit sogar öffentlich den Mund halten und zuhören kann.

Ist er zufrieden mit seinem Leben, mit dem, was er erreicht hat? »Ja. Jaja. Journalisten fragen mich oft: Was würden Sie anders machen? Ich wüßte nicht, warum ich mir diese Frage stellen sollte. Zu meinem Leben gehören alle positiven wie negativen Sachen, auch die Schwierigkeiten. Aber ich bin zufrieden. Und ich glaube, die wichtigen Entscheidungen in meinem Leben, die habe ich richtig getroffen, davon bin ich überzeugt.«

Er ist ein positiver Mensch, amüsant, gern amüsiert, lebensfroh, hoffnungsvoll, zukunftsorientiert. Ein sonniges Gemüt, obwohl man nicht behaupten kann, das Leben habe es von vornherein gut mit ihm gemeint: die Heimatlosigkeit der Eltern nach der Flucht vor den Nazis; die materielle Not unmittelbar nach dem Krieg; die Mutter immer berufstätig, beschäftigt mit anderen Kindern; der Vater Alkoholiker, leidend an den Beschränkungen des Exils; Ehekrise der Eltern, schließlich deren Trennung. Alles Faktoren, die gut dafür herhalten könnten, eine gescheiterte oder zumindest labile und unglückliche Existenz zu erklären.

Doch auf der anderen Seite steht die außergewöhnliche Freizügigkeit seiner Eltern, die ihre Söhne Gaby und Dany schon früh ernst genommen und weitgehend ohne Druck und Zwang großgezogen haben. Man kann auch davon ausgehen, daß sie trotz der Trennung nicht versucht haben, sich vor den Kindern gegeneinander auszuspielen. Die freundliche, warme Natur der Mutter hat Daniel Cohn-Bendit trotz aller widrigen Umstände Geborgenheit vermittelt, der Vater trotz seines Lebenskummers die Lebensfreude. Und außerdem, das behaupten alle, die ihn seit seiner Kindheit kennen: Er ist schon als Sonnenschein auf die Welt gekommen.

Die helle, vitale Seite seiner Persönlichkeit trägt viel zu seiner Wirkung bei. Sie mildert die Schärfe seiner aggressiven Reden, wenn auch nicht im selben Atemzug, so erleichtert sie doch die Versöhnung im nachhinein. Diese Mischung aus hitziger Streitbarkeit und spielerischer Nonchalance hat ihn schon 1968 populär gemacht, gepaart mit seinem politischen Standort als wahrhaft undogmatischer Linker.

Und wenn den Revoluzzern von damals doch die Macht zugefallen wäre? fragt ein Journalist 30 Jahre später. »Ein Horror«, antwortet Cohn-Bendit. »Aber ich glaube, dieses ›Wenn‹ war gar nicht möglich. Wir haben damals keinen Moment daran gedacht. Wir wußten instinktiv: Hier passiert etwas Neues, das hat nichts mit den alten revolutionären Kategorien zu tun. Das hat mir auch die Leichtigkeit gegeben, etwas ganz anderes darzustellen als den verbissenen Revolutionär, der nur die Macht will.«

Schmeichelhaft sind seine nachträglichen Selbstbetrachtungen durchaus nicht immer: »Wenn man sich heute die Filme von 68 anschaut, die Reden anhört, dann ist das eine Katastrophe. Es tut richtig weh«, gesteht er der *taz* 1993. Aber das waren andere Zeiten, und sich für längst Vergangenes zu kasteien, das ist seine Sache nicht. »Natürlich [wieso eigentlich natürlich?] war mein Verhalten damals töricht und verrückt«, schleudert er während einer Podiumsdiskussion dem Professor Kurt Sontheimer entgegen, »aber haben Sie seit 68 nichts dazugelernt? Dann müssen Sie Ihren Professorenstuhl zurückgeben.«

Und die Bilanz alles in allem? Was hat die 68er Revolte gebracht? Politisch habe die Bewegung verloren, urteilt er, sozial aber gewonnen.

»Für uns war der Mensch gut, aber das System war böse«, so denkt Cohn-Bendit in einem Vortrag über die Philosophin Hannah Arendt zurück. »Irgendwann, wenn erst das System geändert wäre, so dachten wir, käme auch das Gute im Menschen hervor, und alle Probleme wären gelöst.« Doch dann stellte sich für ihn heraus, weder war der Mensch rundum gut noch das System rundum böse. Und die Abschaffung der bürgerlichen Demokratie zugunsten eines Rätesystems, das alle Menschen von ihrer »Entfremdung« befreit und permanent in politische Prozesse involviert, hat sich als unmöglich erwiesen, nicht zuletzt, weil die meisten Menschen politische Entscheidungen lieber delegieren.

Sabine Stamer

In anderen Bereichen allerdings hat die Bewegung bleibende Spuren hinterlassen. »Wir haben tatsächlich auch gewonnen: Wir haben den gesellschaftlichen Überbau völlig durcheinandergebracht. Wir haben alle Ketten gesprengt, die gesellschaftliche Modernisierung verhindert hatten.« Wohngemeinschaften, Sex außerhalb der Ehe, antiautoritäre Kindererziehung, Mitbestimmung an der Uni – was heute ganz normal erscheint, war einst ein Frontalangriff auf die gesellschaftliche Moral.

Der frühere Volkstribun mit revolutionären Absichten zeigt sich heute als Statthalter des parlamentarischen Systems. Ein Ausverkauf seiner Utopien? fragt ihn eine Zeitung 1988. »Nur Idioten geben nicht zu, irgendwann Veränderungen zu durchlaufen«, antwortet er. »Das heißt aber noch lange nicht, daß man die Änderung persönlicher Meinung sogleich mit Ausverkauf gleichsetzen muß. Ich gehöre einer Generation an, die Politik praktisch tagtäglich 20 Jahre lang gelebt hat. Durch diese Erfahrung habe ich eingesehen, daß die gesellschaftliche Lebensform, die wir anvisiert haben, so nicht lebbar ist. Und deshalb habe ich meine Meinung geändert. Utopien werden gefährlich, wenn sie als absolute Richtschnur gelten und man nicht mehr in der Lage ist, reale Begebenheiten wahrzunehmen.« Aus dem Libertären ist ein grüner Liberaler geworden. Doch trotz unübersehbaren inhaltlichen Wandels bescheinigen ihm viele, die ihn gut kennen, daß er sich im Grunde treu geblieben ist.

»Seine Persönlichkeit hat sich nie grundlegend verändert bis heute.« (Eli Noam, Schulfreund aus der Odenwaldschule)

»Das Faszinierende an ihm ist, daß er der einzige ist, der sich für meine Begriffe nicht verändert hat. Es gibt viele Linke, die früher unheimlich radikal waren und ihn beschimpft haben, was er für ein Liberaler ist, die rennen heute mit zehn Kredit-Karten herum und fallen nur noch als Edelfresser auf. Die Leute um ihn herum haben die abenteuerlichsten Entwicklungen durchgemacht, und er ist immer gleichgeblieben.« (Gerhard Knöss, Sponti-Freund und Fußballkumpel)

»Wenn ich ihn so bei Festen sehe, fällt mir auf, daß er wenig Staralüren hat. Der ist eigentlich ganz normal, und man streitet sich wie früher mit ihm über das eine oder das andere.« (Linda de Voss, Freundin aus Hausbesetzer-Zeiten)

»Wenn ich Daniel Cohn-Bendit sehe, denke ich: Ha, da gibt es einen, der glaubt noch an seine alten Dinge! Er strahlt das halt aus. Er trägt nicht ganz so dick auf wie die andern. Er ist bei seiner alten Linie geblieben, auch wenn das heute nicht mehr so populär ist. Er ist nicht so verfälscht wie Joschka Fischer.« (Max Miller, 20, Zivildienstleistender im Frankfurter Uni-Kindergarten)

»Heute habe ich zu den Grünen ein ganz anderes Verhältnis als bei ihrer Gründung. Damals gehörte ich zu denen, die die SPD davor gewarnt haben, mit den Grünen politisch zusammenzuarbeiten. Inzwischen sind die Grünen ja eine stabilisierende Kraft. Man könnte fast sagen, die sind so staatstragend, daß es fast erschreckend ist. Wenn ich an unseren Außenminister denke ... Cohn-Bendit hat ein anderes Temperament. Er ist ein Quecksilber, der hat doch nie einen festen Aggregatzustand. Während der Joschka Fischer, der hat jetzt seine Lebensform gefunden, wenn er mit Madeleine Albright sprechen kann, dann ist er in seinem Element als politischer Denker. So erstarrte Typen wie der Joschka Fischer sind mir eher unheimlich. Nein, der Cohn-Bendit wird zeit seines Lebens ein Unruhegeist bleiben.« (Knut Müller, ehemals Polizeipräsident in Frankfurt)

»Ich bin immer noch der alte.« (Cohn-Bendit über Cohn-Bendit)

Nun, wörtlich zu nehmen ist das sicherlich nicht. Der Dany von heute singt nicht mehr mit erhobener Faust die Internationale, lackiert die Fingernägel weder grün noch lila, trägt auch keine knallroten Schnürstiefel mehr, schimpft nicht mehr auf

Sabine Stamer

den Scheißstaat und die kleinbürgerliche Ehe, er wohnt auch nicht in einer Wohngemeinschaft. Die Haare sind dünner und kürzer, etwas ausgeblichen wie so manche seiner Positionen. Kein Haus in Frankfurt dürfe höher sein als ein ausgewachsener Baum, forderte er einst kategorisch. »Ich würde heute sagen: Die überwiegende Mehrheit der Häuser in Frankfurt soll nicht größer sein als ein Baum«, lenkt er 1997 ein. Er sei *immer* ein Pragmatiker gewesen, behauptet er, seit 1968. Nur waren die Maßstäbe damals andere als heute.

Alain Krivine, als führender Trotzkist am Pariser Mai beteiligt, heute Abgeordneter im Europaparlament mit erheblich weniger gewandelten Positionen als Cohn-Bendit, urteilt nicht so gnädig wie die Frankfurter Freunde. »Der Cohn-Bendit von heute hat mit dem von 68 nur noch seine Frechheit gemeinsam, seine Sprache, die keine politische Formelsprache ist. Nur in manchen Gebieten hat er seinen subversiven Geist behalten: in Fragen des Antifaschismus, der Immigration, der Frauenrechte, der Homosexuellen. Was diese Positionen angeht, da hat er sich nicht bewegt.«

Daniel Cohn-Bendit hat seine politische Auffassung den herrschenden gesellschaftlichen Verhältnissen angeglichen. Glaubte er früher, Veränderungen gegen das System durchsetzen zu müssen, so ist er heute überzeugt, Veränderungen im gegebenen Rahmen durchsetzen zu können. Politisch gesehen eine 180-Grad-Wende.

Dennoch ist er sich im Innersten treu geblieben. Während viele Grüne, Rebellen in jungen Jahren, bei dem Versuch, nun Einfluß auf das System zu nehmen, zum konventionell geschliffenen Politiker-Typus mutieren, bewahrt ihn sein geradezu leidenschaftliches Außenseitertum vor einer derartigen Entwicklung. Zwar rebelliert er nicht mehr mit bunten Fingernägeln gegen die herrschenden Anstandsregeln, doch eine Krawatte, die ihn auf den ersten Blick als normales Herdenmitglied ausweisen würde, kommt nicht in Frage! Seine Rolle als

Paria – als arrivierter Paria gleichwohl – liebt er nach wie vor. »Das durchzieht seine Biografie«, so sieht es seine Frau, Ingrid Apel. »Er wollte immer austesten, wie weit er gehen kann, ohne ausgegrenzt zu werden.«

Als Außenseiter setzt er sich mit allen Mitteln – bis hin zum Krieg – für andere Ausgestoßene und Entrechtete ein. Seine Solidarität gilt den Minderheiten: den Homosexuellen unter Heteros, den Ausländern in Deutschland, den Bosniern, die sich gegen die Serben wehren, den Tschetschenen, die um ihre Autonomie kämpfen. In seiner Ablehnung von totalitären Strukturen und Unterdrückung von Minoritäten ist er unbestechlich wie einst.

Es ist kein Zufall, daß er schon Anfang der 70er Jahre beim Flugblattverteilen vor den Werkstoren von Opel zu den ausländischen Arbeitern besseren Zugang fand als zum deutschen Durchschnittskollegen. »Es ist mir viel leichter gefallen, mit Jugendlichen oder Immigranten zu sprechen als mit erwachsenen deutschen Arbeitern«, gibt er im *Großen Basar* zu.

Auch im Uni-Kinderladen, wo er ein paar Jahre später arbeitet, hat er ein bezeichnendes Schlüsselerlebnis. Da entdeckten gänzlich ungezähmte kleine Wilde aus türkischen Familien in der Nachbarschaft die bürgerliche Kindertagesstätte als Abenteuerspielplatz, entzündeten ein riesiges Feuer im Garten, zerstörten Spielzeuge und Mobiliar – und wurden natürlich hinausgeworfen. Danys Herz schlug damals schon multikulturell, nämlich mit den kleinen Rabauken: »An diesem Punkt habe ich mit dem Kindergarten gebrochen«, resümiert er im *Großen Basar*.

Mit Außenseitern identifiziert er sich. Sie sind wie er, er ist wie sie. Erst ein Deutscher im französischen Exil, dann wie ein Franzose im deutschen Exil. Seine Eltern, Angehörige einer Minderheit, die von Nazis durch ganz Frankreich gejagt werden. Urgroßmutter, Großmutter und Onkel im Konzentrationslager umgekommen. Noch bevor ihm, dem Ungläubigen,

Sabine Stamer

so richtig bewußt ist, daß er das Jüdischsein nicht abschütteln kann, hat ihn die Öffentlichkeit unwiderruflich eingeordnet: Daß er ein deutscher Jude ist, unterstreichen seine Gegner 1968, ein Außenseiter, von dem sich de Gaulle nicht in die Suppe spucken lassen will. Gut 20 Jahre später greift die CDU in Frankfurt das Motto wieder auf und fragt: »Soll Cohn-Bendit unsere Heimat bestimmen?« Als erdreiste sich da ein Fremder, in innere Angelegenheiten einzugreifen. Die jüdische Herkunft hat das Leben dieses ungläubigen Juden entscheidend geprägt.

Vielleicht hätte ein anderer mit dieser Geschichte versucht, nun sämtliche Register des Opportunismus zu ziehen, um erst recht zu beweisen, daß er dazugehört. Doch Daniel Cohn-Bendit will sich nicht integrieren, er will mehr: Er will als Außenseiter anerkannt werden.

Danksagung

Ich danke sehr herzlich allen, die sich die Zeit genommen haben, mit mir zum Teil sehr ausführliche und offene Gespräche zu führen. Geholfen haben mir mit Anmerkungen und Kritik auch Bettina de Cosnac und Bodo Morave. Merci! Danke an Anke Weißbach, Archivarin an der Odenwaldschule, dem Archiv Grünes Gedächtnis der Heinrich-Böll-Stiftung für die Unterstützung und dem Journal Frankfurt für den freien Zugang zum *Pflasterstrand*-Archiv.

Paris, Juni 2001   Sabine Stamer

Quellen und Literatur

Meine Informationen über Daniel Cohn-Bendit habe ich u. a. aus zahlreichen Gesprächen mit Freunden und Freundinnen, Verwandten, Kollegen, Mitarbeiterinnen und anderen, die ihm nahestehen. Auch mit Cohn-Bendit selbst habe ich mehrere intensive Gespräche geführt. Zu meinen Gesprächspartnern gehören:

Ingrid Apel, Cohn-Bendits Frau

Annette Antignac, Danys frühere Babysitterin

Konrad und Thomas Bieber, Freunde der Familie

Jean-Marcel Bouguereau, Freund und politischer Wegbegleiter

Daniela Cappelluti, Assistentin Cohn-Bendits

Gabriel Cohn-Bendit, Danys Bruder

Lyda Jablonsky, ehemals Lehrerin an der Odenwaldschule

Heidi Gauderer, Richterin in Frankfurt

Irene Khateeb, ehemalige Mitarbeiterin im Frankfurter Amt für Multikulturelles

Gerhard Knöss, Freund aus Sponti-Tagen und Fußballkumpel

Gerd Koenen, Historiker, Publizist, ehemals Chef des Kommunistischen Bunds Westdeutschland (KBW) in Frankfurt

Alain Krivine, Europa-Abgeordneter der Ligue Communiste Révolutionnaire (LCR)

Alain Lipietz, Abgeordneter der französischen Grünen im Europaparlament
Max Miller und Lino Landau, Zivildienstleistende in Frankfurter Kindertagesstätten
Hartwin Möhrle, ehem. Chefredakteur beim *Journal Frankfurt*, Nachfolgeblatt des *Pflasterstrand*
Knut Müller, Frankfurter Polizeipräsident 1970–1980
Bernard Nauer, Kameramann und Autor, der Cohn-Bendit u. a. während des Europawahlkampfs 1999 begleitet hat
Eli Noam, Mitschüler aus der Odenwaldschule
Rupert von Plottnitz, Rechtsanwalt Cohn-Bendits
Dieter Rauch, Mitkämpfer im Revolutionären Kampf und Mitbewohner Cohn-Bendits in zwei Wohngemeinschaften
Heide Rühle, Abgeordnete der deutschen Grünen im Europaparlament
Jean-Marc Salemon, Freund und politischer Wegbegleiter seit 1971, Berater im Europawahlkampf 1999
Beate Schuh, frühere Freundin Cohn-Bendits
Rolf Schwalbe, Richter in Frankfurt
Gisela von Seefeld, frühere Geliebte Erich Cohn-Bendits
Alice Steinmann, Cohn-Bendits Tante
Jürgen Wickert, Mitschüler aus der Odenwaldschule
Linda de Voss, Mitkämpferin aus Sponti-Tagen
Rosemarie Wolf-Almanasreh, Leiterin des Amts für Multikulturelles seit seiner Gründung
Isabelle Zerrouk, Pressesprecherin der Grünen im Europaparlament

Literatur

Meine Recherche stützt sich auch auf die unten aufgeführten Bücher. Hervorheben möchte ich, daß mir Barbara Vormeier einen guten Überblick über die Situation deutscher Emigranten in Frankreich gegeben hat, Ingrid Gilcher-Holtey sehr geholfen hat, die Ereignisse des Pariser Mai 68 zu interpretieren, und daß Wolfgang Kraushaars Chronologie der Studentenbewegung mir eine unendliche Fülle an Detailinformationen vermittelt hat.

Altwegg, Jürg, Die langen Schatten von Vichy. Frankreich, Deutschland und die Rückkehr des Verdrängten, München, Wien 1998

Arendt, Hannah und Heinrich Blücher, Briefe 1936-1968, München 1996

Beauvoir, Simone de, Alles in allem, Reinbek bei Hamburg 1976

Cohn-Bendit, Daniel, Jacques Sauvageot, Alain Geismar, Aufstand in Paris oder Ist in Frankreich eine Revolution möglich? Reinbek bei Hamburg 1968

Cohn-Bendit, Daniel und Gabriel, Linksradikalismus. Gewaltkur gegen die Alterskrankheit des Kommunismus, Reinbek bei Hamburg 1968

Cohn-Bendit, Daniel, Der große Basar, München 1975

Cohn-Bendit, Daniel, Wir haben sie so geliebt, die Revolution, Frankfurt am Main 1987

Cohn-Bendit, Daniel und Reinhard Mohr, 1968. Die letzte Revolution, die noch nichts vom Ozonloch wußte, Berlin 1988

Cohn-Bendit, Daniel und Thomas Schmid, Heimat Babylon, Das Wagnis der multikulturellen Demokratie, Hamburg 1992

Cohn-Bendit, Daniel und Olivier Duhamel, Euro für alle. Das Währungsbuch, Köln 1998

Cohn-Bendit, Daniel, Une envie de politique, Paris 1999

Cohn-Bendit, Daniel und Henri Guano, La France est-elle soluble dans l'Europe? Le débat enfin, Paris 1999

Cohn-Bendit, Gaby, Nous sommes en marche, Paris 1999

Dreyfus-Armand, Geneviève, Laurent Gervereau, Mai 68. Les

mouvements étudiants en France et dans le monde, Paris 1988

Duteuil, Jean-Pierre, Nanterre 1965-66-67-68, Vers le mouvement du 22 mars, Mauléon 1988

Feuchtwanger, Lion, Exil, Hamburg 1983

Fouchet, Christian, Mémoires d'hier et demain, Paris 1971

Gilcher-Holtey, Ingrid, Die Phantasie an die Macht. Mai 68 in Frankreich, Frankfurt am Main 1995

Grimaud, Maurice, En mai, fais ce qu'il te plaît, Paris 1977

Hannover, Heinrich, Die Republik vor Gericht 1954-1974, Erinnerungen eines unbequemen Rechtsanwalts, Berlin 1998

Hamon, Hervé, Patrick Rotman, Generation, Paris 1987

Joffrin, Laurent, Mai 68. Histoire des évènements, Paris 1988

Klein, Hans-Joachim, Rückkehr in die Menschlichkeit, Reinbek bei Hamburg 1979

Krause-Burger, Sibylle, Joschka Fischer. Der Marsch durch die Illusionen, Stuttgart 1997

Kraushaar, Wolfgang, Hrsg., Autonomie oder Getto? Kontroversen über die Alternativbewegung, Frankfurt am Main 1978

Kraushaar, Wolfgang, Frankfurter Schule und Studentenbewegung. Von der Flaschenpost zum Molotowcocktail. 1946 bis 1995, Hamburg 1998

Lemire, Laurent, Cohn-Bendit, Paris 1998

Millot, Lorraine, Daniel Cohn-Bendit, Paris 1998

Peyrefitte, Alain, C'était de Gaulle, Paris 2000

Salvatore, Gaston, Der Bildstörer, Berlin 1994

Schwelien, Michael, Joschka Fischer. Eine Karriere, Hamburg 2000

Touraine, Alain, Le communisme utopique. Le mouvement de mai 1968, Paris 1968

Vormeier, Barbara in: C. D. Krohn u. a., Handbuch der deutschsprachigen Emigration 1933-1945, Darmstadt 1998

Wespieser, Sabine, Hubert Nyssen, Mai 68 à l'usage des moins de vingt ans, o. O. 1998

Filme und TV-Gespräche

Daniel Cohn-Bendit, Franz Peter Steinbach (Regie), C'est la vie, 1990

Daniel Cohn-Bendit, Angst im Rücken hat jeder von uns, NDR, 1992

Bernard Nauer, Dany dans tous ses états, France 2, 1997

Talk im Turm, SAT 1, 19. 7. 1998

Public, TF1, 1998

Claudia Kuhland, Daniel Cohn-Bendit – Der Euro-Fighter, HR, 1999

Vis-à-vis, SF-DSR, 6. 3. 2000

Grüner Salon, n-tv, 20. 3. 2000

Vorsicht! Friedmann, HR, 30. 5. 2000

Bruno Schneider, Spontigenossen, HR 27. 6. 2000

Maischberger, n-tv, 16. 1. 2001

Beckmann, ARD, 29. 1. 2001

Christophe Barraud, L'Art d'être grand frère, Planète 2000

Presse

Viele Informationen habe ich der deutschsprachigen und französischen Presse entnommen. Genannt seien hier:

Bild, Darmstädter Echo, Der Spiegel, die tageszeitung, Die Welt, Die Weltwoche, Die Zeit, Elle, Focus, France-Soir, Frankfurter Allgemeine Zeitung, Frankfurter Neue Presse, Frankfurter Rundschau, Kölner Stadtanzeiger, Konkret, Le Figaro, Le Monde, Le Nouvel Observateur, Le Parisien, Le Point, L'Express, Libération, Münchner Merkur, Paris Match, Pflasterstrand, Profil, Semit, Süddeutsche Zeitung, Stern, Tele, Theater heute, Vorwärts

Andere Dokumente

Die Weltbühne, Nr. 35, hrsg. von Carl von Ossietzky und Kurt
  Tucholsky
Schülerakte aus der Odenwaldschule und die Schulzeitung
  OSO-Nachrichten
Unveröffentlichtes Manuskript von Jean-Marcel Bouguereau
  über Daniel Cohn-Bendit
»Sie war keine ›engagierte‹ Philosophin«, Vortrag von Daniel
  Cohn-Bendit auf der Hannah-Arendt-Tagung 1994 in Bre-
  men
»Envie, Lust, Desire«, Presserundbrief Daniel Cohn-Bendits
Weimarer Reden, Über Deutschland und Europa, Weimar 1999
Messages, Zeitschrift der Studierenden des Europastudiengan-
  ges an der Rheinisch-Westfälischen Technischen Hochschu-
  le Aachen
Informationsmaterial von »Les Verts«

Fotos

S. 147   Georges Melet
S. 148   Jacques Haillot/APIS/Sygma
S. 149   Eric Meskauskas
S. 151   Moskito
S. 153   Eckhard Supp
S. 154   Margret Hesener
S. 155   Monika Müller
Dem Verlag war es leider nicht in allen Fällen möglich, die
Adressen von Fotografen bzw. Institutionen ausfindig zu ma-
chen. Rechteinhaber mögen sich deshalb bitte an den Europa
Verlag, Neuer Wall 10, 20354 Hamburg, wenden.